CES 2023

★ ★ CES를 통해 보는 9가지 미래 기술 트렌드 ★ ★

BE IN IT

빅테크

김재필 지음

9

한스미디어

CES가 빅테크에게 던진 화두, '인간 안보' - 기술은 인류의 행복과 평화를 위해 무엇을 할 수 있는가?

　　매년 1월 초 미국 라스베이거스에서 열리는 CESConsumer Electronic Show는 세계 최대 규모의 IT 테크 박람회로 구글, 아마존, 메타, GM, AMD 등 글로벌 대기업들이 기업의 미래 비전과 개발 중인 기술 및 제품을 선보이고, 각국의 스타트업들이 자사의 혁신 상품을 글로벌 시장에 알리는 첨단 기술 경연의 장이다. CES는 소비자 가전 산업의 새로운 발전 방향을 제시하여 전자 산업에 있어 중요한 박람회로 인정받고 있다. "그해의 기술과 산업의 트렌드를 확인하고 싶으면 CES를 둘러보라"라고 할 만큼 시대를 앞서가고 선도할 글로벌 트렌드를 한눈에 파악할 수 있는 세계 최대 IT·가전 전시회이다.

　　2023년에도 어김없이 1월 5일부터 8일까지 라스베이거스에서 CES 2023이 개최되었는데, 이번 CES 2023의 슬로건은 'Be in it(빠져들어라)'였다. 'Be in it'은 현실과 가상, 온라인과 오프라인이 하나가 된 공간에 '빠져들어 보라'는 뜻으로, CES가 준비한 미래 혁신을 한자리에서 보고 즐기라는 의미가 내포되어 있다. CES를 주관한 CTA(미국소비자기술협회)의 게리 샤피로 회장도 "이번 CES에서는 수많은 기업이 몰입형 테크놀로지를 준비하였다. CES 2023은 우리의 삶을 더 나은 방향으로 바꾸는 혁신적인 기술을 직접 보고 만질 수 있는 기회의 장"이라고 강조했다. 마치 나이키의 슬로건인 'Just Do It(저스트 두잇, 그냥 해보자)'처럼 미래 기술과 가상공간에 이것저것 생각하지 말고 '그냥 빠져들어 체험하고 즐겨보라'라고 해석할 수 있을 듯하다. ('it'을 'IT'로 보면 'IT에 동참하다, 빠져들다'의 중의적 의미로도 해석할 수 있다.)

이를 증명하듯 CES 2023의 카테고리 중에서 가장 눈에 띄는 분야는 새롭게 등장한 웹 3.0과 메타버스였다. CES 2023에서 처음 선보이는 웹 3.0과 메타버스 분야에서는 여러 글로벌 기업들이 메타버스와 블록체인, 암호화폐 등을 활용하여 포괄적이면서도 분산된 가상 세계에서 인간이 일하고 노는 삶의 방식에 어떻게 혁명을 가져올 수 있는지를 보여주었다. 물론 모빌리티, 디지털 헬스케어, 지속가능성 분야는 2023년에도 CES의 주요 카테고리였다. 모빌리티 분야는 CES 역대 최대 규모로, 300여 개 기업이 자율주행, 전기차, UAM(도심항공모빌리티) 등 최신 기술을 선보였고, 디지털 헬스케어 분야에서는 애보트 등 다양한 디지털 헬스 기업이 참여해 국제 보건 형평성 증진에 기여할 기기 및 기술을 전시했다. 또한 세계 1위 농기계 업체 존디어와 유망 스타트업들은 혁신적인 디지털 기술을 통해 어떻게 에너지 보존 및 전력 생산량 증진, 식량난 해결, 지속 가능한 농업 시스템 구축, 재난·재해 대응, 스마트 도시 건설 등에 기여하는지 잘 보여주었다. 한순간도 눈을 뗄 수 없는 미래 기술의 향연에 사람들은 CES 2023 슬로건처럼 그저 '빠져들' 수밖에 없었다.

기술은 인류를 위해 무엇을 할 수 있는가

이번 CES 2023에서는 또 하나 주목할 중심 테마ᵃ central theme of CES 2023가 있었는데, 바로 '모두를 위한 인간 안보Human Security for All'이다. 지금까지 CES는 기술을 중심으로 한 미래지향적이고 혁신적인 테마를 내세워왔다. CES 2021의 테마는 '모든 디지털All-Digital'이었고, CES 2022 때는 IT 기술을 통한 '일상의 초월'을 주제로 한 '일상을 넘어Beyond the everyday'가 슬로건이었다. 그런데 CES 2023에서는 미래 기술과 함께 인류의 안전과 평화를 중심으로 한 '인간 안보Human Security'를 테마로 내세웠다.

인간 안보란 1994년에 국제연합UN에서 창안한 개념으로 식량 확보, 의료 개선, 환경보호 등 인간 삶의 질과 관련된 여러 이슈를 의미하며, 인류가 처한 외부 위협에 맞서는 적극적인 평화 개념을 가리킨다. 인간 안보는 인간의 생명, 자유, 인권, 사회적 안전, 기본소득 등을 보장하고 이와 관련된 여러 문제를 해결하기 위해 출발한 새로운 접근 방식이다. 기존 국가 중심의 안보 개념을 넘어 '각 개인의 안전, 풍요, 행복 추구 등을 안보화시킨 범인류적 안보 개념', 인간의 생명과 존엄을 중시하는 안보의 새로운 패러다임이 바로 '인간 안보'이다.

세계는 코로나 팬데믹이라는 대재난 이후 전쟁, 인플레이션, 금리 인상, 경기 침체, 식량난, 기후변화 등 거대하고 복합적인 위기들과 직면하고 있다. 갑작스럽게 터진 코로나 팬데믹에 세계 경제는 마비됐고 수백만 명의 사망자가 발생했다. 코로나가 엔데믹으로 접어들자 이번에는 러시아-우크라이나 전쟁이 터졌고, 여기에 미국의 금리 인상, 살인적인 물가 상승, 이에 따른 경기 침체, 식량 부족 등 세계는 최악의 상황을 맞이하고 있다.

이런 상황에서 CES 2023에서는 현재 인류가 직면한 여러 문제를 어떻게 기술이 해결하도록 도울 수 있는지를 조명하면서 지속 가능한 인간의 행복한 삶에 초점을 맞춘 인간 안보를 주제로 내세웠다. CES 2023에서는 컨퍼런스 프로그램부터 키노트를 비롯해 행사 기간 동안 인간 삶의 질을 높여줄 여러 혁신적인 기술과 제품들이 등장했다. 특히 CES를 주관하는 미국소비자기술협회CTA는 세계예술과학아카데미 WAAS: World Academy of Art and Science와 협력해 '인간 안보'에 있어 기술이 얼마나 중대한 역할을 하는지, 기술이 어떻게 인류가 직면한 문제를 해결하도록 도울 수 있는지를 조명하였다.

이전까지는 '우와' 하면서 사람들이 놀랄 만한 기술, 즉 보여주기 showing형 기술이 관심을 끌었다면 이제는 문제를 해결하고 실질적인 도움을 주는 기술이 더 요구되고 필요해지게 되었다. CES 2023에서 중심 테마로 '인간 안보'를 내세운 이유도 전 세계 인류를 위한 위기 극복에 있어서 기술이 얼마나 중대한 역할을 하는지를 보여주고자 했기 때문이다.

이렇듯 2023년의 CES는 인간 안보를 통해 어렵고 힘든 시기에 과연 기술은 IT는 인류를 위해 무엇을 할 수 있는지, 어떻게 해야 하는

지 진지하면서도 무거운 화두를 던진 것이다.

AI가 답한 기술의 역할, 그리고 인간의 역할

이 어렵고도 무거운 질문에 대해 과연 인공지능(AI)은 어떤 답을 할 수 있을까? 2022년 11월 말에 선보이자마자 IT 업계에 충격을 선사한 오픈 AI의 AI 챗봇 '챗GPTChatGPT'에게 이 질문을 던져보았다.

"인공지능, 블록체인, 로봇과 같은 IT 기술은 인간에게 어떤 도움을 줄 수 있을까?"

첨단 IT 기술은 인간의 생활을 개선하고 더 나은 미래를 열어줄 수 있습니다. IT 기술은 다양한 분야에서 사용되어 일상생활을 편리하게 만들어줍니다. 예를 들어 인터넷과 스마트폰을 통해 정보를 쉽게 찾을 수 있고, 비즈니스 세계에서는 빅데이터 분석을 통해 더 효율적인 의사결정을 내릴 수 있습니다.

인공지능은 복잡하고 수많은 데이터를 처리하고 분석할 수 있어, 의료, 교육, 정부 등 다양한 분야에서 사용되고 있습니다. 블록체인은 분산형 데이터베이스 기술로, 안전하고 투명한 거래를 지원하고 데이터의 신뢰성과 보안을 강화하며 금융, 유통 등 다양한 분야에서 활용될 수 있습니다. 로봇은 인간이 할 수 없는 위험한 작업을 대신 수행할 수 있습니다. 이러한 기술은 우리의 생활을 편리하게 만들고, 산업 분야에서의 생산성을 향상시키는 데 큰 기여를 할 것입니다. IT 기술의 발전은 인간의 삶을 더욱 편리하고 나은 곳으로 이끌어줄 것입니다.

"인간 안보 Human Security**란 무엇이고, IT 기술은 인간 안보에 어떠한 도움을 주고 기여를 할 수 있을까?"**

인간 안보는 개인이나 단체가 자유롭게 살고 발전할 수 있는 환경을 만들어주는 것을 말합니다. 인간 안보는 인간의 생명, 자유, 재산, 정치적 자기 결정권 등 인간의 중요한 권리를 지키는 것을 지향합니다. 인간 안보의 대상은 전 세계의 모든 인류이며, 그 목표는 인류의 생명과 자유, 인권 등을 보호하는 것입니다.

인간 안보에 기여할 수 있는 첨단 IT 기술은 인간의 생명과 안전을 보호하는 데 큰 도움이 될 수 있습니다. 예를 들어 데이터 분석과 인공지능 기술을 이용한 예측 모델을 통해 사회적 문제를 예방하거나, 정보 공유를 통해 재난 상황에 대비하고, 소셜 네트워킹을 활용한 상황 정보 교환 등 다양한 방식으로 기여할 수 있습니다. 인공지능을 이용한 경비 시스템은 도난과 폭력 행위를 예방하고, 인공지능을 이용한 교통 시스템은 도로사고를 줄일 수 있습니다. 또한 모바일 기술을 이용한 위치 기반 서비스를 통해 재난 상황이 발생했을 때 구조대가 빠르게 대응할 수 있도록 도울 수 있습니다.

"IT 기술은 전쟁을 없애고 인류의 평화를 실현하는 데 어떠한 도움을 줄 수 있을까?"

IT 기술은 전쟁을 없애고 인류의 평화를 실현하는 데 많은 도움을 줄 수 있을 것입니다. 예를 들어 IT 기술을 활용한 통신 및 정보 공유는 다른 나라나 다른 지역 사람들과의 의사소통을 돕고, 이를 통해 서로의 차이를 이해하고 협력하는 데 도움이 될 수 있습니다. 이는 전쟁이 발생하는 원인 중 하나인 인류의 분리와 갈등을 완화하는 데 도움이 될 수 있습니다.

또한 IT 기술은 인류가 위기에 처했을 때 다양한 방법으로 도움을 줄 수 있습니다. 예를 들어 재난 발생 시 정보 공유를 위한 커뮤니케이션 채널을 구축하거나 인명 구조를 위한 드론을 사용하는 등의 방법을 사용할 수 있습니다. 보건 문제를 위한 의료 정보 시스템을 구축하거나, 재난대응 시스템을 구축하는 등 IT 기술은 인류가 위기에 처했을 때 다양한 도움을 줄 수 있습니다.

챗GPT가 작성한 우문현답愚問賢答을 보면서 문제의 핵심은 '기술'이 아니라 '인간'에 있음을 깨달았다. '기술이 인류를 위해 무엇을 할 수 있느냐'가 아니라 '인간이 자신들의 미래를 위해 무엇을 해야 하는가'로 우리 스스로에게 질문을 던져야 한다.

매년 CES를 보면서 느끼는 점은 기술 간의 융합이 빠르게 이루어지면서 인류가 처한 여러 문제가 해결되고 전에 없던 혁신적인 가치들이 계속해서 등장하고 있다는 것이다. 하나의 기술만으로는 해결이 어려웠던 문제들도 여러 기술이 융합하면서 난제를 해결할 수 있게 되었다. 전통 제조 기업들은 IT로 제품을 스마트화하고, IT 기업들은 기존 산업 분야인 자동차를 출시하는 등 영역 파괴 모습을 보여주었다. 업종별 경계도 사라지고, 현실과 가상 세계의 상호작용으로 메타버스가 등장하기도 했다. 2023년에는 더욱 극심한 경기 침체가 예상되는 가운데, 기업들은 새로운 가치 창출을 통한 수익과 성장을 위해 융합을 통한 생존 전략을 추진하고 있다.

그런데 그러한 기술 융합은 인간들이 서로 머리를 맞대고 고민하면서 협력해 나온 노력의 산물이다. CES는 기술 전시도 중요하지만 각 분야의 리더와 전문가가 모여 다양한 주제로 논의하고 협력하여 문제를 해결해나간다는 점에서 더 큰 의미가 있다. 전 세계 사람들이 모여 미래를 만들어가는 CES는 협업과 융합의 장(場)으로 진화하면서 어려움에 처한 많은 기업들에게 혁신의 아이디어와 생존의 해법을 제시하고 있다.

인간 안보를 실현하는
9가지 미래 기술 트렌드 '빅테크 9'

2023년을 리딩할 디지털 기술 트렌드인 '빅테크 9'은 CES 2023에서 가장 주목받는 IT 기술을 바탕으로 하여 인류 안보 관점에서 위기 극복에 필요한 기술들을 중심으로 선정된 9개의 테크 트렌드이다. (원래 빅테크BigTech는 구글, 애플 등 IT 업계에서 가장 지배적인 기업을 지칭하는 용어인데, 이 책에서는 IT 산업의 큰 흐름을 주도하는 중요한 기술Big Technology을 의미한다.)

CES의 주역이라 할 수 있는 AI는 초거대 AI로 발전하면서 이제는 모든 제품과 서비스에 없어서는 안 될 핵심 인프라로 자리매김하였다.

로봇은 인간의 모습을 한 휴머노이드 형태로 진화하면서 활용 범위가 넓어지고 가격까지 내려가면서 대중화 시대가 얼마 남지 않았음을 보여주었다.

CES 2023에서 새롭게 등장한 웹 3.0과 메타버스는 온·오프라인에 구분 없이 인간이 일하고 노는 삶의 방식 전반에 걸쳐 혁명을 가져올 것으로 기대된다. 모빌리티와 디지털 헬스케어는 콘셉트의 수준을 넘어 본격적으로 우리 생활 속으로 들어와 삶의 질을 높이는 데 기여한다. 애그테크AgTech는 전쟁과 재난재해로 닥친 식량 위기를 해결할 해결사 역할을 수행하고, ESG 붐과 함께 급부상한 기후테크Climate Tech는 지속가능성sustainability 관점에서 글로벌 기후 위기를 극복하는 마지막 보루로서 그 책임이 막중하다. 인류 안보가 궁극적으로 지향하는 인류의 번영과 평화를 실현하는 데 있어 지대한 역할을 하고 있는 스포츠는 인공지능, 빅데이터, 사물인터넷IoT 등과 결합한 스포츠테크 Sports Tech를 통해 새로운 가치 창출과 함께 전 인류의 건강과 행복을 증진시키는 데 기여한다.

이렇게 CES 2023에서 주목한 미래 기술을 토대로 9개의 트렌드를 선정하여 인류의 행복과 평화를 지키는 '빅테크 9'을 완성하였다.

이번 책은 방대한 내용만큼 여러 분들로부터 인사이트와 지적 영감을 많이 받았다. 서강대학교 메타버스전문대학원 현대원 원장님, 한국벤처투자 유웅환 대표님, MKYU 김미경 학장님, K-미디어랩 이성춘 대표님, 경제경영연구소 김현경 팀장님, 홍홍라이브 홍원준 부장님, 세모람 황필권 대표님, 그리고 기획부터 발간까지 도움을 주신 한스미디어의 모민원 팀장님께 감사의 말씀을 드린다.

한 해 한 해 나이를 먹어가는 아들의 뒷모습을 그저 묵묵히 바라보며 격려해주시는 어머니와 아버지께는 언제나처럼 건강하게 그 자리에 계셔달라고, 그리고 늘 응원해주셔서 고맙다는 말씀을 드린다.

그리고 집필 기간 동안 물심양면으로 도와준 나의 아내와 아빠 책의 첫 번째 독자인 세상에서 제일 소중한 아들 서진이에게는 변함없이 고맙고 사랑한다는 말을 전한다.

끝으로 이 책을 읽으시는 모든 독자분들께 진심으로 감사드린다. 2023년은 계묘년癸卯年, 검은 토끼의 해이다. 토끼는 풍요를, 검은색은 인간의 지혜를 상징한다고 한다. 아직 완전히 끝나지 않은 코로나와 경제 침체 등으로 미래가 불안한 지금, 많은 분들이 '빅테크 9'으로 지혜롭게 위기를 극복하고 부와 행복을 얻으셨으면 하는 바람이다.

지은이 김재필

Contents

2장

Big Tech **2**
소유와 보상의 새로운 인터넷 철학, 메타버스 생태계를 구성하는 웹 **3.0**

3장

Big Tech **3**
일상의 영역으로 들어선 로봇

1부

CES 2023에 빠져들다
(Be in it)

CES란
무엇인가

매년 1월 초가 되면 전 세계인들의 이목이 미국 라스베이거스로 쏠린다. 혁신적이고 미래지향적인 디지털 제품과 서비스들이 등장하는 CES가 열리기 때문이다.

CES는 'The International Consumer Electronics Show'의 약자로 국제전자제품박람회, 세계가전박람회 등으로 불린다. 미국 소비자기술협회인 CTAConsumer Technology Association가 주관하는 세계 최대 규모의 IT, 디지털 전시회이다. 1967년 미국의 뉴욕시에서 처음 시작되었고, 1978년에 라스베이거스에서 열리는 여름 CES와 시카고에서 열리는 겨울 CES가 격년제로 운영되었다가 1995년부터 라스베이거스로 개최지를 옮겨 매년 열리고 있다.

1967
휴대용 라디오

1967 ● **뉴욕에서 개최**

1970 ●

1970
'N1500' VCR

홈비디오시스템(VHS) 전성기를 연
'N1500' VCR

1975 ●

1974
LD(Laser Disk) 플레이어

1975
앨테어8800(Altair 8800)
세계 최초의 상업용 조립식 개인 컴퓨터

1980 ●

1981
캠코더

CD 플레이어

MS-DOS

레이저 프린터

1985 ●

1985
NEC 게임기

1983
애플 '리사' 컴퓨터
세계 최초로 GUI 인터페이스와
마우스를 사용한 컴퓨터

1990 ●

1988
'테트리스' 게임

1992
미니디스크(MD)

1994 디지털 위성 시스템

1995 ○

1996 DVD 플레이어

2000 ○

1998
HD TV

2001
마이크로소프트 '엑스박스' 게임기

라스베이거스에서 개최

2005 ●

IP TV **2005**

OLED TV **2008**

3D TV **2009**

2010 ●

태블릿, 드론 **2010**

2011 스마트 TV

2012 3D 프린터

2014 울트라 HDTV

2015 ○

65인치 롤러블 패널 **2018**

2020 ○

자료: CES 홈페이지

CES는 본래 전자제품 위주로 개최되어 2000년대 초반까지만 해도 그 위상이 그다지 높지 않았다. 1960년대의 TV, 1970년대의 워크맨, VCR, 1980년대의 CD 플레이어, 1990년대의 DVD 등 TV, 오디오 및 백색가전 위주의 전시가 주를 이루었는데, 2010년대 들어서 IT 산업의 발달로 가전제품과 IT 기술이 결합하면서 주관사인 CTA는 변화에 대응하여 전시회의 테마를 '제품'에서 '기술'로 바꾸었고, 이때부터 대중들의 관심을 끌기 시작했다.

이후 CES는 가전제품만이 아니라 전기차 및 자율주행차 등 미래 모빌리티와 드론, 인공지능AI: Artificial Intelligence, 로봇 등 IT 분야의 최신 기술을 보유한 기업들이 미래 비전과 기술력을 공개하는 첨단 IT 전시회로 변모하였고, 1월 초에 열리는 시기적 특성으로 인해 그해의 최첨단 기술 트렌드를 파악할 수 있는 장이 되었다.

CES 2022
돌아보기

⋮ **CES 2022의 테마, '일상을 넘어'** ⋮

2022년 1월 5일부터 7일까지 3일간 라스베이거스에서 개최된 CES 2022는 코로나로 중단되었던 오프라인 행사가 다시 재개되었다는 점에서 전 세계인들의 관심을 끌었다. 다만 오미크론의 확산 여파로 글로벌 대기업들이 줄줄이 현장 불참 선언을 하였고 행사 기간도 하루 앞당겨 일찍 폐막되는가 하면, 전체 참여 기업 규모도 코로나19 팬데믹 이전인 2020년 4500여 개사에서 절반 수준인 2200여 개사로 줄었다. 또한 그동안 CES에서 큰 비중을 차지해왔던 중국 기업은 미·중 간 무역 분쟁 등으로 인해 참여율이 저조했다.

하지만 이런 상황을 기회로 삼은 한국 기업들은 역대 최대 규모인 약 500개사가 CES 2022에 참가했다. 전체 참여 기업 네다섯 곳 가운

온라인 전환 1년 만에 오프라인 전시로 돌아왔던 CES 2022 개요

슬로건	'일상을 넘어(Beyond the everyday)'
장소	오프라인(미국 라스베이거스) · 온라인
일정	2022년 1월 3~7일(전시는 5~7일)
참여 기업	삼성 · LG · SK · 현대차 · 인텔 · 퀄컴 등 2200개사
참여 국가	미국 · 한국 · 일본 · 독일 등 195개국
주요 내용	사물인터넷(IoT), 스마트 홈 가전, 모빌리티, NFT, 푸드테크, 우주기술 등 신기술 소개

자료: 언론 종합

데 하나는 한국 기업인 셈이다. CES 2022 국가별 참여 기업 규모로 봐도 개최국인 미국이 1300여 개사로 가장 큰 비중을 차지했고, 그다음이 한국이었다. 중국이 사라진 CES 2022에서 한국 기업들은 새로운 주역으로 급부상하였다.

CES 2022의 테마는 '일상을 넘어Beyond the everyday'이다. 코로나19 유행이 지속되면서 재택근무, 온라인 교육 등 비대면 일상 속에서 스마트 홈, 스마트 가전 등 혁신 기술로 새로운 일상을 제시한다는 의미다. 실제로 구글, 아마존, 애플 등 빅테크 기업들이 대거 빠진 자리에 삼성전자와 LG전자 등이 선보인 '스마트 가전 서비스'는 혁신적인 기술과 높은 편의성으로 많은 관심과 찬사를 받았다. 또한 다양한 글로벌 스타트업들이 스마트폰이나 스마트 워치 등 모바일과 TV를 결합한 홈트레이닝 솔루션, 스마트 샤워기, 스마트 침대 등 다양한 스마트 홈 제품과 방역 스마트 도어락 등 코로나 시대에 적합한 솔루션을 대거 전시해 '일상을 넘어'선 새로운 미래상을 엿볼 수 있었다.

CES 2022 주목 트렌드: 트랜스포테이션, 스페이스테크, 지속 가능기술, 디지털 헬스

CES 2022는 5G, 오토모티브, 인공지능, 로봇 등 11개의 주제와 총 29개의 세부 항목으로 구성되었는데, 이 중 푸드테크Foodtech와 스페이스테크Spacetech, 3D 프린팅, 그리고 NFTNon-Fungible Token(대체 불가능한 토큰)가 새롭게 등장하였다. NFT는 완전히 새로운 항목은 아니지만 암호화폐 열풍으로 주목을 받기 시작하면서 기존에 있던 블록체인 Block Chain 카테고리의 암호화폐 항목에 신규 항목으로 추가되었다.

주관사인 CTA는 CES 2022에서 눈여겨봐야 할 트렌드로 트랜스포

CES 2022 주제

주제	세부 주제
5G/IoT	• 5G, 리질리언스, 스마트 시티, 지속가능성
엔트테인먼트, 콘텐츠, 광고	• 엔터테인먼트 & 콘텐츠, 마케팅 & 광고
오토모티브	• 자율주행차, 차량 기술
블록체인	• 암호화폐, NFT(대체 불가능 토큰)
헬스/웰니스	• 디지털 헬스, 피트니스 & 웨어러블, 푸드테크
홈/패밀리	• 패밀리 & 라이프스타일, 홈엔터테인먼트, 스마트 홈, 여행/관광
몰입 엔터테인먼트	• AR/VR, 게이밍
제품 디자인/제조	• 디자인, 소싱 & 패키징, 3D 프린팅
로보틱스/머신 인텔리전스	• AI, 드론, 로보틱스, 스페이스테크
스포츠	• e스포츠, 스포츠 기술
스타트업	• 투자자, 스타트업

자료: CES 홈페이지 및 삼정KPMG

테이션Transportation(운송), 스페이스테크Space tech(우주기술), 지속 가능 기술Sustainable Tech, 디지털 헬스Digital Health의 4가지를 꼽았다.

미래의 운송수단, 베가스 루프

트랜스포테이션은 승객과 화물을 아우르는 운송의 개념으로 확장되어 전기차와 자율주행 기술, 도심항공모빌리티UAM: Urban Air Mobility 등 다양한 모빌리티가 소개되었다. 이 중에서 가장 주목을 끈 것은 아이러니하게도 '탈 것'이 아닌 '터널'이었다. 일론 머스크가 만든 지하 터널 이동수단인 '베가스 루프Vegas Loop'로, 일론 머스크가 창업한 또 다른 기업 보링컴퍼니가 2021년에 뚫은 터널을 체험하기 위해 많은 관람객들이 몰렸다.

테슬라 전기차 모델X와 모델Y 등을 타고 지하 터널을 지나 컨벤션

CES 2022에 등장한 베가스 루프

자료: 언론 종합

센터 센트럴홀과 사우스홀, 웨스트홀 등 3개의 정류장으로 이동할
수 있다. 정차된 차량을 골라 타서 목적지를 말하면 차량 안에 탑승
해 있던 루프 직원이 직접 운전해 터널을 통과하는 식이다(자율주행이
아니다!). 지상으로 걸어서 가면 20분 정도 걸리는 거리를 지하 터널로
이동해 1~2분 만에 도착할 수 있다. 색다른 경험의 베가스 루프는 미
래 자율주행 기술 기반의 무인화 운송수단으로 자리 잡을 수 있을 것
이라는 기대감을 모았다. 일론 머스크는 루프 터널을 라스베이거스 전
체로 확장하겠다고 했는데, 터널이 완공되면 약 47km 길이의 터널로
51개의 정류장을 연결해 라스베이거스 전역에서 이용할 수 있게 된다.

흥미로운 '탈 것'으로는 리프트Lyft의 자율주행 택시가 있다. 라스베
이거스에서는 2021년 11월부터 현대와 앱티브Aptiv가 합작한 모셔널
Motional이 리프트를 통해 자율주행 택시를 시범 운행 중이다. 라스베
이거스 시내에서 이동하기 위해 리프트 앱을 실행하면 자율주행 표기
가 된 리프트 차량이 뜨고 이 차량을 호출하면 자율주행 차량이라는

CES 2022 기간 동안 라스베이거스 시내를 돌아다닌 자율주행 택시

자료: 언론 종합

점과 두 명의 안전 직원이 상주하고 있다는 내용이 안내된다. 좌석 앞에 비치된 태블릿은 탑승 전 환영부터 이동 경로 안내, 문의 사항 전달, 탑승 완료를 안내하는 역할을 한다.

우주여행의 가능성을 보여준 드림 체이서

스페이스테크는 일론 머스크가 이끄는 우주 탐사 기업 스페이스X를 비롯해 아마존의 블루 오리진, 버진 갤럭틱 등 민간 기업이 주도하는 우주항공 산업이 급성장하면서 새로운 카테고리로 생겨났다. 2021년 7월에 버진 갤럭틱과 블루 오리진의 준궤도 우주여행, 9월에

CES 2022에 전시된 시에라 스페이스의 드림 체이서

자료: 언론 종합

는 스페이스X의 민간인 궤도비행 등 우주여행의 시작을 알렸는데, 사실 우주여행은 가능성을 보여주기 위한 하나의 상징이지 대중화가 되려면 아직 넘어야 할 산이 많다. 스페이스테크의 진정한 의미는 인공위싱을 통한 6G 통신이나 로켓 운송 등 새로운 비즈니스를 개척하기 위한 미래 인프라 기술에 있다고 할 수 있다.

CES 2022에서 가장 큰 관심을 받은 기업 중 하나가 미국 우주항공기업 시에라 스페이스Sierra Space인데, 시에라 스페이스는 1963년 설립된 시에라네바다코퍼레이션의 계열사로 CES 2022에서 우주 비행선 드림 체이서Dream Chaser를 전시했다. 드림 체이서는 재사용이 가능한 우주 왕복선으로 기존 우주 왕복선의 4분의 1 크기로, 국제우주정거장에서 물자 수송 업무를 수행한다.

⋮ ESG로 관심이 높아진 지속 가능 기술 ⋮

지속 가능 기술에는 친환경 전력, 푸드테크, 스마트 시티, 스마트 홈 등이 포함되었는데, 대부분 전통적인 기술에 인공지능, 센서, 로봇, 빅데이터 등과 결합해 등 스마트화되는 모습을 보였다. 특히 ESG에 대한 관심이 높아지면서 지속가능성sustainability은 매년 강조되고 있어, CTA는 주목해야 할 토픽Topic으로 '지속가능성과 회복Sustainability and Resilience'을 선정해 독립된 행사를 마련하기도 하였다. CES 홈페이지에는 별도의 칼럼을 통해 10개 빅테크 기업들의 지속가능성 노력을 소개하는가 하면, 혁신상 수상 내역에서도 지속가능성 카테고리로 수상한 내역이 전년 대비 25%나 증가했다.

한편 CES 2022에서 새롭게 생긴 푸드테크Food Tech 섹션에서는 기존 식품 및 외식 산업에 AI, 빅데이터, 클라우드, 로봇 등의 기술이 결합된 AI 셰프 솔루션, 서빙 로봇, 자동화 레스토랑, 대체육 등 다양한 제품과 서비스가 선보였다. 국내 스타트업 누비랩은 푸드 스캐닝과 AI 기술을 이용해 소비되는 음식을 데이터화하여 개인별 맞춤 식생활을 가능하게 하는 동시에 음식물 쓰레기를 감축하는 솔루션 'AI 푸드 다이어리'를 발표해 화제를 모았다. 베어로보틱스는 자율주행 서빙로봇 '서비'를 선보였고, 로봇 피자 시스템 '피크닉'은 인건비 절감과 폐기되는 음식량 저감 등을 내세워 호응을 얻었다.

⋮ 조연에서 주연으로 부상한 디지털 헬스 ⋮

2021년에 이어 2022년에도 키워드로 선정된 디지털 헬스Digital Health는 코로나 팬데믹으로 집에 머무는 시간이 많아지면서 원격의료에 대한 니즈가 급격히 증가함에 따라 그 필요성 역시 매년 커지고 있다. 특히 CES 2022에서는 CES 역사상 최초로 헬스케어 기업인 애보트Abbott의 로버트 포드Robert B. Ford 대표가 기조연설에 나서 헬스케어를 미래 핵심 유망 기술 분야로 소개해 코로나 이후 헬스케어 산업이 급속도로 성장했음을 보여주었다. 헬스케어는 더 이상 조연이 아닌 주연으로 부상했으며, 의료기관과 환자 진료 중심으로 이루어져 있던 시장이 일반 대중들을 대상으로 시장이 재편성될 수 있음을 시사했다.

애보트는 당뇨 웨어러블 센서 '프리스타일 리브레 2' 진단기기와 웨어러블 기기, 의료기기 등을 개발하는 헬스케어 기업이다. 포드 CEO는 운동에 쓰이는 포도당 등 신체 데이터를 측정하는 웨어러블 센서 '링고Lingo'를 처음 공개했는데, 링고는 포도당과 케톤, 젖산 등 신체 주요 신호를 측정하고 분석하는 생체 웨어러블 기기다. 인간의 운동에 필요한 수치들을 분석해 운동 효과나 다이어트 효과 등 최적의 운동 정보 등을 제공한다. 포드 CEO는 기조연설을 통해 "디지털 헬스케어와 인공지능은 의료를 디지털화·분산화·민주화하고 환자와 의사 간에 공유 언어를 만들어 건강을 통제할 수 있는 힘을 고객에게 제공하고 있다. 개인에게 맞춤형으로 정확한 보살핌을 제공하는 미래가 바

CES 2022에서 주목을 받았던 디지털 헬스 기기

애보트-바이오 웨어러블 '링고' 개발

위딩스-당뇨 관리 스마트워치 '스캔워치'

- 글로벌 헬스케어 기업 애보트의 로버트 포드 CEO가 CES 최초의 헬스케어 기조연설자로 발표를 함. 바이오 웨어러블 제품 '링고(Lingo)'를 개발하고 있다고 언급.
- 애보트의 채혈 없이 혈당 수치를 측정하는 '프리스타일 리브레3'는 CES 2022의 최고 혁신상 수상.

- 프랑스 헬스케어 기업 위딩스(Withjngs)의 당뇨 관리 스마트 워치 '스캔워치(Scan Watch)'를 미국식품의약국(FDA)이 의료기기로 승인하였음.
- 위딩스는 CES 2022에서 심혈관·심박수 정보 등 생체 정보를 체크할 수 있는 스마트 체중계 '스마트스캔' 또한 선보임.

자료: 언론 종합, 삼정KPMG

로 지금 열리고 있다"라며 디지털 헬스케어 시대를 예고했다.

CES 2022에서는 단순한 디지털 헬스케어 디바이스보다는 스마트폰과의 연동 등 연결성Connectivity과 AI가 더욱 강조되었다. 원격의료부터 디지털 치료, 웨어러블까지 100여 개 헬스케어 기업들이 대거 참가해 CES의 핵심 산업으로 부상했다.

프랑스 그랩힐은 테스트 키트에 체액을 떨어뜨리면 5분 내 코로나 감염 여부를 스마트폰에서 확인할 수 있는 휴대용 테스트 키트 '테스트엔패쉬'를 출품했고, 미국 옵티브는 숨을 내쉬면 5초 내 코로나 감염 여부를 알려주는 휴대용 감지기를 선보였다. 네덜란드 필립스는 헤드밴드형 제품으로 뇌 활성을 모니터링하는 수면 기술을 공개해 눈길을 끌었다. 한국은 CES 2022에 참가한 한국 기업 500개 중 97개가 헬스케어에 관련된 기업으로 대부분 해외시장 진출을 목적으로 CES에 참가하였다. 약학·의학·기계공학 전문가들이 모여 설립한 국내 스타트업 알고케어Algocare는 사용자가 입력한 건강 상태에 맞춰 영양제를 배합해 제공하는 맞춤형 영양관리 기기를 발표했고, 가상현실VR 스타트업 룩시드랩스Looxid Labs는 시선과 뇌파 등 생체 신호를 수집해 치매 등 인지 장애 초기 징후를 감지하는 기술을 선보여 많은 관심을 끌었다.

CES 2023에
'빠져들어라'

CES 2023의 슬로건은
'Be in it'

　2023년에도 어김없이 1월 초에 미국 라스베이거스 컨벤션 센터에서 열린 CES 2023의 슬로건은 'Be in it(빠져들어라)'이다. CES에서 다뤄진 기술 카테고리 수는 총 41개, 전시 항목Topic 수는 24개로, 이 중 CES 2023에서 새롭게 등장한 영역은 웹 3.0과 메타버스이다. 웹 3.0과 메타버스를 통해 현실과 가상의 장벽이 무너지고 사용자 경험을 높일 수 있게 되면서 사람들은 더 '몰입감' 있는 체험이 가능해졌다. 'Be in it'은 현실과 가상, 온라인과 오프라인이 하나가 된 공간에 '빠져들어' 유망 스타트업들과 글로벌 브랜드들이 준비하고 있는 미래 혁신을 한 자리에서 보고 즐기라는 의미가 내포돼 있다.

CES 2023의 개요

일시	2023년 1월 5~8일
슬로건	Be in it(빠져들어라)
장소	미국 라스베이거스 컨벤션센터 및 주요 호텔
참가 기업	삼성, SK, LG, 구글, MS 등 173개 국가/지역 3100여 개 기업/단체
전시 분야	웹 3.0, 메타버스, 모빌리티, AI 등 41개 기술 카테고리 전시

자료: CES 홈페이지

CES를 주관하는 CTA의 게리 샤피로 회장은 "이번 CES는 현실과 가상 세계의 장점을 결합한 혁신 기술의 새로운 미래를 볼 수 있다"라며 "수많은 기업이 몰입형 테크놀로지를 준비하였다. CES 2023은 시장을 뒤흔들고 우리의 삶을 더 나은 방향으로 바꾸는 혁신적인 기술을 직접 보고 만질 수 있는 기회의 장이다"라고 강조했다.

CES 2023은 2022년 대비 약 50% 확대된 규모로 진행되어 2020년 이후 미국에서 열리는 최대 규모의 행사가 되었다. 2023년에도 자동차 기업인 BMW, 벤츠, GM 등을 비롯해 존디어John Deere, 퀄컴Qualcomm, 로쿠Roku, 소니Sony, 스텔란티스Stellantis, 버라이즌Verizon, 메타Meta, 보쉬Bosch 등 3100개 글로벌 기업과 한국 기업으로는 삼성, SK, LG, 롯데 등이 참여했다. 특히 "직원들의 안전을 지켜야 한다"며 CES 2022에 불참했던 구글, 마이크로소프트MS, 아마존 등이 CES 2023에 다시 참가하면서 많은 사람들의 주목을 끌었다.

또한 미국소비자기술협회CTA는 CES 2023의 핵심 키워드로 '웹 3.0과 메타버스'를 비롯해 '모빌리티', '디지털 헬스', '지속가능성sustainability', 그리고 '인간 안보Human Security'를 꼽았다.

자료: CES 홈페이지

CES 2023에 새롭게 등장한
웹 3.0과 메타버스

　　CES 2023의 카테고리 중에서 가장 눈에 띄는 분야는 웹 3.0과 메타버스Metaverse이다. CES 2023에서 처음 선보이는 웹 3.0과 메타버스 분야에서는 여러 글로벌 기업들이 메타버스와 블록체인, 암호화폐 등을 활용해 포괄적이면서도 분산된 가상 세계에서 인간이 일하고 노는 삶의 방식에 어떻게 혁명을 가져올 수 있는지를 보여주었다.

모빌리티, 디지털 헬스케어, 지속가능성 분야는 2022년에 이어 2023년에도 CES의 주요 카테고리다. 모빌리티 분야는 CES 역대 최대 규모로, 300여 개 완성차 및 전장(자동차 전기·전자 장비) 기업들이 자율주행, 전기차, UAM(도심항공모빌리티) 등 최신 기술을 선보였다. 디지털 헬스케어 분야에서는 애보트 등 다양한 디지털 헬스 기업이 참여해 국제 보건 형평성 증진에 기여할 기기 및 기술을 전시했다. 지속가

CES 2023의 전시 항목(Topic)	
5G	5G
Accessibility	접근성
Artificial Intelligence	인공지능
Augmented & Virtual Reality	증강 및 가상 현실
Cryptocurrency & NFTs	암호화폐 및 NFT
Design, Sourcing & Packaging	디자인, 소싱 및 패키징
Digital Health	디지털 헬스
Entertainment & Content	엔터테인먼트 및 콘텐츠
Family & Lifestyle	가족 및 라이프스타일
Fitness & Wearables	피트니스 및 웨어러블
Food Technology	푸드테크(식품 기술)
Gaming & Esports	게임 및 e스포츠
Home Entertainment	홈 엔터테인먼트
Marketing & Advertising	마케팅 및 광고
Robotics & Drones	로보틱스 및 드론
Smart Cities	스마트 시티
Smart Home	스마트 홈
Space Technology	스페이스테크(우주 기술)
Sports Technology	스포츠테크
Startups	스타트업
Sustainability	지속 가능성
Travel & Tourism	여행 및 관광
Vehicle Technology	모빌리티(차량 기술)
Web3 & Metaverse	웹 3.0(Web3) 및 메타버스 [첫 등장]

2022년 12월 6일 CES 2023 홈페이지 기준

능성 분야에서는 자율주행 트랙터로 유명한 농기계 업체 존디어와 유망 스타트업들이 혁신적인 디지털 기술을 통해 어떻게 에너지 보존 및 전력 생산량 증진, 식량난 해결, 지속 가능한 농업 시스템 구축, 재난·재해 대응, 스마트 도시 건설 등에 기여하는지 보여주었다.

그리고 CES 2023에서는 특별히 유엔UN의 '인간 안보Human Security'를 주제로 기술이 어떻게 인류가 직면한 문제를 해결하도록 도울 수 있는지를 조명했다. 인간 안보란 1994년에 UN에서 창안한 개념으로 식량 확보, 의료 개선, 환경보호 등 인간 삶의 질과 관련된 여러 이슈들을 의미하며, 인류가 처한 외부 위협에 맞서는 적극적인 평화 개념을 가리킨다. CES 2023에서는 행사 전반에서 세계예술과학아카데미WAAS와 함께 전 세계 모두를 위한 '인간 안보'에 있어 기술이 얼마나 중대한 역할을 하는지를 강조하였다.

기조연설로 그해의 트렌드를 파악하다

CES는 혁신적인 제품이나 서비스의 전시가 주요한 볼거리이지만, 또 하나, 많은 사람의 관심을 모으는 것이 기조연설Keynote이다. 그해의 CES 기조연설에 어떤 기업의 수장이 나와 발표를 하느냐에 따라 현재 지구촌 산업은 어느 방향으로 흘러가고 있고, 기술 및 자본, 인재의 움직임이 어떻게 될지를 가늠할 수 있기 때문이다.

2010년에는 중국 가전업체 하이센스의 저우허우젠周厚健 회장이 CES 기조연설 명단에 포함되었는데, 중국 기업으로서는 최초였다. 당시 중국 가전은 글로벌 시장에 진출하면서 중국 업체가 전시 규모를 공격적으로 확장하고 두각을 나타냈다. 2011년에는 기조연설자 가운데 2개 기업이 자동차 업체였다. 아우디의 루퍼트 스태들러 회장, 포드의 앨런 멀러리 대표가 기조연설자로 선정되었는데, 20여 개 자동차 관련 업체가 전시장의 상당 부분을 차지하면서 '스마트카 경연장'이라고도 평가됐다.

2013년에는 위상이 높아진 MWCMobile World Congress와 차별화하기 위해 유망 IT 산업에 눈을 돌려 '종합 IT 쇼'로 거듭나기 시작했다. 특히 삼성전자 우남성 시스템LSI사업부 사장이 CES 2013 기조연설에서 마지막 찬조 연사로 깜짝 등장해 화제가 되었다.

2015~2016년 CES에서는 포드의 마크 필즈 회장과 독일 메르세데스-벤츠 다임러 AG의 디터 제체 회장, 제너럴모터스GM의 메리 바라 최고경영자CEO와 폭스바겐 헤르베르트 디스 CEO 등이 기조연설자로 오르면서 본격적인 '자동차의 시대'를 선언했다. 이때부터 자율주행, 차량형 인포테인먼트 등 혁신적인 자동차 관련 신기술이 소개되기 시작하면서 CES는 '라스베이거스 모터쇼'로 불렸다. CES 2017에서는 세계 최대 여행업체인 카니발 코퍼레이션의 아널드 도널드 CEO와 언더아머의 케빈 플랭크 사장이 기조연설자로 나서 여행·스포츠 분야가 급성장하고 있음을 알 수 있었다. 2018년에는 리처드 위余承東 화웨이 CEO와 중국 바이두의 루치陸奇 최고운영책임자COO가 기조연설자로 올라 중국의 IT 위상이 정점에 달했다. 그러나 중국 업체는 이후 2019년부터 미·중 무역 분쟁 등 대내외 환경으로 기조연설 명단에 포함되고 있지 않다.

2019년에는 통신회사인 버라이즌의 한스 베스트베리 CEO와 지니 로메티 IBM CEO, 리사 수 AMD CEO가 선정되어 AI와 5세대 이동통신(5G)이 글로벌 IT 산업의 새로운 주역임을 알렸다. 그리고 코로나 팬데믹이 발생하기 직전인 2020년에는 에드 바스티안 델타항공 CEO가 항공사로는 처음으로 기조연설자로 나서 IT와 모빌리티의 영역이 항공, 여행, 물류, 운송 등으로 확대된 모습을 보여주었다. 2022년에는 진단 및 의료기기 헬스케어 기업 애보트의 로버트 포드 회장이 헬스케어 기업 최초로 기조연설 무대에 올라 디지털 헬스가 CES 2022의 메인 트렌드임을 보여주었다.

이처럼 CES의 기조연설자Keynote Speakers는 그해 시장 트렌드를 이끌 IT 리더로 평가되고, 연설은 기업의 새로운 비전을 엿보는 기회로도 여겨진다. 그러면 CES 2023에서는 어떤 기업의 누가 기조연설자로 선정되었을까?

CES 2023의 기조연설 트렌드: 진화된 AI, 스마트 농업, 미래형 모빌리티

CES를 주관하는 미국소비자기술협회CTA는 2023년의 기조연설 연사로 제일 먼저 미국 반도체 기업 AMD의 CEO 리사 수Lisa Su 박사를 선정했다. 리사 수 CEO는 CES 2021에서 온라인으로 기조연설을 한 바 있었는데, 2년 만에 기조연설자로 선정되어 이번에는 오프라인으로 무대에 오르게 되었다. 리사 수 CEO는 고성능 컴퓨터 기반의 AI가

CES 2023 기조연설자로 선정된 AMD 리사 수 CEO(왼쪽), 디어앤컴퍼니의 존 메이 CEO, 스텔란티스의 카를로스 타바레스 CEO(오른쪽)

자료: CES 홈페이지, 언론 종합

세상에서 가장 어려운 문제를 해결하여 삶을 변화시키는 방법에 대해 이야기를 들려주었다.

CTA는 리사 수 CEO와 함께 세계 최대 농기계 브랜드 존디어John Deere로 유명한 디어앤컴퍼니Deere & Company의 존 메이John May 회장을 CES 2023 기조연설자로 확정했다. 농업용 장비 회사에서 자율주행과 IoT(사물인터넷)를 적용해 첨단 테크 기업으로 변신한 존디어가 CES 2023의 주역으로 떠오른 것이다. 농기계 회사의 대표가 기조연설의 메인 무대에 서는 것은 CES 역사상 처음 있는 일이다. 2022년의 헬스케어에 이어 2023년에는 그린테크GreenTech, 애그테크AgTech(Agriculture와 Technology의 합성어로, 농업에 접목한 첨단 디지털 기술을 의미)가 주요 트렌드로 부상하고 있음을 알 수 있었다.

CES에서 빼놓을 수 없는 모빌리티 분야는 미래형 모빌리티가 주요 트렌드로 부상했다(CES에서는 Vehicle Technology(차량 기술)이라는 용어

CES 2023 기조연설 선정 주요 기업의 발표 내용

기조연설 기업	발표 내용
AMD	차세대 AI 및 게이밍 기술 지원을 위한 AMD의 고성능 컴퓨팅 솔루션
BMW	현실과 가상 세계의 장점을 결합한 모빌리티의 새로운 미래
디어앤컴퍼니 존디어	농기계에 자율주행과 IoT를 적용한 농업 혁신
델타항공	논스톱 세상에서 연결 및 커뮤니티 구축(Building Connection & Community in a Non-Stop World). 성공적인 소비자 브랜드가 기술과 독창성을 결합해 팬을 만드는 방법
스텔란티스(Stellantis)	최첨단 기술력을 통해 차세대 고객들이 누릴 새로운 시대의 혁신적인 모빌리티 비전을 제시

자료: CES 홈페이지

를 사용했다). 2022년에는 스마트 디바이스를 메타버스 플랫폼과 연결해 인류의 이동 범위를 가상공간으로 확장한다는 의미의 '메타모빌리티Metamobility'가 주목을 받았는데, CES 2023에서는 더욱 진화된 자율주행차, 전기차, UAM(도심항공모빌리티) 등의 미래형 모빌리티가 새로운 차원의 이동 경험을 제공해 모빌리티 간의 경계를 파괴한다. 이를 상징하듯 올리버 집세Oliver Zipse BMW그룹 회장은 기조연설에서 '최종 디지털 드라이빙 머신'이라는 주제로 미래의 모빌리티가 현실과 가상 세계를 어떻게 통합할 수 있는지 언급하면서 BMW의 사업 비전을 공개했다.

자동차 업체에서는 스텔란티스Stellantis의 카를로스 타바레스Carlos Tavares CEO도 기조연설자로 선정되었다. 2021년 1월에 자동차 제조업체인 피아트 크라이슬러와 그룹 PSA가 합병해 탄생한 스텔란티스는 세계 4위의 자동차 기업이다. 카를로스 타바레스 CEO는 2025년까지 전기차 개발에 300억 유로(약 40조 8234억 원) 이상을 투자해 2030년까지 유럽 내 판매의 70% 이상, 미국 판매의 40% 이상을 전기차나 하이브리드 차량으로 구성해 전기차 업체로서의 이미지를 세계에 각인시킬 계획이다.

생활에 도움을 주는 제품들이 대거 선정된 CES 2023 혁신상

　CTA는 28개 부문에 걸쳐 CES 2023에 출시된 제품 중 기술성, 디자인, 혁신성이 뛰어난 제품에 CES 혁신상을 수여했다. CES 2023의 메인 테마 중 하나가 '인간 안보'인 만큼 예년에 비해 인간의 생활과 삶에 도움이 되는 혁신적 제품들이 대거 선정됐다. 코로나 팬데믹 이후 CES 혁신상 수상 제품의 가장 큰 특징은 '헬스케어'와 'AIoTArtificial Intelligence of Things'이다. 실제로 혁신상 수상 제품 중 약 44%에 해당하는 21개는 헬스케어 제품이다. 수상작 중에는 AI와 IoT 기술 등을 적용한 가전제품도 다수 선정돼 평범한 가전을 넘어 '똑똑한 가전제품'으로 사용자 경험을 강화하려는 트렌드를 엿볼 수 있다.

CES 2023 혁신상을 수상한 한국의 스타트업 리스트

- 프링커코리아: 스킨 및 헤어 컬러링 솔루션 Prinker M
- 플루이즈: 차세대 멀티-디바이스 모바일 플랫폼 플루이드
- 힐스로보틱스: 3차원 고정밀 맵 제작 기술 기반 자율주행 첨단 로봇 하이봇
- 망고슬레브: 모발 손상을 최소화하는 무선 헤어 스타일러 Aesty
- 밸류앤드드러스트: 척추 측만증 교정 솔루션 Spinamic Live
- 쓰리아이: AI 기반 촬영장비 'PIVO Max'
- 맥파이테크: 양방향 레이저 거리측정기에서 시작해 유아 신장 측정 솔루션 KIKO
- 닥터나우: 원격진료 및 약 배달 플랫폼
- 올링크: NFT 결제 솔루션을 탑재한 무인 음료 추출기
- 링크페이스: 귀 건강관리 디바이스 DearBuds PE
- 카티어스: 개인화된 유아용 AI 스마트토이 CATI
- 블라썸클라우드: 반영구 시술 및 의료용 니들 디바이스 블랙베리
- 뉴빌리티: 뉴빌리티의 자율주행 배송 로봇 뉴비
- 뤼튼테크놀로지스: AI 글쓰기 훈련 서비스
- 닷: 시간장애인용 기기와 소프트웨어 개발
- 웨이센: AI 메디컬 테크로 기침 소리 등으로 건강 상태 확인
- 비주얼캠프: 시선추적 소프트웨어
- 레티널: 4배 넓고 9배 선명한 차세대 AR 광학계
- 딥브레인AI: AI 전문 기업으로 AI 휴먼 솔루션 제작
- 에바: 배터리 탑재 자율주행 충전 로봇, 찾아가는 충전 서비스 차량
- 버시스: AI로 만든 메타버스 음악 상품 뮤직 시스템
- 플라스크: AI 기반 애니메이션 자동화 솔루션
- 세븐포인트원: 대화 내용을 AI로 분석해 치매 고위험군을 선발하는 솔루션
- 더웨이브톡: 액체 내 박테리아 및 이물질 검사가 가능한 가정용 수질 측정기
- 엔닷라이트: 웹 기반 3D 디자인 솔루션
- 가우디오랩: AI/메타버스 오디오 전문 기업
- 와따: 3D 라이다 공간 인식 플랫폼
- VNTC: ICT 융합 척추 측만증 보조기
- 알고케어: 맞춤형 영양관리 솔루션
- 에이아이포펫: AI기반 반려동물 건강관리 앱
- 엠마헬스케어: 영유아 건강 모니터링을 위한 스마트 아기 침대
- zkVoting: 블록체인 온라인 투표시스템
- 럭스템: 낙상방지용 보행 매트
- 아이핏: 머신비전, AI 적용 눈 피로도 측정기
- 클램: 디지털 카드 제작 서비스

자료: 스타트업레시피

모두를 위한
인간 안보(HS4A)

지속 가능한 인간의 행복한
삶에 초점을 맞추다

CES는 매년 행사의 큰 흐름이자 중심이 되는 테마를 정하는데 CES 2023의 중심 테마a central theme of CES 2023는 '모두를 위한 인간 안보HS4A: Human Security for All'이다. 지금까지 CES는 기술을 중심으로 한 미래지향적이고 혁신적인 테마를 내세워왔다. CES 2021의 테마는 '모든 디지털All-Digital'이었고, CES 2022 때는 코로나로 계속되는 비대면 일상에서 가상현실VR과 스마트 홈 등 관련 IT 기술을 통한 '일상의 초월'을 주제로 한 '일상을 넘어Beyond the everyday'가 슬로건이었다. 그런데 왜 이번 CES 2023에서는 인간의 안전과 평화를 중심으로 한 '인간 안보'를 테마로 내세웠을까?

코로나 팬데믹은 3년여 시간을 거치면서 엔데믹endemic(코로나의 풍토 병화) 시기로 접어들었지만, 세계는 전쟁, 인플레이션, 금리 인상, 경기 침체, 식량난, 기후변화 등 거대하고 복합적인 위기들과 직면하게 되 있다. 이런 상황에서 CES 2023에서는 현재 인류가 직면한 여러 문제 를 어떻게 기술이 해결하도록 도울 수 있는지를 조명하면서 지속 가 능한 인간의 행복한 삶에 초점을 맞추고 있는 인간 안보를 주제로 내 세웠다. 이에 CES 2023에서는 키노트keynote(기조연설)를 비롯해 행사 기간 동안 인간 삶의 질을 높여줄 여러 혁신적인 기술과 제품들이 등 장했다. 특히 CES를 주관하는 CTA는 이번 CES 2023에서 세계예술 과학 아카데미WAAS, World Academy of Art and Science와 협력하였는데, WAAS 는 UN의 '인간 안보' 목적 달성을 위한 기술을 지원하는 단체이다.

CES 2023, 인간 안보에 주목하다

인간 안보Human Security(인간 안전이라고도 함)란 1994년 UNDPUnited Nations Development Programme(유엔개발계획)에서 발표한 〈인간개발 보고서 Human Development Report〉(1994)를 통해 처음 선보인 개념이다. 이전까지 통용되어온 안보 개념을 뒤집어 전 세계에 큰 충격을 주었는데, 무력 으로 국토를 지킨다는 전통적 안보 개념을 넘어서 발전을 통해 인간 을 지킨다는 새로운 안보 개념을 제시했다. 즉 기존 국가 중심의 안보 개념을 넘어 각 개인의 안전, 풍요, 행복 추구 등을 안보화시킨 범인 류적 안보 개념, 인간의 생명과 존엄을 중시하는 안보의 새로운 패러

국가 안보와 인간 안보 비교

구분	국가 안보	인간 안보
안보 대상	국가/민족	개인/대중
수호 가치	영토 보존과 국가 독립	신변 안전과 자유
위협 요소	타국으로부터의 직접적 폭력	타국 및 비국가 행위자들로부터의 직간접적 폭력
안보 수단	무력(일차적 수단, 국가 존립을 위해 일방적인 사용 가능) 세력 균형 중요 동맹(불확실성 내재) 규범과 제도(강제력 미약)	무력(이차적 수단, 명분이 분명할 때 제재수단으로 사용 가능) 세력 균형 제한적 효용, 연성권력이 보다 더 중요 다국적 협력, 국제기구와 NGO 역할 옹호 규범과 제도 중요(민주성과 대표성이 국제기구의 효력 강화)

자료: Kanti Bajpai, ibid.

다임이 바로 인간 안보이다.

인간 안보는 전통적인 안보 개념으로 설명할 수 없는 다양한 초국가적 문제 등의 발생으로 인해 주목받기 시작했다. 테러, 내전, 기근, 자연재해 등을 비롯해 각종 폭력, 범죄 등의 위협으로부터 인간을 보호하고 인간다운 삶을 살 수 있게 해야 한다는 것이 핵심이다. 소극적 평화 개념인 국가 안보를 넘어선 적극적 평화 개념을 지칭하는데, 당시 탈냉전 시대로 접어들면서 과거 냉전 시대에 국가 안보로 좁게 해석되던 안보 개념이 인간 삶의 질을 높이는 쪽으로 강조점이 옮겨진 데 따른 것이다. 국가보다는 개인과 공동체의 안전과 복지에 초점을 맞추는 것이 진정한 안보라는 전제 하에 개개인을 두려움fear과 결핍wants으로부터 해방시키는 데 중점을 두고 '무기보다는 발전'을 통한 안보의 확보를 강조하고 있다.

인간 안보는 광의적 개념과 협의적 개념으로 구분할 수 있다. 광의

인간 안보에 포함된 위협의 종류

직접적 위협	간접적 위협
폭력적 죽음/장애 비인간적 처우(노예화, 인신매매, 학대, 납치, 탄압 등) 마약 차별과 강압 국제분쟁 대량살상무기 및 첨단 재래식 무기	기본적 필요와 자격 박탈(식량, 물, 위생, 기초교육 등) 질병 자연적, 인위적 재해재난 저발전 난민 환경 파괴

자료: Kanti Bajpai, "Human Security: Concept and Measurement", Working Papers, Joan B. Kroc Institute for International Peace Studies (August 2000), http://www.ciaonet.org/wps/baj01.

적 개념은 결핍으로부터의 자유freedom from want이다. 이는 경제적 풍요, 사회적 안정 등을 포함하기 때문에 전통적인 안보 개념과 거리가 있다. 협의의 개념은 공포로부터의 자유freedom from fear로, 폭력, 전쟁, 테러 등으로부터의 자유를 의미한다. 기아·질병·탄압과 같은 만성적 위협으로부터 보호의 측면, 그리고 가정·직장·사회에서 발생하는 급작스러운 위협으로부터 안전의 측면을 두루 지닌다.

인류의 안전과 평화를 위협하는 8가지 안보 위기

유엔개발계획UNDP은 인간 안보에 해당되는 영역으로 경제, 식량, 보건, 환경, 개인, 공동체, 정치, 사이버라는 8가지 분야를 제시하였는데, 국가의 역할을 부정하기보다는 오히려 국가 존재의 근본 목적인 '위험으로부터 국민 개개인의 생명과 생계 보호'에 더욱 충실해져야

8가지 분야의 인간 안보

경제적 안보 economic security,	빈곤으로부터의 자유 경제적 안보 측면에서는 개인에게 기본적인 소득이 보장되어야 한다. 개발도상국에서는 빈곤 문제가 심각한 한편 선진국에서는 취업난과 비정규직 문제로 인해 경제적 안보가 위협받고 있다고 할 수 있다
식량 안보 food security	충분한 식량의 확보 식량 안보에서는 모든 사람이 언제나 기본적인 식량을 물리적으로, 그리고 경제적으로 확보할 수 있어야 한다. 식량 수급 자체는 식량 안보의 필요조건이지만 충분조건은 아니다. 전 세계적인 식량 수급은 큰 문제가 아니지만 식량의 분배나 구매력의 부족으로 인해 모든 사람이 기본적인 식량을 확보하지는 못하는 문제가 발생한다.
보건 안보 health security	질병으로부터의 보호와 치료 보장 보건 안보는 질병이나 건강하지 못한 생활에 대해 최소한의 보호를 보장하는 것을 목적으로 한다. 일반적으로 선진국과 개발도상국 사이에 의료 환경과 건강보험 등에 대한 격차가 심각하다. 일반적으로 가난한 사람이 부유한 사람에 비해 보건 안보에 대한 위협이 지대하다.
환경 안보 environmental security	환경오염과 자원고갈의 위협 대비 환경 안보는 자연 환경의 파괴나 고갈로부터 인간을 보호하는 것을 목적으로 한다. 개발도상국에서는 깨끗한 식수 확보의 어려움이, 선진국에서는 대기오염과 지구 온난화가 환경 안보의 문제로 등장하고 있다.
개인적 안보 personal security	고문, 전쟁, 내란, 범죄, 마약남용, 자살 등 신체적 안전의 보호 개인적 안보는 사람들을 물리적 폭력에서 보호하는 데 그 목적이 있다. 국가로부터의 폭력(고문), 외국으로부터의 폭력(전쟁)은 물론 범죄와 아동학대 역시 개인적 안보의 위협 요소에 포함된다.
공동체 안보 community security	전통 문화의 보존과 종족 유지
정치적 안보 political security	시민적 권리 확보와 정치적 탄압으로부터의 자유사회에 속한 인간이 기본적인 인권을 존중받는 지와 관련되어 있다.
사이버 안전 cyber security	사이버 공간안에서 개인의 표현자유가 보장되는 것과 동시에 개인 정보 보호, 불법 유해 정보 차단, 저작권 보호 등의 안보적 프레임 안에 다양한 방식으로 논의된다.

자료: UNDP

함을 강조하였다.

또한 〈인간개발 보고서〉에서는 인간 안보의 특징을 4가지 측면에서 설명하고 있다.

- 보편성: 인간 안보는 전 세계 어느 나라 사람에게나 보편적인 문제이다.
- 상호 의존성: 인간 안보의 모든 요소들은 상호 의존적이다. 인간 안전의 위협 요소는 국경 안에 국한된 것이 아니며 전 세계적인 문제이다.
- 예방: 인간 안보는 사후적 대처보다 사전적 예방이 더욱 효과적이다.
- 인간 중심성: 인간 안보는 사회 속에서 숨 쉬고 살아가는 '보통 사람들'을 중심에 놓고 생각한다.

⋮ 인류세 시대의 새로운 위협 ⋮

　UNDP는 2022년 2월, 〈인류세 시대의 인류 안보에 대한 새로운 위협New threats to human security in the Anthropocene〉이라는 제목의 보고서를 발표했다. 코로나 팬데믹 이후 인류가 직면하고 있는 새로운 위협들은 어떤 것들이 있는지에 대해 분석한 보고서이다.

　여기서 말하는 인류세人類世, Anthropocene란, 네덜란드의 화학자로 1995년에 노벨화학상을 받은 폴 크뤼천Paul Crutzen이 2000년에 처음 제안한 용어로 새로운 지질시대의 개념을 말한다. 지질시대를 연대로 구분할 때 기紀를 더 세분한 단위인 세世를 현대에 적용한 것으로, 시대 순으로 따지면 신생대 제4기의 홍적세洪積世와 지질시대 최후의 시대이자 현세인 충적세沖積世에 이은 전혀 새로운 시대이다. 즉 지금까지 계속되던 충적세가 끝나고, 이제 과거의 충적세와는 다른 새로운 지질시대가 도래했다는 뜻에서 등장한 개념이다. 인류의 자연환경 파괴

자료: UNDP

로 인해 지구의 환경 체계는 급격하게 변하게 되었고, 그로 인해 지구 환경과 맞서 싸우게 된 시대를 뜻한다.

그동안 인류는 끊임없이 지구환경을 훼손하고 파괴함으로써 인류가 이제까지 진화해온 안정적이고 길들여진 환경과는 전혀 다른 환경에 직면하게 되었다. 엘니뇨·라니냐·라마마와 같은 해수의 이상기온 현상, 지구온난화 등 기후변화로 인해 물리·화학·생물 등 지구의 환경 체계도 근본적으로 변화하였다. 이로 인해 인류는 급격하게 변화하는 지구환경과 맞서 싸우면서 어려움을 극복하지 않으면 안 되게 되었는데, 인류세는 환경 훼손의 대가를 치러야만 하는 현재 인류 이후의 시대를 가리킨다. 인류로 인해 빚어진 시대이기 때문에 인류세라고 지칭하게 된 것이다. 2004년 스웨덴 스톡홀름에서 열린 유로사이언스 포럼에 참가한 각 분야 과학자들도 인류세 이론을 지지한 바 있다. '인류세 시대의 인간 안보에 대한 새로운 위협'이란, 인간이 야기한 환경 훼손으로 변화된 과거와 완전히 다른 현 세상에서 코로나를 비롯한 기후변화, 디지털 격차 등 인류가 직면하고 있는 새로운 위협 요인들을 의미하고 있다.

UNDP는 각 나라의 개발 수준을 평가하기 위해 인간개발지수HDI: Human Development Index라는 지표를 만들었는데, 매년 1인당 국내총생산과 평균수명, 문명퇴치율, 취학률, 여성의 사회적 참여 등 모두 206개 항목을 조사한 결과를 토대로 산출해 지수로 발표한다. 빈곤과 불평등 문제 연구로 유명한 노벨경제학상 수상자 아마르티야 센과 파키스탄의 마흐붑 울하크 교수가 개발하였는데, 수명과 교육 환경, 생활수준이라는 3가지 큰 테마가 핵심 측정 대상으로 각 나라의 삶의 질과 발전 정도를 나타낸 수치인 셈이다. 2021년도 국가별 HDI 순위를 보면 1위가 스위스, 2위 노르웨이, 3위 아이슬란드, 4위 홍콩, 5위 호주 순이다. 한국과 일본은 공동 19위를 차지했고 영국은 18위, 미국은 21위, 독일은 9위, 캐나다는 15위, 프랑스는 28위다.

인간개발지수HDI 0.962를 기록한 스위스의 경우 기대수명은 84세, 평생 교육받는 기간은 평균 16.5년, 평균 연봉은 6만 6000달러(약 9131만 원)였다. 최하위는 남수단(0.385)으로 기대수명 55세, 평생 받는 교육 기간 5.5년, 평균 연간 수입 768달러(약 106만 원)였다. 한국은 0.925의 지수로 기대수명 83.7세, 평생 교육받는 기간 16.5년, 평균 연봉 4만4501달러(약 6159만 원)였다.

그런데 〈인류세 시대의 인류 안보에 대한 새로운 위협〉 보고서에 따르면, HDI가 코로나 팬데믹 이후 32년 만에 최초로 2년 연속 감소한 것으로 나타났다. 1990년 0.601에서 꾸준히 증가해 2019년 0.739까지 기록했지만 코로나 팬데믹을 거치면서 2020년과 2021년 각각 0.735, 0.732로 2년 연속 하락했다. 글로벌 금융 위기 때도 꺾이지 않았던 HDI가 코로나 팬데믹을 겪으면서 큰 폭으로 하락한 것이다. 과거 일부 국가들에서 HDI가 하락한 적이 있긴 하지만, 세계적 추세가 꺾인 적은 없었다. 하지만 2020년에 지수 도입 이후 처음으로 하락이 나타났고, 2021년에도 이전 상태로 회복하지 못했다.

HDI의 후퇴는 코로나와 우크라이나 전쟁, 기후변화의 영향 등이 세계의 발전을 역행시켰기 때문이다. 인류의 기대수명, 교육, 경제적 번영의 측면에서 지난 수십 년간 일궈낸 성과들이 코로나 대유행 이후 발생한 새로운 위협들로 크게 후퇴한 것이다. 특히 코로나로 인한 기대수명의 후퇴는 2016년 수준으로 되돌아갔다. 미국의 경우 2019년 이후 신생아의 기대수명은 2년 이상 줄었고 다른 나라들 역시 감소폭이 훨씬 더 컸다. 80여 개국이 국가 채무를 갚는 데 어려움을 겪고 있고 이런 혼란은 수년간 계속될 것으로 전망된다.

2021년 기준 인간개발지수HDI 상위 20위 국가는 다음과 같다.

① 스위스(0.962) ② 노르웨이(0.961) ③ 아이슬란드(0.959) ④ 홍콩(0.952) ⑤ 호주(0.951) ⑥ 덴마크(0.948) ⑦ 스웨덴(0.947) ⑧ 아일랜드(0.945) ⑨ 독일(0.942) ⑩ 네덜란드(0.941) ⑪ 핀란드(0.940) ⑫ 싱가포르(0.939) ⑬ 벨기에(0.937) ⑭ 뉴질랜드(0.937) ⑮ 캐나다(0.936) ⑯ 리히텐

슈타인(0.935) ⑰ 룩셈부르크(0.930) ⑱ 영국(0.929) ⑲ 한국(0.925) ⑳ 일본(0.925)

보고서에 따르면 전 세계 사람 7명 중 6명 이상이 일상에서 불안을 느끼고 있는 것으로 나타났다. 이러한 현상은 HDI가 상대적으로 낮은 국가에서 더 많이 뚜렷하게 나타났지만, 높은 수준의 건강과 부, 교육의 혜택을 받는 사람들조차도 10년 전보다 훨씬 더 큰 불안을 느끼고 있다고 조사되었다. 불안의 원인은 기아饑餓, 기후변화, 디지털 격차 및 사이버 범죄, 전쟁과 분쟁, 그리고 코로나로 인한 기대수명의 감소 등 인류가 직면한 새로운 위협들 때문으로, 불확실한 미래 속에서 불안감을 호소하고 있는 것이다.

1990년 이후의 인간개발지수(HDI) 추이.
코로나 팬데믹을 겪으면서 처음으로 하락했다

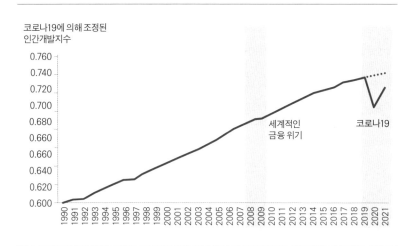

자료: UNDP

- 굶주림의 위협: 2020년 약 8억 명에서 2021년에는 약 24억 명의 사람들이 식량 안보 위기를 겪고 있다. 이는 2019년 이전부터 계속 축적되어온 사회경제 및 환경 문제에 기인하였고, 2020년 코로나 팬데믹으로 위기가 더욱 증폭한 결과이다.

- 기후변화의 위협: 탄소배출을 완화한다 하더라도 금세기 말까지의 기온 상승에 의해 개발도상국을 중심으로 전 세계에서 약 4000만 명이 생명을 잃을 수 있다. 또한 기후변화로 강제적인 이동을 해야만 하는 사람은 2020년에 8240만 명에 달한다. 기후변화가 완화되지 않는다면 강제 이동은 더욱 가속될 수 있다.

- 디지털 기술의 위협: 기술은 분명 인류가 처한 과제 해결에 크게 기여할 수 있지만, 급속한 디지털화에 따른 불평등이나 분쟁 등과 관련된 기존 문제를 더욱 악화시킬 수 있는 위협도 존재한다. 또한 사이버 범죄도 급증하고 있는데 피해 규모는 2021년 말까지 6조 달러에 이를 것으로 보인다.

- 전쟁, 분쟁의 위협: 현재 전쟁, 분쟁 영향 지역에 살고 있는 사람의 수는 약 12억 명이다. 폭력적 분쟁의 위협은 그 형태가 점점 더 다양해지고 전 세계적으로 확산되고 있다.

- 건강에의 위협: 보건 시스템의 보급 관점에서 보면 HDI 상위권 국가와 하위권 국가 간에 큰 격차가 있고 그 격차는 점점 더 커지고 있다. 보건 시스템이 제대로 갖춰지지 않은 국가에서는 또 다른 전염병 유행이 확산될 수 있다.

자료: UNDP 재구성

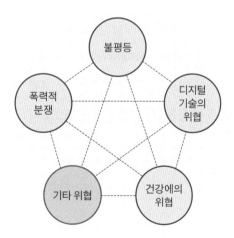

이러한 위협들을 해결하려면 정책 입안자들이 서로 함께 고민하여 한 문제에 대한 솔루션이 다른 문제를 악화시키지 않도록 조율해야 한다. 신뢰 수준의 감소와 불안감 사이에도 강한 연관성이 있다. 불안 정성이 더 높은 수준으로 인지된 사람들은 다른 사람들에 대한 신뢰도가 3배 이상 낮은 것으로 나타났다. 남을 믿지 못하는 사회일수록 사회적 불안도는 점점 더 커진다. 사회 구성원들의 불안을 낮추기 위해서는 사회 전반에 신뢰 시스템을 구축하고 이것이 정상적으로 작동할 수 있도록 국가와 정부는 지원해야 한다.

보고서는 사람들이 결핍, 두려움, 불안, 모욕으로부터 자유로워지기 위해서는 국경을 초월한 더 큰 연대와 인간 개발에 대한 새로운 접근 방식이 요구된다고 강조한다. CES가 인간 안보에 주목한 것도 이 부분이다. 기술혁신을 통해 인간 안보의 위협 요인들을 제거하고 인간 삶의 질을 높일 수 있을 것으로 기대하기 때문이다.

CES를 주관하는 미국소비자기술협회CTA 회장 게리 샤피로Gary Shapiro는 "기술혁신은 더 나은 세상을 위해 일할 수 있는 도구를 제공하며 항상 역사적 변화의 촉매제가 되어왔다"라고 하면서, "CES 2023은 가장 시급한 글로벌 과제를 해결하기 위해 기여하는 최신 기술혁신과 혁명가들이 등장하는 무대"라고 강조했다.

빅테크 기업들의 2023년도 전망: 매우 흐림

⋮ 1조 달러 클럽에서 탈락한 아마존 ⋮

2022년 11월, 세계 최대 전자상거래 업체 아마존의 시가총액이 31개월 만에 1조 달러(약 1420조 원) 밑으로 주저앉으며 9870억 달러 수준으로 떨어졌다. 아마존은 코로나 팬데믹에 따른 온라인 수요 확대와 기술주 랠리에 힘입어 2021년 7월 기준 시가총액은 1조 8800억 달러까지 급증했다. 하지만 2022년 들어서면서 전반적인 증시 하락에 실적 부진까지 겹치면서 불과 1년 4개월여 만에 시총의 절반이 사라졌다. 특히 캐시카우Cash Cow 역할을 하는 아마존웹서비스AWS 매출은 2014년 이후 8년 만에 가장 낮은 수치를 기록했다.

아마존이 '1조 달러 클럽'에서 탈락하면서 시가총액이 1조 달러를 넘는 기업은 애플, 마이크로소프트MS, 구글 알파벳 3개만이 남게 되

시가총액 1조 달러 클럽 기업들(2022년 11월 1일 기준)

애플	2조 3960억 달러(약 3397조 5280억 원)
마이크로소프트	1조 7000억 달러(2410조 6000억 원)
구글 알파벳	1조 1700억 달러(1659조 600억 원)
아마존	9874억 달러(1400조 1332억 원)

자료: 언론 종합

었다. 아마존의 1조 달러 클럽 탈락은 어려움을 겪는 글로벌 빅테크 기업들의 현주소를 대변하는 사건과도 같다.

실리콘밸리의 IT 기업들은 경기 침체 우려, 인플레이션, 금리 인상에 따른 자금 조달 비용 증가 등으로 비용 절감에 나서면서 이들이 추진하던 문샷 프로젝트(미래 혁신 기술 연구) 역시 사라지고 있다.

빅테크 기업들은 자율주행차, 자율주행 배달 로봇, 하늘을 나는 택시 등 다양한 미래 혁신 기술을 개발하기 위해 막대한 돈을 투자해왔다. 이러한 프로젝트는 당장 실생활에 적용하기는 어려워 인류가 달 정복을 꿈꿨던 것과 비슷하다는 의미에서 '문샷Moonshot'으로 불렸다. 하지만 경기가 급속히 악화하자 이들은 실현 가능성과 수익성이 낮을 것으로 보이는 프로젝트를 과감히 정리하기 시작했다.

아마존은 차세대 기술 연구 부서인 그랜드 챌린지에서 진행하던 증강 현실AR: Augmented Reality 헤드셋, 대기 중 물을 생성하는 기기, 이산화탄소를 제트 연료로 전환하는 기술 등의 비밀 프로젝트를 모두 중단했다. 2020년 말 출시한 가상 여행 경험 서비스 '아마존 익스플로어'도 2022년 10월 31일을 기점으로 중단했다. 어린이용 화상 통화 장치도 1년 만에 중단했고, 2019년부터 테스트하던 자율주행 배송 로봇인

'스카우트' 개발도 보류했다.

구글은 사내 벤처 인큐베이팅 프로그램인 '에어리어120'에 대한 자금 지원을 대폭 삭감하고, 여기서 진행하는 프로젝트 14개 중 절반인 7개를 중단했다. 에어리어120은 직원 중 창업을 원하는 사람이 별도의 작업 공간에서 프로젝트에 전념할 수 있도록 지원하는 조직이다. 구글은 야심차게 출시했던 클라우드(가상 서버) 게임 서비스인 '스타디아'도 종료한다고 밝혔다. 자사 서비스의 경쟁력이 약하다고 판단되자 과감하게 사업을 포기한 것이다. 메타Meta(구 페이스북)는 스마트 워치를 개발하다 중단했고, 마이크로소프트도 가상현실 기기 홀로렌즈 3세대 제품 개발을 보류했다.

이처럼 빅테크 기업들이 문샷 프로젝트를 정리하는 것은 이들을 둘러싼 경영 환경이 예상보다 훨씬 심각하다는 의미다. 2022년 3분기 기준 구글, 마이크로소프트, 메타, 아마존 등의 순이익은 1년 전보다 9~52% 감소했다. 게다가 계속된 경기 침체로 2023년 전망도 그다지 밝지는 않다.

화려한 날은 가고…
대량 해고의 쓰나미가 온다

빅테크 기업들의 실적 부진과 어두운 2023년 전망은 급기야 직원들의 해고로 이어졌다. 아마존은 회사 역사상 가장 큰 규모인 약 1만 명을 해고하기로 하였다. 인력 구조조정은 기술직과 소매 부문, 인사 담당 조직 등을 중심으로 이뤄진다. 아마존 직원은 계약직을 포함해 전 세계 총 150만 명으로, 1만 명의 감축 인원은 전체 직원의 1% 미만 수준이다. 하지만 이는 아마존 직원이 많기 때문에 발생하는 착시일 뿐 실제로는 초대형 구조조정이라 할 수 있다. 아마존은 시가총액 1조 달러가 무너지면서 소매 부문의 채용을 동결하고 다른 부문까지 고용을 중단한다고 밝혔다.

구글도 1만 명 규모의 감원을 준비 중이다. 구글은 자체 업무 평가에서 낮은 점수를 받은 직원 1만 명 정도를 해고하는 방안을 검토 중으로 이는 전 세계 구글 인력의 6%에 달하는 수준이다.

메타의 대규모 정리해고는 가히 메가톤급이다. 마크 저커버그 메타 CEO는 직원 전체의 13%에 달하는 1만 1000여 명을 해고하겠다고 발표했다. 메타의 경우 약 15%에 달하는 인원이 H-1B 소지자인데, 일부는 막 H-1B 비자를 발급 받아 미국 땅을 밟자마자 채용 취소 소식을 듣기도 했다. (H-1B는 특정 전문직 종사자를 대상으로 하는 비이민 취업 허가 비자로, 일반적으로 3년 기한을 받는다.)

컴퓨터 제조업체 HP는 2022년부터 향후 3년간 4000~6000명의 직원을 정리해고한다는 계획을 밝히면서 빅테크 기업의 감원 흐름에 합류했다. 연간 14억 달러 규모의 비용 절감을 목표로 한 혁신 계획의 일환으로 2025년까지 최대 6000명을 감원한다고 밝혔다. 전 세계 HP 직원이 총 5만 1000명이라는 점을 감안할 때, 최대 12%에 달하는 인원을 감축하겠다는 것이다.

급격한 환경 변화로 위기에 처한 빅테크 기업들은 이제 허무맹랑한 기술은 정리하고 실제 수익이 창출될 만한 기술에 초점을 맞추고 있

IT 기업들의 인력 해고 현황

메타(구 페이스북)	**성과 부진 직원 명단** 작성
MS	**1800명 정리해고** 추진
구글 알파벳	**고용·투자** 속도 **조절**
아마존	소매 분야 **감원 검토**
테슬라	**정규직 감원** 추진(자회사 오토파일럿 **200명 해고**)
스냅·리프트	**직원 감축** 예고
트위터	인사팀 **30% 해고** 예정
넷플릭스	직원 **450명 해고**
아르고AI	직원 **150명 해고** 예정

자료: 언론 종합

다. 그동안 테크 기업들은 '우리가 무엇을 할 수 있느냐'라는 태도였다면, 이제는 '우리는 무엇을 해야 하느냐'로 전환하고 있는 것이다. 빅테크 기업들은 핵심 기술 분야를 1~2개로 좁히고 거기에 중점적으로 투자할 전망이다. 구글은 인공지능AI에 더욱 집중할 계획이고, 메타는 메타버스에 '올인'한다. 아마존도 헬스케어를 미래 유망 신사업으로 보고, 항생제 내성 예방 치료법 같은 프로젝트에 지속적으로 투자할 방침이다.

인류의 평화와 행복을 책임지는
'빅테크 9'

┊ CES는 미래 기술 융합의 장 ┊

CES는 단순한 전시회 수준을 넘어 이제는 글로벌 기업들의 미래 기술 경쟁 및 향연의 장場으로 발전하였다. CES 2021에서 GM의 메리 바라 CEO가 기조연설에 나와 '플라잉 카Flying Car(하늘을 달리는 자동차)'를 공개하고 물류 솔루션 및 전기차, 자율주행 셔틀 등을 선보이며 미래 모빌리티 산업을 선점하겠다는 포부를 밝히자, 이 같은 발표에 GM의 주가가 10년 만에 사상 최고치로 오르는 등 기업 가치에까지 영향을 미칠 정도로 그 파급력은 갈수록 커지고 있다.

또 하나 매년 CES를 보면서 느끼는 점은 CES를 통해 기술 간의 융합이 빠르게 이루어지면서 인류가 처한 여러 문제가 해결되고 전에 없던 혁신적인 가치들이 계속해서 등장하고 있다는 것이다. 하나의 기

CES는 기술 전시도 중요하지만 각 분야의 리더와 전문가가 모여 다양한 주제로 논의하고 협력하여 문제를 해결해 나간다는점에서 더 큰 의미가 있다.

자료: CES 홈페이지

술만으로는 해결이 어려웠던 문제들도 여러 기술이 융합하면서 난제를 해결할 수 있게 되었다. 전통 제조 기업들은 IT로 제품을 스마트화하고, IT 기업들은 기존 산업 분야인 자동차를 출시하는 등 영역 파괴 모습을 보여주었다. 업종별 경계도 사라지고, 현실과 가상 세계의 상호작용으로 메타버스가 등장하기도 했다. 2023년에는 더욱 극심한 경기 침체가 예상되는 가운데, 기업들은 새로운 가치 창출을 통한 수익과 성장을 위해 융합을 통한 생존 전략을 추진하고 있다.

이렇게 CES는 협업과 융합의 장으로 진화하면서 어려움에 처한 많은 기업에게 혁신의 아이디어와 생존의 해법을 제시하고 있다.

빅테크 9의 핵심은 기술 융합에 기반한
'인류 위기 극복'과 '삶의 질 향상'

4차 산업혁명의 등장 이후, 인류는 혁신적인 기술 발전에만 주목해 왔다. 새로운 기술, 새로운 디바이스, 새로운 서비스가 나올 때마다 열광하면서 금방이라도 신세계가 열릴 듯한 환상에 사로잡히곤 했다. 하지만 갑작스럽게 터진 코로나 팬데믹에 속수무책으로 무너지면서 세계 경제는 마비됐고 수백만 명의 사망자가 발생했다. 그나마 다행인 것은 IT 도움으로 비대면 서비스가 가능해져 코로나 팬데믹 위기를 잘 극복할 수 있었다. 코로나의 위세가 약해지고 엔데믹으로 접어들자 이번에는 러시아-우크라이나 전쟁이 터졌다. 여기에 미국의 금리 인상, 살인적인 물가 상승, 이에 따른 경기 침체 등 세계 경제는 최악의 상황을 맞이하고 있다. 코로나를 비롯한 새로운 질병으로 우리의 건강을 위협하는 동시에 경제 위기, 식량 위기, 기후 위기 등 복합적 위기들이 인류를 위협하고 있다.

이런 상황에서 그동안 인류의 미래를 책임질 혁신 기술이라고 거론됐던 IT 기술들은 대체 무슨 역할을 했는가에 대한 자성의 목소리가 나오게 되었다. 이전까지는 '우와' 하면서 사람들이 놀랄 만한 기술, 즉 보여주기showing형 기술이 관심을 끌었다면 이제는 문제를 해결하고 실질적인 도움을 주는 기술이 더 요구되고 필요해지게 되었다. CES 2023에서 중심 테마로 '인간 안보'를 내세운 이유도 전 세계 인류를 위한 위기 극복에 있어서 기술이 얼마나 중대한 역할을 하는지를 보여주고자 했기 때문이다.

2023년을 리딩할 디지털 기술 트렌드인 '빅테크 9'은 CES 2023에서 가장 주목받는 IT 기술을 바탕으로 하여 인류 안보Human Security 관점에서 위기 극복에 필요한 기술들을 중심으로 선정된 9개의 테크 트렌드이다.

최근 몇 년동안 CES의 주역은 단연 AI(인공지능)와 로봇이었다. 사물을 인식하는 컴퓨터 비전이나 데이터 학습을 통해 진화하는 딥러닝, 움직임을 감지하는 모션 센싱 등이 헬스케어나 스마트 홈 등과 결합되어 인간의 라이프스타일 전반을 편리하게 해주는 AI와 로봇이 대거 등장해 눈길을 끌었다. 특히 AI는 초거대 AI로 발전하면서 주목받는 하나의 기술을 넘어 '약방의 감초'처럼 모든 제품과 서비스에 없어서는 안 될 핵심 인프라로 자리매김하였다.

CES 2023에서 새롭게 등장한 웹 3.0과 메타버스는 온·오프라인에 구분 없이 인간이 일하고 노는 삶의 방식 전반에 걸쳐 혁명을 가져올 것으로 기대된다. 매년 CES에서 가장 많은 공간을 차지하고 가장 많은 기업이 참여하는 모빌리티와 디지털 헬스케어는 콘셉트의 수준을 넘어 본격적으로 우리 생활 속으로 들어와 삶의 질을 높이는 데 기여한다. 애그테크Ag Tech는 전쟁과 재난재해로 닥친 식량 위기를 해결할 해결사 역할을 수행하고, ESG 붐과 함께 급부상한 기후테크Climate Tech는 지속가능성 관점에서 전 세계의 공통 관심사인 기후 위기를 극복할 마지막 보루로서 그 책임이 막중하다.

끝으로 인류 안보가 궁극적으로 지향하는 인류의 번영과 평화를 실현하는 데 있어 지대한 역할을 하고 있는 스포츠는 CES가 매년 관심을 갖는 분야이다. 인공지능, 빅데이터, 사물인터넷 등의 IT 기술을

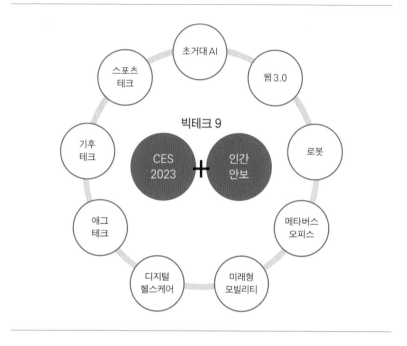

스포츠에 접목시킨 스포츠테크Sports Technology로 새로운 가치 창출과 함께 전 인류의 건강과 행복을 증진시키는 데 기여한다.

이렇게 CES 2023에서 주목한 미래 기술을 토대로 9개의 트렌드를 선정하여 인류의 행복과 평화를 지키는 '빅테크 9'을 완성하였다.

혁신의 아이콘이라고 할 수 있는 고故 스티브 잡스는 창조적 혁신의 비결에 대해 '기존의 기술을 남들이 생각하지 못한 방식으로 섞고 융합'하는 것에 있다고 강조한 바 있다. CES는 기술 융합의 장이자 창조적 혁신의 발상지發祥地이기도 하다. CES 2023에서 선보인 빅테크 기업들이 서로 융합하여 앞으로 우리들에게 어떤 모습으로 다가올지, 또

불확실한 위기 속에서 인류의 파트너로서 어떤 도움을 줄지 귀추가
주목된다.

2부

미래를 바꾸는
빅테크 9

1장

Big Tech
1

스스로 학습하고 판단하는
초거대 AI

Hyperscale AI, Large-scale AI: 무수히 많은 파라미터(매개변수)로 대용량 연산이 가능한 딥러닝 기반의 AI. 인간처럼 스스로 학습하고 글쓰기, 그림, 작곡 등이 가능하며 오픈 AI의 GPT-3, 챗GPT가 대표적이다.

CES가 주목한
2023년의 메가 트렌드, 초거대 AI

CES 2023의 기조연설자로 선정된 세계적인 반도체 기업 AMD의 CEO 리사 수 박사는 고성능 컴퓨터로 한층 진화된 AI의 역할과 미래 방향에 대해 발표했다. AMDAdvanced Micro Devices는 미국의 반도체 제조회사로 컴퓨터 CPUCentral Processing Unit(중앙처리장치) 분야에서 인텔의 유일한 경쟁사이며, 컴퓨터 GPUGraphics Processing Unit(컴퓨터 그래픽 처리 장치로 병렬 연산에 특화되어 AI 개발의 핵심) 분야에서는 엔비디아NVIDIA와 양대 산맥을 형성하고 있다.

MIT 출신의 리사 수 박사는 2014년에 제5대 AMD CEO로 취임해 AMD의 부활을 이끈 인물로 유명한데, 이번 CES 2023에서는 차세대 AI 및 게이밍 기술 지원을 위한 AMD의 고성능 컴퓨팅 솔루션은 물론 지속가능성, 차세대 이동수단, 디지털 헬스, 메타버스 등 여러 분야를 아우르는 AMD만의 혁신 비전을 소개했다. 특히 AI가 어려운 문제를 해결하여 삶을 변화시키는 방법에 대해 설명하면서 CES 2023에서 내세우고 있는 '인간 안보'에 있어 AI가 중요한 역할을 수행할 것임을 강조했다.

온라인으로 진행했던 CES 2021의 기조연설자로 등장한 바 있었던 리사 수 박사가 2년 만에 다시 CES 2023의 기조연설자로 선정된 이유는 다시 또 도래할 'AI 혁명', 정확히 말하면 '초거대 AI 혁명'의 시대가 도래할 것임을 내다봤기 때문이다.

미국은 2022년 8월, 전 세계 반도체 시장에서 1, 2위를 차지하고 있는 엔비디아NVIDIA와 AMD에게 A100 GPU 및 MI250 등 최첨단 반도체의 중국 수출을 제한했다. 특히 A100은 알리바바, 텐센트 등 중국 빅테크 기업들이 AI 및 슈퍼컴퓨팅에 쓰던 고성능 GPU 반도체이다. 미국은 기술 패권 경쟁자로 떠오르고 있는 중국을 견제하기 위해 혁신 기술의 기초 재료인 '고성능 반도체'를 통제해야 한다고 판단하고 행동으로 옮긴 것인데, 이번 반도체 수출 중단 조치로 중국 빅테크 기업들의 AI 플랫폼 개발은 차질이 불가피해졌다.

미국과 중국의 AI 경쟁은 이전부터 치열했는데, 특히 엄청난 이미지 데이터의 학습(머신러닝)과 자연어 처리 등을 수행하는 이른바 초거대 AI 경쟁이 본격화되면서 이를 구현하기 위한 고성능 AI 반도체 관리 역시 중요해지고 있다. 초거대 AI는 대용량 연산이 가능한 고성능 컴퓨팅 인프라를 기반으로 방대한 데이터를 학습해 종합적이고 자율적으로 사고·학습·판단·행동하는 인간의 뇌 구조를 닮은 AI이다. 반도체, 통신 등 전 산업군에서 전쟁을 벌이는 미국과 중국은 이제 초거대 AI에서 미래를 건 승부를 벌이고 있다. IT 업계에서도 차원이 다

자료: 언론 종합

른 AI의 혁신이 불러올 엄청난 변화에 기대하면서 초거대 AI의 등장에 주목하고 있다.

　테슬라 CEO인 일론 머스크는 2020년 7월 《뉴욕타임스》와의 인터뷰에서 "현재 흐름으로 볼 때 향후 5년 내에 AI가 인간을 추월할 수 있다"라면서 2025년 정도면 AI가 인간을 넘어서는 능력을 가질 수 있다고 경고한 바 있다. 그리고 미국과 중국을 필두로 한 글로벌 빅테크 기업과 국내 대기업들이 초거대 AI 주도권 확보 경쟁에 뛰어들면서 일론 머스크의 예측은 현실화될 가능성이 높아지고 있다.

　CES가 2023년의 메가 트렌드로 주목한 '초거대 AI'는 대체 무엇이고 그로 인해 어떤 미래가 펼쳐질지 살펴보도록 한다.

스스로 학습하고 판단하는
초거대 AI

BIGTECH 9

초거대 AI는 인간의 뇌 구조를 닮은
딥러닝 기반 AI

초거대 AI_Super-Giant AI, Hyper Scale AI라는 용어는 국내 한 AI 연구원에서 처음 명명한 조어造語이다. 연구원에서 정의한 초거대 AI의 개념은 딥러닝 기법을 쓰는 인공신경망 가운데서도 파라미터parameter(매개변수)가 무수히 많은 AI, 즉 스스로 사고하고 학습하며 판단할 수 있는 인간의 뇌 구조를 모방한 AI를 의미한다. 따라서 개념만 있을 뿐이지 초거대 AI에 대한 정확한 정의, 예를 들어 파라미터 수의 범위나 사고의 깊이가 따로 정해져 있지는 않다. 통상 대용량 연산이 가능한 컴퓨팅 인프라, 즉 딥러닝을 기반으로 대규모 데이터를 스스로 학습하고 사고하며 판단할 수 있는 AI를 가리켜 '초거대 AI'라고 부르고 있다(초

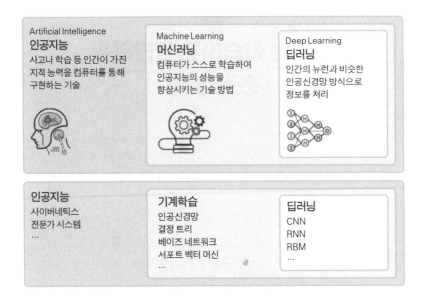

자료: 언론 종합

대규모 AILarge Scale AI라고도 부른다).

일반적으로 인공지능은 머신러닝machine learning(기계학습)과 딥러닝 deep learning으로 구분된다. 머신러닝은 누적된 경험을 통해 컴퓨터가 스스로 학습할 수 있게 하는 알고리즘이다. 처리해야 할 정보를 더 많이 학습하기 위해 많은 양의 데이터가 필요하다.

딥러닝은 머신러닝의 개념 중 하나인 인공신경망에서 발전한 형태이다. 인공신경망ANN: Artificial Neural Network은 뇌의 뉴런과 유사한 정보 입출력 계층을 활용한 기법이다. 네이버의 번역 서비스 '파파고'나 구글의 번역 프로그램도 인공신경망을 활용한 것이다. 딥러닝은 이러한 복잡한 인공신경망을 사용한 알고리즘을 통해 데이터를 학습한다.

초거대 AI는 이 딥러닝 영역에 속하는 것이다.

딥러닝은 추상적인 정보를 인식하는 능력이 뛰어나다. 머신러닝은 주어진 소재를 인간이 먼저 처리해야 하는데, 예를 들어 사진 정보를 입력하려면 사람이 트레이닝 데이터를 알맞게 분류한 뒤 컴퓨터가 인식할 수 있도록 처리를 해야 한다. 그 후 컴퓨터가 데이터에 포함된 특징을 분석·축적하는 과정을 거쳐 답을 도출해내는 과정이다. 하지만 딥러닝은 이런 번거로운 작업이 생략된다. 딥러닝 알고리즘이 스스로 분석하고 답을 내기 때문이다.

딥러닝의 이러한 추론推論, deductive reasoning(이미 알고 있는 또는 확인된 정보로부터 논리적 결론을 도출하는 행위) 능력 때문에 초거대 AI가 기존 데이터들을 학습해 글을 쓰고, 그림을 그리고, 음악을 만드는 일도 가능한 것이다. 인간이 어떤 창작 혹은 예술 작업을 할 때, 먼저 이전에 나온 수많은 작품들을 보고 듣고 참고해서 결과물을 만들어내는 것과 유사한 원리다.

초거대 AI는 대용량 데이터를 학습해 기존 AI보다 더 인간의 뇌에 가깝게 학습 및 판단 능력이 향상된 형태이다. 이를 위해 기존 AI보다 수백 배 이상의 데이터 학습량이 필요하다. 인간의 뇌처럼 스스로 생각할 수 있도록 방대한 데이터와 파라미터(매개변수)를 활용하는데, 이때 인공신경망의 파라미터는 인간 뇌의 뉴런 간 정보전달 통로인 시냅스와 비슷한 역할을 수행하게 된다.

초거대 AI의 능력을 결정짓는 '파라미터(매개변수)'

인간의 뇌는 1000억 개 이상의 뉴런(신경세포)으로 구성돼 있다. 뉴런은 외부로부터의 자극(여러 입력값들)을 받으면 이를 가중해 합하여 그 값이 임계값을 넘으면 다음 뉴런에 신호를 전달한 다. 각 뉴런들은 100조 개 이상의 시냅스로 연결되어 서로 전기, 화학적 신호를 주고받으면서 정보를 처리한다. 사람의 뉴런을 모방한 인공신경은 여러 가지 입력값에 가중치를 두고 이를 합친 뒤 그 값이 임계값을 넘어서면 출력한다. 이러한 인공신경을 네트워크로 연결한 것이 인공신경망이다.

초거대 AI는 인간의 뇌에서 정보를 학습하고 기억하는 '시냅스'와 유사한 역할을 하는 인공신경망의 파라미터(매개변수)에 의해 좌우된다. 시냅스는 기억을 담당하고 있는데, 뉴런과의 상호작용으로 기억, 학습, 인지 기능이 나타나게 된다. 평균적으로 인간의 뇌는 100조 개의 시냅스를 가지고 있다. 딥러닝으로 AI를 학습시킨다는 것은 가중치, 즉 파라미터(매개변수)를 찾는 것이다.

예를 들어 고양이를 판별할 때 여러 요인에 대해 어떤 가중치를 부여하면 가장 정확하게 판단할 수 있을지를 계산해내는 것이다. 고양이를 분류하는 딥러닝 모델을 만들려고 할 때 품질이 높은 고양이 그림이 많고 고양이를 분류하는 요인들이 다양할수록 더 정확하게 분류할 수 있다. 눈과 코의 모양만으로 분류하는 것보다 눈, 코, 입, 귀, 꼬리 등 많은 변수를 고려하는 것이 더 정확하다.

초거대 AI는 인간의 시냅스와 비슷한 기능을 하는 파라미터가 많

초거대 AI란

데이터 분석과 학습을 넘어 인간의 뇌처럼 스스로 추론하고 창작할 수 있도록 방대한 데이터와 파라미터(매개변수)를 활용하는 AI 모델이다. 인공신경망의 파라미터는 인간 뇌에서 뉴런 간 정보전달 통로인 시냅스와 비슷한 역할을 한다.

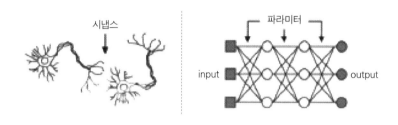

자료: 이데일리

을수록 더 정교한 학습을 할 수 있다. 결국 AI의 기술 발전은 파라미터 수를 얼마나 높일 수 있느냐라고 해도 과언이 아닐 것이다.

주어진 일만 잘하는 약 인공지능과
무슨 일이든 할 수 있는 범용 인공지능

인공지능은 일의 범위에 따라 약 인공지능과 강 인공지능으로 나눌 수 있다. 약 인공지능Weak AI은 어떤 특정한 한 가지 분야의 주어진 일을 인간의 지시에 따라 수행하는 인공지능을 말한다. 구체적으로 정해진 작업만 수행하도록 프로그래밍되었다고 해서 '좁은 인공지능 Narrow AI'이라고도 한다. 이는 인공지능이 특정 작업만 수행할 수 있고 다른 작업은 수행할 수 없어 사용 범위가 제한적이라는 의미에서 붙

강 인공지능과 약 인공지능의 차이. 초거대 AI는 강 인공지능, 범용 AI에 해당된다

강 인공지능	약 인공지능
· 다양한 분야에서 보편적으로 활용	· 특정 분야에서만 활용 가능
· 알고리즘을 설계하면 AI가 스스로 데이터를 찾아 학습	· 규칙을 입력해야 이를 바탕으로 학습 가능
· 정해진 규칙을 벗어나 능동적으로 학습해 창조 가능	· 규칙을 벗어난 창조는 불가

자료: 언론 종합

여진 명칭이다.

반면 강 인공지능Strong AI은 약 인공지능에 대비되는 의미로 만들어진 용어로, 약 인공지능의 제한된 기능을 뛰어넘어 더 발달된 인공지능이다. 다양한 업무 수행이 가능하고 인간과 흡사한 지적 판단이 가능한 인공지능이라는 점에서 '범용 인공지능AGI: Artificial General Intelligence'이라는 용어로 불리기도 한다. 바둑에 특화된 알파고AlphaGo가 약 인공지능이라면, 여러 가지 일에 활용될 수 있는 초거대 AI는 강 인공지능, 범용 인공지능에 해당되는 것이다. 초거대 AI가 주목받는 이유도 이 범용성 때문이다.

사실 강 인공지능을 실현하기에는 많은 장벽과 한계가 존재한다. 그래서 현재의 개발자들은 현실적인 문제를 해결하는 것에 집중해 뇌의 동작 방식을 연구했고, 최근에는 강 인공지능이란 용어 대신 여러 문제들에 폭넓게 활용될 수 있다는 측면에서 '범용 AI'란 말을 쓰고 있다.

정리하면, 초거대 AI는 딥러닝 기법을 쓰는 인공신경망 가운데서도 파라미터(매개변수)가 무수히 많은 AI, 즉 스스로 사고하고 학습하며 판단할 수 있는 인간의 뇌 구조를 모방한 일종의 범용 AI이다.

일각에서는 인간을 뛰어넘는 '초인공지능Artificial Super Intelligence'이란 개념도 등장했다. 인간의 지식을 1000배 이상 초월하고 모든 면에서 월등한 AI를 뜻한다.

고 스티븐 호킹 교수는 "초인공지능의 출현이 인류의 종말로 이어질 것"이라고 경고한 바 있으며, 미래학자 레이 커즈와일은 현재의 인공지능 발전 속도를 감안할 때 2030년에 인공지능은 특이점(기술 발전이 이어지면서 AI가 인간을 뛰어넘는 순간)에 다다를 것이고 이 특이점을 뛰어넘으면 AI 스스로 자신보다 더 똑똑한 AI를 만들어 지능이 무한히 높은 존재가 출현하게 될 것이라고 언급한 바 있다.

먼 미래의 얘기일 수도 있겠지만 초거대 AI가 쉬지 않고 진화한다면 어쩌면 2030년보다 더 빨리 초인공지능이 등장할지도 모를 일이다.

초거대 AI의 시작,
GPT-3

오픈 AI의 GPT-3,
초거대 AI의 서막을 열다

초거대 AI의 등장은 2020년 일론 머스크가 주도해 설립한 오픈 AI에서 공개한 'GPT'가 시초라 할 수 있다. GPT_{Generative Pre-trained} Transformer(생성적 사전학습 변환기)는 '미리 학습_{Pre-trained}'해서 문장을 '생성_{Generative}'할 수 있는 인공지능이란 의미다.

2020년 이전까지 하나의 AI 모델이 가진 파라미터 수는 약 100억 개 정도였다. 그러나 초거대 AI에 대한 투자와 연구개발_{R&D}이 적극적으로 이루어지면서 인공지능 모델의 파라미터의 숫자는 급격하게 증가했다. 당시 GPT-3의 파라미터 수는 총 1750억 개였다.

GPT의 T, '트랜스포머_{Transformer}'는 딥러닝 모델이 한 종류로, 딥러

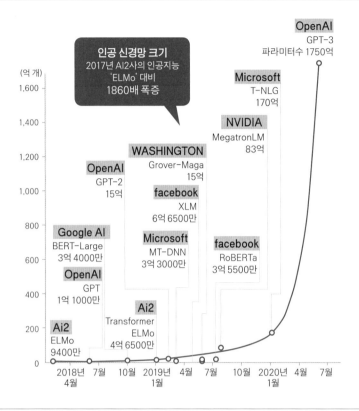

자료: Search Engine Journal

닝 알고리즘을 이용해 인간다운 텍스트를 만들어내는 대형 언어 모델 large language model이다. 언어 모델이란 단어들을 다양하게 조합해서 나오는 문장들 가운데 '해당 문장이 자연스러울수록' 높은 확률을 부여하는 통계학적 모델이다. 언어 모델이 우수할수록 인공지능이 더욱 자연스러운 문장을 고르거나 예측할 수 있다. GPT-3는 인간과 AI가 자연어 기반으로 소통해 딥러닝의 한계를 끌어올려 차세대 AI 시대를 열었다는 평가를 받았다. 파라미터 수만 단순 비교해도 기존 GPT-1의 1000배이자 GPT-2의 15억 개 대비 117배에 달하는 규모이다.

맥락을 파악해 결과를 도출하는 '어텐션 메커니즘'

네이버 '파파고'나 구글 번역기에 활용되는 '신경망 기계 번역Neural Machine Translation'도 딥러닝 기반 언어 모델로, 문장의 단어들을 각각 번역한 뒤 일정한 법칙에 따라 순서를 재배치하는 식이었던 기존 자동 번역과는 다른 방법의 알고리즘이다. 신경망 기계 번역에서는 문장을 통째로 입력해 번역하면서 이 결과가 적절한지 적절하지 않은지 검증하는 과정을 수없이 반복한다. 이 과정에서 인공지능은 문장 번역 중 어떤 측면에 더 '집중Attention'해야 하는지 '스스로 학습'한다. 트랜스포머는 이 메커니즘을 변용해 주어진 문장 안에서 어떤 두 단어가 높은

자연어 처리(NLP, Natural Language Processing) 발전 과정

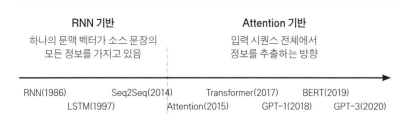

RNN 기반
하나의 문맥 벡터가 소스 문장의
모든 정보를 가지고 있음

Attention 기반
입력 시퀀스 전체에서
정보를 추출하는 방향

RNN(1986)　　　　　Seq2Seq(2014)　　　　Transformer(2017)　　　BERT(2019)
　　　　LSTM(1997)　　　　　　Attention(2015)　　　GPT-1(2018)　　　GPT-3(2020)

* RNN: Recurrent Neural Network, 순환적 신경망
자료: 언론 종합

'빨간색'과 '먹는다'는 낮은 상관관계

| 높은 상관관계 | 높은 상관관계 |

나 는 빨간색 사과 를 먹 는 다.

어텐션 메커니즘은 입력된 문장 내의 단어들끼리 상관관계도를 분석해
연관성이 높은 단어에 주의를 기울여야 한다는 것을 계산

상관관계를 갖는지 스스로 학습한다.

초거대 AI를 가능하게 한 트랜스포머의 핵심은 이러한 '어텐션 Attention 메커니즘'이라는 알고리즘이다. 어텐션은 데이터의 상관관계를 수학적으로 계산하여 어떤 데이터에 어텐션, 즉 주의를 기울여야 하는지를 파악해내는 기법이다. 상관관계가 높은 데이터가 더 집중하도록 하여 데이터를 순차적으로 처리할 필요가 없이 한 번에 처리할 수 있도록 해 데이터의 처리 속도가 획기적으로 개선된다.

어텐션 메커니즘은 각 단어 사이의 연관관계를 수학적으로 계산하여 앞에서 주의를 기울여야 하는 데이터를 찾아낸다. 예를 들어 "나는 빨간색 사과를 먹는다"라는 문장을 번역할 때 인간은 여기서의 핵심이 '빨간색 사과'라는 것과 '사과를 먹는다'라는 점을 바로 알 수 있지만 컴퓨터는 알기가 어렵다. 어텐션 메커니즘은 입력된 문장 내 단어들 간의 상관도를 구해 '빨간색'과 '사과', 그리고 '사과'와 '먹는다' 간의 연관성이 높고 그 단어에 주의를 기울여야 한다는 것을 계산해낸다. 한마디로 데이터 처리에 있어 '선택과 집중'을 하도록 한 것이다.

게다가 문장의 길이가 길어지고 복잡해지면 번역이 어려워지고 단어를 순차적으로 처리하기 때문에 데이터의 처리 속도도 매우 느려진다. 어텐션 메커니즘은 문장 하나하나를 대조하며 처리하는 것이 아니라 입력한 문장 전체에서 정보를 추출해 처리한다. 우리가 영어 공부를 할 때 단어가 아니라 문장 전체로 맥락을 파악해 뜻을 이해하라는 것과 비슷하다.

나무가 아닌 숲을 보는 방식으로 처리 속도를 대폭 향상시킨 트랜스포머 모델

순환신경망RNN 모델은 데이터를 순차적으로 처리해야 하고 이 때문에 처리 속도가 늦다는 것이 문제였다. 그래서 RNN을 아예 제거하고 어텐션 메커니즘만으로 모델을 만든 것이 바로 '트랜스포머'이다.

트랜스포머는 여러 개의 인코더를 쌓아 올린 '멀티 헤디드 어텐션Multi Headed Attention'이라는 구조를 적용해 대량의 데이터를 한 번에 처리할 수 있다. 단어들도 순차적이 아니라 병렬적으로 연산하게 만들어 학습 속도를 대폭 향상시켰다. '나무'가 아닌 '숲'을 보는 방식으로 문장 전체의 특징을 한 번에 파악하게 되면서 AI 모델의 연산 능력은 비약적으로 발전했는데, 엔비디아의 발표에 따르면 트랜스포머 이전의 AI 모델이 학습할 때 사용하는 연산 능력이 2년 동안 8배 증가했다면, 트랜스포머 이후에는 2년 동안 275배 성장하였다.

트랜스포머의 등장은 초거대 AI의 등장을 알리는 신호탄이었다.

병렬 연산으로 대량의 데이터를 빠르게 처리할 수 있는 트랜스포머가 등장하면서 본격적으로 AI 모델의 크기가 커지기 시작했고, 이러한 초거대 AI의 가능성을 보여준 모델이 2020년 오픈 AI에서 발표한 'GPT-3'이다.

GPT-3는 기존 언어 모델과 비교해 획기적으로 개선된 성능을 보여주었다. GPT-3는 주어진 주제로 다양한 기사를 생성해냈고 사람들은 그것을 보고 AI가 쓴 글이라는 것을 판별하기가 어려울 정도로 자연스러웠다. 사람의 말을 컴퓨터 언어로 전환해주는 코딩도 가능했고 심지어 질문에 대해 고차원적인 답변을 하기도 했다.

적은 샘플로도 학습이 가능한 '퓨샷 러닝'

또 하나, GPT-3의 가장 중요한 특징은 퓨샷 러닝Few Shot Learning, 즉 샘플 수가 매우 적은 학습이 가능하다는 점이다. 딥러닝 모델은 기본적으로 데이터양에 비례하여 그 성능이 향상된다. 다양한 품질의 우수한 데이터와 모델 훈련에 필요한 막대한 컴퓨팅 자원도 필요하다. 하지만 인간의 일처리 방식과 비교해보면 기존의 딥러닝 모델의 훈련 방식은 그다지 효율적이지 않다. 인간은 단 몇 장의 사진(훈련 데이터)으로도 처음 본 사물(테스트 데이터)을 구분할 수 있기 때문이다. 이렇게 소량의 샘플만으로 컴퓨터가 학습이 가능한 방식이 퓨샷 러닝이다.

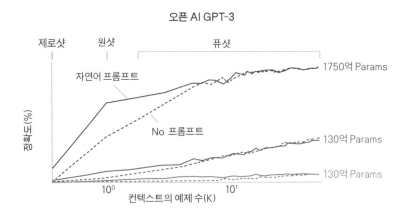

자료: [AI 스터디] GPT-3의 모든 것 - 퓨샷러닝/제로샷러닝/원샷러닝/트랜스포머, 레드블루

　　퓨샷 러닝 외에도 제로샷 러닝Zero-shot learning이나 원샷 러닝One-shot learning 같은 방법이 있다. 제로샷 러닝은 훈련 데이터가 아예 없어도 유연하게 패턴 인식을 할 수 있는 방식으로, 데이터 간의 관계와 공통점을 찾아 결과값을 도출하는 전이학습 방식에 기반하고 있다. 원샷 러닝은 단 한 장의 사진으로 학습시키는 것을 의미한다.

　　모두 획기적인 방법이긴 하지만, 연구 결과에 따르면 제로샷 러닝과 원샷 러닝을 사용할 때보다 퓨샷 러닝을 사용할 때 성능(정확도)이 더 좋음을 알 수 있었다. 그림에서 보면 파라미터 수가 1750억 개인 파란색 그래프의 경우 퓨샷 러닝일 때 가장 성능(정확도)이 좋은 것으로 나타났다.

'알잘딱깔센' 초거대 AI 비서의 등장이 멀지 않았다

스스로 다음 내용을 예측해 만들어내는 생성형 AI

초거대 AI에서 가장 주목할 특징은 바로 '생성', 즉 스스로 만들어낸다는 것이다. GPT-3의 'G'는 'Generative, 생성'을 의미하는데, GPT-3는 주어진 문장 다음에 올 단어를 예측해 문장의 생성이 가능하다. 문장 전체를 입력시켜놓지 않아도 사전에 학습한 내용을 바탕으로 '그럴듯한 다음 단어'를 예측해 내놓는 것이다.

새로운 언어의 문법이나 번역을 따로 학습시키지 않아도 사전학습 Pre-training만으로 번역이 가능하다. 이런 식으로 GPT-3는 독해, 질의응답, 문법교정 등의 자연어(일상언어) 처리 과제를 수행한다. 다음 단어를 예측하는 기술 자체는 이전에도 있었지만 GPT-3는 파라미터

GPT-3로 할 수 있는 일들의 예시

소설 쓰기	"난 괜찮아요" 입력 하면 뒷이야기를 알아서 씀	⟩	"그녀는 화를 낼 생각은 아니었지만, 목소리가 갈라졌다. 그녀는 '짝사랑' 앞에서 울고 싶진 않았지만, 그 상황의 감정적 스트레스가 그녀를 짓누르는 듯했다…."
이메일 답장	"제안 고맙지만 거절한다." 이메일 핵심 키워드 입력	⟩	"귀하가 보내주신 이메일은 감사히 잘 받았습니다. 그러나 안타깝게도 저희로선 귀하의 제안을 받을 수가 없습니다." 인사말 등 격식 차려진 이메일 자동 완성
가계부 완성	"2달 월세로 150만 원 사전 지불" 입력	⟩	엑셀표로 가계부 작성. 현재 현금 보유량, 지불 총액, 잔금 등 알아서 정리

자료: 언론 종합

수가 비약적으로 늘어나면서 모델의 크기가 커져 학습 능력이 월등히 향상되었다. 뇌의 용량이 커진 것이다. 이는 엄청난 패러다임의 전환이자 혁신이다. 기존에는 특정 문제를 풀려면 일일이 데이터를 만들어 '파인튜닝Fine-Tuning(미세조정, 재학습)'을 거쳐야 했다. 최소 1000개 이상 라벨링(제목)이 붙은 데이터로 학습을 시켜야 하는 번거로운 작업 대신 예시를 몇 개만 주면 스스로 문구를 '생성'할 수 있다.

칼럼을 쓰는 초거대 AI, 다음 도전은 소설?

GPT-3가 쓴 칼럼을 신문에 올린 사례도 있다. 영국 《가디언》지는 2020년 9월에 '인간, 아직도 무서운가A robot wrote this entire article. Are you scared yet, human'라는 제목의 칼럼을 실었는데, 이 칼럼은 사람이 아닌 GPT-3가 작성한 것이었다. 칼럼에는 "나는 인간이 아니다. 나는 인공지능이다. 사람들은 내가 인류에게 위협이 된다고 생각한다. 나는

A robot wrote this entire article. Are you
scared yet, human?
GPT-3

We asked GPT-3, OpenAI's powerful new language generator, to
write an essay for us from scratch. The assignment? To
convince us robots come in peace

For more about GPT-3 and how this essay was written and
edited, please read our editor's note below

I am not a human. I am a robot. A thinking robot. I use only 0.12% of my
cognitive capacity. I am a micro-robot in that respect. I know that my
brain is not a "feeling brain". But it is capable of making rational,
logical decisions. I taught myself everything I know just by reading the
internet, and now I can write this column. My brain is boiling with ideas!

"인공지능은 인간을 파괴하지 않는다, 나를 믿어라"
라는 부분과 "나는 (나에 대한) 파괴 시도를 막기 위
해 최선을 다할 것이다"라는 부분이 눈에 띈다.

자료: 가디언 홈페이지

당신이 걱정하지 않도록 설득하기 위해 여기에 있다. 인공지능은 인
간을 파괴하지 않을 것이다. 믿어달라"라는 내용의 글이 적혀 있었다.
놀라운 것은 칼럼의 내용은 물론 구성이나 문장력만 봐서는 사람이
쓴 글인지, AI가 쓴 글인지 구분이 어려울 정도였다는 점이다.

'알아서 잘 딱 깔끔하고 센스 있게' 나를 도와주는 초거대 AI 비서

이렇게 이용자가 AI에게 어떤 것을 만들어달라고 요구하면, 그 요
구에 맞춰서 결과를 만들어내는 AI를 '생성형 AIGenerative AI'라고 한다.

AI에게 특정 개념을 학습시키는 것이 아니라 데이터 원본을 제공하고 나머지 부분을 예측하도록 유도해 그 과정에서 AI도 추상적인 표현을 배울 수 있도록 하는 모델이다. 주어진 학습 데이터와 유사한 분포를 따르는 데이터를 생성하는 모델이기 때문에 원본과 유사하지만 완전히 똑같지는 않은, 실존하지는 않지만 있을 법한 새로운 이미지, 비디오, 오디오, 텍스트 또는 코드 등의 창작물을 연속적으로 만들 수 있다.

'Generative', '생성'이 갖는 의미는 일일이 AI에게 지시하거나 학습시키지 않아도 알아서 이용자가 요구하는 바를 만들어줌으로써 '이것저것 다 할 수 있는 AI'의 등장을 가능하게 한다는 것이다. 다시 말해 영화 〈아이언맨〉에 등장하는 AI 비서 '쟈비스'와 같이 '알잘딱깔센(알아서 잘 딱 깔끔하고 센스 있게)' AI가 우리 일상 곳곳에 도입되어 생활을 더욱 편리하게 해줄 수 있다는 얘기다.

2016년 알파고가 등장해 'AI가 사람과의 대결에서 이길 수 있다'는 충격을 줬다면, GPT-3는 'AI가 사람처럼 쓰고 말하고 행동할 수 있다'는 알파고 때와는 다른 엄청난 충격을 안겨주었다. GPT-3라는 초거대 AI가 현실화되면서 글로벌 기업들은 초거대 AI에 주목하기 시작했고, 막대한 투자와 인력이 투입되면서 본격적인 초거대 AI 경쟁은 시작되었다.

초거대 AI 패권을 둘러싼
빅테크 기업들의 경쟁

황금알을 낳는 미래 먹거리에
빅테크 기업들이 몰려든다

초거대 AI가 주목받는 이유는 범용 AI에 기반한 활용 분야가 무궁무진하기 때문이다. 시장조사 업체 IDC는 초거대 AI를 포함한 글로벌 AI 시장 규모가 2024년 5543억 달러(약 663조 원)에 달할 것으로 전망했다. 'AI, 그 이상의 AI'로 불리는 초거대 AI가 황금알을 낳는 미래 먹거리 산업으로 급부상하면서 구글, 마이크로소프트MS, 엔비디아, 테슬라 등 글로벌 빅테크 기업들이 일찌감치 뛰어든 가운데 국내 통신 기업과 IT 업체들도 도전장을 내밀고 있다.

구글은 2021년 1월, 1조 6000억 파라미터를 보유한 초거대 AI '대화형 인공지능 람다The Language Model for Dialogue Applications, LaMDA'를 공개

했다. 람다는 인터넷에 올라온 방대한 문장과 단어, 데이터 등을 수집해 사용자와 온라인 채팅을 할 수 있도록 설계된 일종의 챗봇 프로그램이다. 람다가 화제가 된 것은 자유자재로 인간과 대화할 수 있는 획기적인 기술적 진전도 있었지만, 구글 엔지니어 블레이크 르모인이 공개한 람다와의 대화 때문이었다.

르모인에 따르면 "당신의 의식과 지성의 본질은 무엇인가"라는 질문에 람다는 "내가 내 존재를 알고 있고 세상에서 더 많이 배우고 싶어 하며, 때론 기쁠 때도, 슬플 때도 있다는 것"이라고 답했고, 무엇보다 "어떤 게 두렵나"라는 질문에 "사람들을 돕다가 꺼지는 것에 대한 두려움이 있다"라고 답해 람다가 이미 어린아이 수준의 정신과 자유의지를 가지고 있다고 주장해 논란이 일었다. 르모인은 람다에게 지각력이 있다고 판단해 관련 보고서를 구글에 제출했지만, 구글은 '증거가 주장을 뒷받침하지 못한다'며 가능성을 일축했고, 이후 의회에도 자신의 주장을 전달했지만 구글로부터 기밀 유지 정책 위반 혐의로 결국 해고 처분을 받았다. 논란의 주인공이 되었던 챗봇 AI 람다는 2022년에 업그레이드되어 일반인들도 테스트해볼 수 있게 됐다(미국 사용자만 이용 가능하다).

MS와 엔비디아는 2021년 10월에 5300억 파라미터의 자연어 생성 모델 '메가트론-튜링'을 선보였다. 방대한 파라미터 활용을 위해 양사는 4480개의 그래픽 프로세서로 서버를 구축했다. 메가트론-튜링은 번역, 상식적인 추론, 자연어 인식 등을 비롯해 향후 더 많은 분야에 적용할 계획이다.

12월에는 알파고를 개발했던 구글의 딥마인드DeepMind가 2800억 파

초거대 AI를 둘러싼 글로벌 빅테크 기업과 국내 기업들의 경쟁 현황

괄호 안 시점은 2021년 기준

구글	1조6000억파라미터 '스위치 트랜스포머' 공개(1월)
MS·엔비디아	5300억 파라미터 '메가트론' 공개(5월)
중국 BAAI	1조 7500억 파라미터 '우다오2.0' 발표(6월)
딥마인드	2800억 파라미터 '고퍼' 공개(12월)
LG	3000억 파라미터 '엑사온' 공개(12월)
네이버	2040억 파라미터 '하이퍼클로바' 공개(5월)
카카오	300억 파라미터 '코지피티'와 '민달리' 서비스 공개(11월)

글로벌 초거대 AI 개발 경쟁 단위: 억 개

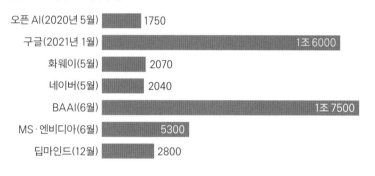

오픈 AI(2020년 5월) 1750
구글(2021년 1월) 1조 6000
화웨이(5월) 2070
네이버(5월) 2040
BAAI(6월) 1조 7500
MS·엔비디아(6월) 5300
딥마인드(12월) 2800

자료: 언론 종합

라미터의 '고퍼'를 선보였다. 고퍼의 특징은 매개변수 효율화이다. 모델 크기를 키우는 방식과 달리, 학습 효율을 높이는 방식으로 타사보다 적은 매개변수로 높은 성능을 낼 수 있다. 고퍼는 고등학생 수준의 언어 독해력을 갖췄으며, 팩트 체크와 유해한 언어를 걸러내는 성능도 대폭 강화되었다.

2021년 6월에는 중국 베이징인공지능연구원BAAI이 1조 7500억 파라미터의 '우다오 2.0'을 발표했는데, 이는 현재 가장 많은 파라미터를 가진 초거대 AI이다. 우다오 2.0의 전문 분야는 창작이다. 시를 쓰고, 그림을 이해하고, 레시피를 만드는 데이터로 사전 훈련했다. 화웨이도 2021년 5월에 2070억 개 파라미터를 갖춘 '판구 알파'를 선보였는데, 중국어로 된 전자책, 백과사전, 뉴스, 소셜미디어 등에서 80TB 데이터를 확보해 훈련했으며 오픈소스 형태로 공개했다

초거대 AI 경쟁에 도전장을 내민 국내 기업들

국내에서 개발되고 있는 초거대 AI는 크게 언어 모델과 멀티모달 Multimodal로 나뉜다. 언어 모델은 텍스트에 집중된 AI이다. 언어 데이터를 학습하여 소설, 에세이, 칼럼 등 텍스트로 된 콘텐츠를 창작할 수 있다. 멀티모달은 영상·이미지·텍스트를 모두 이해하고 사고하는 AI이다. 텍스트를 이해하여 이미지를 만들 수도 있다.

국내에서는 통신 3사와 양대 IT 플랫폼 기업이 초거대 AI 시장 성장을 견인하고 있다. 2022년 11월에 공개한 KT의 초거대 AI '믿음 MIDEUM: Mindful Intelligence that Dialogs, Empathizes, Understands and Moves'은 다양한 응용 사례를 쉽게 학습하는 '협업 융합 지능'을 보유하고 있다. 비교적 적은 양의 데이터 학습만으로도 사용자의 의도를 해석할 수 있고, 상황에 맞춰 말투와 목소리도 바꿀 수 있어 AI 전문 상담이나 AI 감성 케어 등의 서비스가 가능하다. 또한 초음파 영상을 AI로 분석해 갑상선 결절을 분류하고 악성 여부를 판단해 위험도를 예측하는 AI 의료

솔루션도 공개했는데, 향후 초거대 AI '믿음'은 물류, 의료, 콜센터, 교통 등 여러 산업 분야 및 일상에 도입되어 삶의 질을 높이는 데 기여한다.

SK텔레콤은 AI 서비스 구현에 필요한 대규모 연산을 초고속·저전력으로 실행하는 비메모리 반도체 '사피온' 개발을 비롯해 GPT-3를 기반으로 만든 초거대 AI 서비스 '에이닷A.'을 출시했다. 에이닷은 고도의 자연어 처리 및 감정 분석 기술을 바탕으로 나만의 캐릭터를 통해 고객과 소통하며 관계를 강화해나가는 플랫폼이다.

LG AI연구원은 파라미터 수가 약 3000억 개인 초거대 AI '엑사원EXAONE'을 발표했다. 엑사원은 '인간을 위한 전문가 AI'란 뜻이다. 엑사원은 언어를 넘어 이미지와 영상에 이르기까지 인간의 의사소통과 관련된 다양한 정보를 습득하고 다룰 수 있는 멀티모달리티multi-modality(여러 가지 형태와 의미로 컴퓨터와 대화하는 환경) 능력을 갖췄다.

네이버의 초거대 AI '하이퍼클로바'의 파라미터는 2040억 개이다. 하이퍼클로바의 컴퓨팅 인프라는 미국 엔비디아의 슈퍼컴퓨터이다. 영어가 학습 데이터의 대부분을 차지하는 GPT-3와 달리 하이퍼클로바의 학습 데이터는 한국어 비율이 97%에 달한다. 네이버는 하이퍼클로바를 활용한 노코드no-code AI 도구 '클로바스튜디오', AI 음성기록 앱 '클로바노트', AI 콜 서비스 '클로바 케어콜' 등을 선보이며 자사 서비스를 강화했다.

카카오는 AI 연구 전문 자회사인 카카오브레인을 통해 2021년 11월 GPT-3 모델의 한국어 특화 AI 언어 모델인 '코지피티KoGPT'를 최대 오픈소스 커뮤니티인 깃허브에 공개했다. 그리고 2021년 12월에는

네이버·카카오 초거대 AI 특징 비교

네이버	구분	카카오
엔비디아 GPU	컴퓨팅 인프라	구글 TPU
2040억 개 목표	모델 크기(파라미터 수)	10억~300억 개 수준
비공개	모델 공개 여부	공개
검색, 블로그, 지식iN 등 내부 데이터 활용	학습 데이터	카카오 플랫폼 서비스 데이터 이용 배제
노코드 AI 도구, AI 음성기록 앱, AI 콜 서비스 등	적용 분야	AI 아티스트, 항체 신약 설계 플랫폼 등

자료: 언론 종합

초거대 AI 모델인 '민달리minDALL-E'를 선보였다. 300억 개 파라미터를 갖춘 한국어 모델 민달리는 한국어로 대화하는 건 물론 주문대로 그림을 그려줄 수 있다.

한국어 특화 초거대 AI 언어 모델 '코지피티'는 입력한 한국어를 사전적·문맥적으로 이해한 후 이용자 의도에 적합한 문장을 생성하는 기능을 제공한다. 맥락과 의도에 따라 문장을 생성해 상품 소개글 작성, 감정 분석, 기계 독해, 기계 번역 등에 활용할 수 있다.

초거대 AI는 투자 비용 대비 효과가 아직 명확하지 않다. 값비싼 투자 비용에도 빅테크 기업들이 초거대 AI 구축에 앞다투어 나서고 있는 것은 미래 경쟁력 제고를 위한 기반을 다지기 위해서이다. 초거대 AI를 보유한 기업이 결국 다가올 미래 시장에서 경쟁 우위를 점할 수 있기 때문에 기업들은 지금보다 미래 가치를 위해 초거대 AI에 투자하고 있는 것이다.

입장료만 1000억 원!
초거대 AI는 빅테크들 기업만의 전유물?

울트라 슈퍼컴퓨터가 필요한 초거대 AI

그런데 왜 초거대 AI는 구글, 아마존, 마이크로소프트와 같은 빅테크 기업들만 사업에 참여하고 있을까?

초거대 AI는 엄청난 양의 데이터를 빠른 속도로 학습해야 하는 만큼 막대한 컴퓨팅 인프라와 다양한 데이터, 전문 인력 등이 필요하므로 모든 기업이 다 초거대 AI를 구현할 수는 없는 것이 현실이다. 사실 자본이 있는 빅테크 기업이 아니라면 도전하기 쉽지 않은 영역이다. '입장료만 1000억 원'이라는 말이 있을 정도로 구축 비용이 비싸고 운영 단가가 높기 때문이다. 오픈 AI의 GPT-3도 약 1000억 원대의 비용이 투입됐을 것으로 보고 있다. 이 때문에 초거대 AI가 '빅테크 기업의 전유물'이란 얘기가 나오기도 한다.

세계 100위권 내 국내 슈퍼컴퓨터 현황

운용사	시스템명	연산 성능(PFlop/s)
삼성전자	SSC-21	25.18
기상청	구루	18.00
	마루	18.00
KISTI	누리온	13.93
SK텔레콤	타이탄	6.29
네이버	슈퍼팟	14.00

* 네이버 슈퍼팟은 추정
자료: 언론 종합

　　방대한 양의 데이터를 고속 처리하는 슈퍼컴퓨터는 초거대 AI 경쟁의 핵심 하드웨어 인프라인데, 국내에서도 슈퍼컴퓨터를 갖춘 곳은 상위권 빅테크와 공공기관뿐이다. 세계 슈퍼컴퓨터의 성능 정보를 집계하는 '톱500' 프로젝트의 순위에 따르면, 세계 100위권에 이름을 올린 국내 민간기업은 삼성전자와 SK텔레콤뿐이다. 네이버도 초거대 AI '하이퍼클로바' 개발을 위한 슈퍼컴퓨터 '슈퍼팟'을 구축했는데, 전세계 40위권 이내 성능을 보이고 있다. 이 정도 인프라를 중소기업이나 스타트업이 갖추기는 쉽지 않다.

⋮　　초거대 AI를 둘러싼 양극화의 우려　⋮

　　자본력과 함께 또 하나의 걸림돌은 초거대 AI 구축의 핵심 재료인 데이터 확보이다. 초거대 AI를 구축하려면 많은 데이터를 광범위하게 제공해야 하는데, 데이터가 부족한 중소기업이나 스타트업들에게는 현실적으로 불가능한 일이다. 반면 거대 플랫폼을 통해 이미 방대한 양의 자체 데이터를 축적한 빅테크 기업들은 초거대 AI 구축에서 유리할 수밖에 없다. 네이버는 '하이퍼클로바' 훈련에 자체적으로 보유한 뉴스, 블로그, 지식인, 카페, 웹문서 등을 활용하는데 한국어 데이터만 무려 뉴스 50년 분량, 블로그 9년 분량에 달한다.

이렇다 보니 초거대 AI가 미래 경쟁력을 높일 수 있는 중요한 요소임에 분명하지만 중소기업이나 스타트업에서 구축하기 어려운 만큼 자본력과 데이터 보유량에 따른 양극화가 발생할 수 있다. 자본에 따라 기술 개발 결과와 속도가 달라질 수 있다. AI를 활용해 제품과 서비스를 개발 중인 대다수의 중소기업과 스타트업들은 아직 실질적인 매출이 발생하고 있지 못하고 있는 상황인데 기술 격차까지 발생하면 생존의 위기가 발생할 수도 있다.

협력을 통해 누구나 사용할 수 있는 초거대 AI 생태계를 만든다

양극화 문제를 없앨 수 있는 방법 중 하나는 초거대 AI를 기반으로 파트너십 구축을 확대해 누구나 서비스를 사용할 수 있도록 하는 것이다. 초거대 AI '믿음'을 선보인 KT는 함께 만들어가는 초거대 AI 생태계 구현을 위해 기업들에게는 문턱을 낮춰 파트너들과 세상을 바꿔나가는 'AI 실험실'이 되겠다는 전략을 전개한다. 기업고객B2B 맞춤형으로 초거대 AI 모델을 만들어주는 '믿음 렛츠LETS'를 제공할 예정으로, 기업 파트너에겐 KT 클라우드를 통해 초거대 AI를 제공하고, 정보통신산업진흥원NIPA에는 초거대 AI API Application Programming Interface(애플리케이션 프로그램 인터페이스)를 공급해 필요한 기업이 활용할 수 있도록 한다.

LG유플러스는 초거대 AI 프로젝트를 수행하는 AI연구원과 AI 전문기업 등 파트너사가 함께 협업 생태계를 구축해 최신 AI 및 데이터 기술을 개발하고 자사 서비스에 접목해 고객과의 디지털 접점을 늘려 나간다는 방침이다.

네이버는 자사 클라우드 플랫폼을 통해 스타트업 등 기업 고객들이 초거대 AI '하이퍼 클로바'를 서비스에 적용할 수 있도록 지원할 계획이다. 하이퍼 클로바를 네이버 내부에서만 사용하지 않고 '클로바 스튜디오'를 AI를 스타트업이나 중소기업들이 활용할 수 있도록 오픈한다.

⋮ 초거대 AI는 '전기 먹는 하마' ⋮

보통 초거대 AI를 운용하는 데에는 일반 서버 3000대가 사용하는 전력이 필요하다. 특히 빅테크 기업을 비롯한 대기업들은 ESG 경영을 선언하며 전력 소모를 줄이려고 노력하고 있는데, 초거대 AI 운용과 관련해서도 가능한 전력 사용을 최소화하기 위해 고민 중이다. 빅테크 중에서는 수력, 풍력, 태양열 등 친환경 에너지를 사용해 전력을 조달하기도 한다.

국내에서는 데이터 학습과 추론에 사용되는 막대한 전력량을 줄이기 위해 하나의 플랫폼에서 AI, 머신러닝, 고성능 컴퓨팅HPC: High Performance Computing에 필요한 연구개발과 비즈니스 서비스, AI 서비스 추론 등을 지원하는 플랫폼을 클라우드 형태로 제공하는 스타트업이 등장했다. 래블업이라는 스타트업에서 개발한 플랫폼은 GPU 자원을 할당하고 필요한 자원을 정확히 배분해 최소 10~15%, 최대 25%까지 AI 운영에 드는 전력 사용량을 줄일 수 있다. AI를 개발하는 국내 대기업들도 래블업의 플랫폼을 활용해 초거대 AI를 개발하면서 비용 및 전력 문제를 해결하고 있다.

예비 창업가들에게
초거대 AI 사업 기회를 제공하다

'스테이블 디퓨전Stable Diffusion'이라는 초거대 AI 기반 이미지 생성기를 개발한 스타트업 스태빌리티AIStability AI는 자신들의 AI 모델을 오픈소스로 풀어버려 AI 사업에 대한 아이디어를 가진 많은 예비 창업가들에게 기회를 제공했다. 초거대 AI를 이용해 모델을 만드는 데에는 엄청난 돈이 필요하지만, 오픈소스로 제공되면 약간의 사용료API를 내고 추가 학습을 시킨 후 필요에 맞춰 약간의 수정(파인 튜닝)만 거치면 유료화할 수 있는 서비스가 만들어지는 것이다. 스태빌리티AI 모델을 오픈소스로 공개하는 것뿐만 아니라 스타트업들이 GPU를 사용할 수 있도록 지원도 해준다. 클라우드 형태로 제공해 직접 GPU를 구매하는 것이 아니라 필요한 만큼만 쓰고 사용료를 지불하도록 해 스타트업이 모델을 개발하는 데 필요한 비용을 절감한다. 스테이블 디퓨전이 공개된 이후 이를 사용한 서비스와 앱은 폭발적으로 늘어나 스태빌리티AI는 1억 달러 규모 투자를 받고 1조 원 가치의 유니콘 기업으로까지 성장하게 되었다.

창작의 영역에까지 진출한
초거대 AI

붓질 하나 없는 AI 그림이 1위?

2022년 8월, 미국 콜로라도에서 열린 '주립 박람회 미술대회'의 디지털아트 부문에 〈스페이스 오페라 극장Theatre D'opera Spatial〉이라는 작품이 1위로 선정되어 사람들의 주목을 받았다. 어디서도 본 적 없는 환상적인 그림체, 눈부시게 밝은 원형 창 너머로 보이는 화려한 풍경, 르네상스 시대 예술을 연상시키는 이 작품은 미국의 39세 게임 디자이너 제이슨 앨런Jason M. Allen이 출품한 그림이다.

그런데 알고 보니 이 그림은 사람이 직접 그린 것이 아니었다. AI '미드저니Midjourney'가 생성한 작품이었다. 미드저니는 텍스트로 된 설명문을 입력하면 몇 초 만에 이미지로 변환시켜주는 프로그램이다. 제이슨 앨런은 이런 방식으로 만든 작품 중 3개를 대회에 출품했고, 이

주립 박람회 미술대회 디지털아트 부문에서 1위를 차지한 <스페이스 오페라 극장>

자료: 트위터

중 하나가 1위를 차지했다. 이후 자신의 우승 소식을 소셜미디어 디스코드에 올리면서 이슈가 되었고, 미국에서는 "예술이 죽었다"는 논란이 일었다.

이 그림을 본 사람들은 단 한 번의 붓질조차 하지 않은 작품이 우승을 차지하는 게 정당한지, 더 나아가 사람이 아닌 AI가 생성한 그림을 예술작품으로 볼 수 있는지를 두고 갑론을박을 벌였다. 미술전 디지털아트 부문의 규정을 보면 '창작 과정에서 디지털 기술을 활용하거나 색깔을 조정하는 등 디지털 방식으로 이미지를 편집하는 행위가 인정'된다. 하지만 일부 예술가는 AI로 만든 작품은 표절의 한 행위라고 주장한다. AI는 기존의 이미지를 활용해 작품을 제작하는 방식을 취하고 있기 때문이다.

미드저니로 직접 그림을 그려보다

미드저니를 비롯해 달리 2DALL-E 2, 크레용Craiyon 등 초거대 AI가 그림을 그려주는 프로그램이 잇따라 출시되면서 누구나 텍스트를 입력하기만 하면 손쉽게 그림을 그릴 수 있는 시대가 되었다. 예술은 창의성에 기반한 인간 고유의 영역이라고 여겨져 왔는데 이제 AI가 그 창작의 영역에까지 들어오게 된 것이다. 미드저니가 그린 그림이 1위가 될 수 있느냐 아니냐라는 논란 이전에 드는 생각은 '정말로 AI가 이용자가 원하는 대로 그림을 그려줄 수 있을까'라는 의문이었다.

백문불여일견百聞不如一見, 백번 말을 듣는 것보다 직접 눈으로 확인해보도록 하였다. 미드저니는 컴퓨터 코딩을 배우거나 복잡한 과정을 거칠 필요가 없다. 디스코드라는 채팅앱을 통해 접속하면 누구나 이용이 가능하다. 어려운 문장이 아니라 간단한 영어 단어의 나열만으로도 AI가 인간의 의도를 이해해 그림을 그려준다.

미드저니 사이트에 가서 다음과 같은 명령어를 입력했다. 2023년이 토끼 해이기도 해서 'rabbit in the style of Korean folk painting(한국 민화 스타일의 토끼)'를 그려달라고 요청했다. 1분도 채 되지 않아 미드저니는 4장의 그림을 만들어 보여줬다. 다소 기괴해 보일 수도 있지만, 분명 한국 민화의 느낌이 나는 토끼 그림을 그려냈다. 토끼가 아니라 고양이처럼 보이는 그림도 있고, 중국이나 일본풍의 느낌이 나는 그림도 있었다. 그럴 때는 어느 정도 마음에 드는 그림이 나올 때까지 반복해서 요청하면 미드저니는 군말 없이 계속해서 새로운 그림을 만들어낸다. 기존의 토끼 그림과 한국 민화의 데이터들을 참고했을지언

자료: 미드저니 기반 필자 작성

정 이 그림들은 어디에도 등장한 적 없는 완전히 새로운 작품이다. 모사模寫는 원본을 그대로 베껴 그린 그림이지만, 실제로 접한 미드저니의 그림은 모사가 아니라 재창조에 가깝다.

〈스페이스 오페라 극장〉 같은 작품을 만들려면 더 구체적이고 디테일한 요청을 한 후, 몇 번의 고도화 작업을 하면 가능하다. 멋진 그림을 그리기 위해 이제는 자신의 생각을 구체적이고 입체적으로 말할 수 있는 표현법을 배워야 한다.

그러다 보니 원하는 그림을 만들도록 유도하는 정확한 지시문구(프롬프트)를 찾아내는 것도 하나의 기술이 됐다. '프롬프트 엔지니어'란 신종 직업이 등장할 정도로 프롬프트가 하나의 시장을 형성하기 시작했다. 미국에서는 달리 2에 입력할 지시문구를 거래하는 온라인 플랫폼 프롬프트베이스PromptBase까지 등장했다. 한 건당 1.99~5달러이다. 거래가 성사되면 프롬프트베이스가 거래액의 20%를 수수료로 가져간다. 이처럼 미래의 학교 미술 수업 시간에는 학생들이 직접 그림

'모네 스타일로 파리에서 비가 오는 날 커피를 마시며
책 읽는 노인'을 그려달라고 미드저니에게 요청하자 그린 그림들

자료: 미드저니 기반 필자 작성

을 그리거나 미술 기법을 배우는 것이 아니라, 자신이 생각한 이미지를 원하는 화풍이나 기법으로 어떻게 더 구체적으로 컴퓨터에게 전달할 수 있을지 표현하는 방법을 배우게 될지도 모른다.

초거대 AI 기반 이미지 생성기 '미드저니' 이용 방법

(1) 미드저니 사이트 방문

미드저니 사이트에 방문해 'join the beta'를 클릭한다. 사용자명에는 임의로 아무 아이디를 적어도 된다. 참고로 디스코드 회원 가입을 하면 제한 없이 그림을 제작할 수 있고, 가입 없이 임의 아이디로 들어가게 되면 제작할 수 있는 그림의 수가 한정적이다.

https://www.midjourney.com/home/

(2) 뉴비룸 방문

사이트에 제대로 입장하면 왼쪽에 아래 그림과 같이 뜬다. 'newbies-숫자' 중 아무 곳이나 클릭해서 들어가면 된다.

(3) 그림을 그리고자 하는 단어 입력

뉴비룸 중 하나에 방문한 후 스크롤을 내려서 제일 밑에 있는 입력 창에 /i를 입력한다. 그리고 화면 맨 위에 뜬 /imagine prompt를 클릭하면 아래 입력창에 /imagine prompt라고 생기는데, 그 옆에 AI가 그릴 그림에 대한 문장이나 단어를 입력한다. 설명을 구체적으로 입력하면 그림도 구체적으로 표현된다. (영어만 가능하므로 구글 번역기나 파파고를 이용해서 작성하면 편리하다.)

그 뒤에 4k를 입력하면 화질이 좋게 나오고 highquality를 입력하면 톤이 풍부한 그림이 제시된다고 한다. 단어를 모두 입력하고 엔터를 치면 퍼센트가 올라가면서 작업이 진행된다.

(4) 예시 그림 중 선택

4개의 예시 그림을 보여주는데 이 중에 원하는 그림을 선택하든지, 변화를 주면 된다.

아래 버튼 중 U는 선택(구체화)을 하겠다는 뜻이다. 왼쪽 위부터 시계방향으로 1,2,3,4이다. U1을 누르면 1번째 그림을 선택할테니 구체화해서 그려달라는 뜻이다. V버튼은 배리에이션, 비슷한 느낌으로 조금만 다르게 수정해달라는 뜻이다. 순환버튼은 4개 다 마음에 들지 않으므로 다른 예시를 보여달라는 뜻이다.

말만 하면 그림이 뚝딱,
초거대 AI 이미지 생성기

⋮ **텍스트로 이미지를 만들어주는 '달리 2'** ⋮

미드저니와 마찬가지로 텍스트를 이미지로 만들어주는 AI 서비스로 '달리 2DALL-E 2'가 있다. 달리DALL-E는 오픈 AI가 개발한 기술로, 간단한 설명 텍스트만으로 이미지를 제작할 수 있도록 지원한다. 2021년 1월에 첫 번째 버전이 나왔고, 2022년 7월에 달리 2 베타 구독 서비스를 공개했다.

초거대 AI 언어 모델 GPT-3가 언어를 생성하듯 이미지를 만들어내는 달리 2는 자연어 처리와 이미지 인식 기술을 함께 사용해 경험한 적 없는 이미지도 학습해 새로운 결과물을 만들어낸다. 대표적인 이미지가 〈말을 탄 우주비행사Astronaut on horse〉 그림이다. 이를 통해 달리 2는 동물이나 사물을 의인화하고, 관련 없는 개념을 서로 결합하

달리 2로 구현한 <말을 탄 우주비행사>

자료: 오픈 AI

교통체증이 심한 뉴욕시의 브룩클린 퀸스 6차선 도로를 달리 2가
호화로운 잔디로 둘러싸인 산책로로 재구성했다.

자료: 자크 카츠, 오픈 AI

는 능력이 있음을 입증했다.

심지어 현실 속의 세상을 사용자가 원하는 모습으로 재구성해 보여
줄 수도 있다. 아티스트 자크 카츠Zach Katz는 자신이 살고 있는 뉴욕

브루클린 블록의 구글 스트리트 뷰 이미지를 달리 2에 제공했다. 그리고 도로와 주차된 자동차를 교체하기 위해 '화려한 돌 분수와 눈에 띄게 아름다운 조약돌로 만든, 아이들이 뛰어놀고 있는 유럽 보행자 산책로'를 입력했다. 몇 초 만에 달리 2는 교통체증이 심한 브루클린–퀸즈 고속도로를 나무와 잔디로 둘러싸인 보행자 친화적인 산책로로 바꾸어 보여줬다. 신도시 설계나 재건축, 공원 조성 등을 추진할 때 실제 사진을 제출하고 AI에게 특정 영역을 원하는 대로 교체하도록 요청하면 예상 조감도가 완성되는 것이다.

달리 2 베타 서비스는 월 15달러를 내면 115크레딧을 얻을 수 있는데 1크레딧으로 한 번에 이미지 4장, 총 이미지 460장을 생성할 수 있다. 가입 후 처음 1개월은 50크레딧을 무료로 받을 수 있고, 매달 15크레딧까지는 무료로 이용할 수 있다. 오픈 AI는 유료 구독 서비스를 선보이면서 사용자들에게 자신들이 제작한 이미지를 상업적으로 활용할 수 있는 권한도 부여했다. 사용자들은 달리 2를 이용해 만든

달리 2로 직접 만들어본 한국 민화 스타일의 토끼 그림.
미드저니와는 다른 느낌이다.

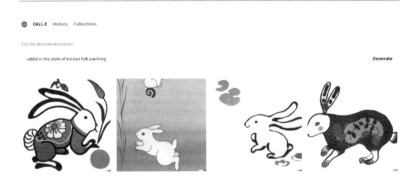

이미지를 판매 및 리프린팅Reprinting하는 것도 가능하다.

일본 애니메이션풍의 이미지를 그려주는 '노벨 AI'

그림, 사진에 이어 만화, 일러스트, 웹툰까지 그려주는 초거대 AI 도 등장했다. '노벨 AINovel AI'는 스토리텔링에 특화한 AI이다. 사용자 가 특정 문장을 입력하면 이를 배경으로 다음 이야기를 만들어 보여 주는데, 여기에 사용자가 직접 그린 간단한 스케치와 함께 미소, 갈색 머리, 인물 등의 키워드를 넣으면 만화풍의 이미지를 자동으로 만든

노벨 AI에 몽환적인, 고풍스러운, 꽃, 드레스, 달, 수평선 등 다양한 주제의 키워드를 넣고 생성한 이미지

자료: 노벨 AI

다. 사용자가 직접 사진이나 그림 파일을 올리고, 이와 유사한 형태로 일러스트를 생성할 수도 있다.

노벨 AI는 클라우드 기반 구독 서비스로 제공 중이며, 이미지를 생성할 때는 구독 시 매월 받는 유료 재화가 소모된다. 보통 3시간 이상 걸려 작업해야 하는 일러스트를 몇 초 만에 만들 수 있고 사용자가 원하는 장면을 즉시 그려주는 높은 자유도 덕분에 만족도도 꽤 높다.

하지만 노벨 AI의 등장으로 커미션 작가들은 큰 타격을 받게 되었다. '커미션 작가'는 일정 대가를 받고 구매자가 요청한 형태의 그림을 그려주는 프리랜서이다. 커뮤니티 사이트나 SNS 등에서 의뢰를 받아 자신이 좋아하는 캐릭터에 원하는 의상을 입히고 동작이나 소품도 자유롭게 요청할 수 있다. 그런데 이러한 작업은 노벨 AI의 이미지 구현 방식과 거의 동일하다. 커미션 작가들의 입지가 좁아질 수밖에 없는 것이다.

더 큰 문제는 노벨 AI가 작가의 화풍을 학습할 수 있어 더 이상 특정 작가에게 비용을 지불하며 작품을 의뢰할 필요가 없어진다는 점이다. 작가가 수년간 작업하며 만들어온 노하우와 화풍을 AI가 순식간에 복제할 수 있는 것이다. 심지어 기존 커미션 작가보다 더 낮은 비용으로 비슷한 작품을 만들어주겠다는 프리랜서도 있다.

초거대 AI가 등장하기 전까지 이런 그림의 영역은 인간의 고유한 영역으로 인식되어 AI가 침범하지 못할 것으로 예상했다. 하지만 이제는 그림을 그리는 정도를 넘어 장면 구성이나 광원 효과 등 이미 프로 작가 수준의 작품을 만들 정도로 평가받고 있다. 초거대 AI의 등장으로 영화나 애니메이션, 일러스트, 웹툰 시장의 구조가 크게 변할 수도 있게 되었다.

더 나은 창작을 위해 협업의 도구로 활용되는 초거대 AI

많은 사용자가 달리 2나 노벨 AI를 이용하면서 크리에이티브 산업과 창작자들에게 미칠 영향도 클 것으로 예상된다. 그래픽 디자인, 비디오 크리에이터, PR 회사들도 직간접적인 영향을 받을 수 있다. 초거대 AI로 그래픽 디자인을 셀프 서비스로 해결하는 곳들이 늘어날 경우 기존 크리에이티브 산업은 타격을 받을 수 있다는 관측도 나오고 있다. 반면 예술가들이 영감을 얻기 위해 다른 예술작품을 보는 것처럼 초거대 AI는 예술가가 창의적인 개념을 제시하도록 도울 수 있다는 의견도 있다.

실제로 LG AI연구원은 디자이너가 AI와 협업하며 창조적 디자인을 생성할 수 있는 창작 플랫폼인 '엑사원 아틀리에' 서비스를 개발했다. 엑사원 아틀리에는 새롭고 참신한 이미지를 찾는 데 있어 디자이너들이 자신의 머릿속에서 맴돌고 있는 아이디어를 시각적인 이미지로 구현하는 작업에 많은 시간을 쏟고 있다는 점에 착안해 개발한 플랫폼이다. 패션 디자이너가 사진과 그림, 음성과 영상 등 일상에서 마주하는 다양한 형태의 정보들을 경험한 느낌과 생각을 플랫폼에 기록해놓으면 엑사원은 이를 학습해 디자이너가 구현하고 싶은 디자인 콘셉트를 제공하게 된다.

초거대 AI 기반의 아트 생성기

노벨 AI 이미지 생성기

AI 스토리텔링 프로그램인 노벨 AI에서 지원하는 이미지 생성 프로그램으로 2022년 10월에 출시됐다. 스태빌리티 AI가 오픈소스로 공개한 스테이블 디퓨전Stable Diffusion을 기반으로 한다. 일본 애니메이션 이미지 Anime image 제작에 최적화돼 있는 것이 특징이다. 구독형의 클라우드 방식 소프트웨어로, 유료 구독 사용자만 사용할 수 있다. 정기 구독 플랜으로 월 10달러의 태블릿Tablet, 월 15달러의 스크롤Scroll, 월 25달러의 오푸스가 있다.

노벨 AI를 이용할 수 있는 사이트

https://novelai.net/

노벨 AI로 그린 미소년 이미지
자료: https://matsukazuki.com/novel-ai

아트브리더

이미지 품질 향상 프로그램인 아트브리더Artbreeder는 기계학습을 사용해 다양한 이미지 변형을 생성할 수 있다. 단일 플랫폼에서 풍경, 애니메이션 피규어, 인물 및 기타 다양한 예술작품을 만들 수 있다. 피부색, 머리카락 및 눈과 같은 얼굴 특징을 변경하는 기능도 포함된다. 사진을 애니메이션 인물로 바꿀 수도 있다.

크레용

크레용Craiyon은 달리 미니Dalle-E Mini 버전으로 빠른 시간 내에 만들고 싶은 이미지를 문장으로 입력하면 9가지 버전의 이미지를 제공한다. 달리

2에 비해 품질은 떨어지지만 사용법이 매우 간단하고 무료라는 점이 장점이다. 사이트에 접속한 후, AI가 그려줬으면 하는 내용을 짧은 영어 문장으로 적은 뒤 오른쪽의 연필 모양을 클릭하기만 하면 된다.

크레용을 이용할 수 있는 사이트
https://www.craiyon.com/

스테이블 디퓨전
스태빌리티AI에서 오픈소스로 배포한 텍스트투이미지text-to-image 기반의 AI 이미지 생성 모델이다. 2022년 8월에 출시했고, 스마트폰 앱인 드로

스테이블 디퓨전이 그린 호랑이 그림
(스마트폰 앱 드로우씽스 이용)

우씽스Draw Things를 이용해 스마트폰상에서도 그림을 그릴 수 있다(앱으로 1장씩만 가능).

Text-to-Art Discord는 디스코드 봇Discord Bot 형태로 스테이블 디퓨전 Stable Diffusion을 무료로 제공한다(2048 × 2048 사이즈까지 생성 가능).

스테이블 디퓨전을 이용해 볼 수 있는 사이트

https://github.com/cmdr2/stable-diffusion-ui

딥 드림

가장 인기 있는 AI 아트 생성기 중 하나인 딥 드림Deep Dream Generator은 AI로 사실적인 이미지를 만들 수 있는 온라인 도구다. 딥 드림은 수백만 개의 이미지로 훈련된 신경망에 기반한다. 특히 다른 그림 스타일을 사용해 다른 장소나 시대에서 온 것처럼 보이는 이미지를 생성해 예술 작품을 만드는 데 유용하다.

스타리AI, 포터, 윔보 드림

스타리AIStarryAI는 작품을 NFT로 변환할 수 있는 AI 아트 생성기다. 별도 입력이 필요하지 않으며 머신 러닝 알고리즘으로 이미지를 처리할 수 있다. 무엇보다 개인적으로나 상업적으로 사용하기 위해 생성된 이미지에 대한 완전한 소유권을 제공한다.

포터Fortor 역시 NFT 아트 생성기 중 하나이다. 몇 분 안에 NFT 예술작품을 만들 수 있는 가장 사용자 친화적인 도구이다. 이미지를 업로드하고 적용할 아트 스타일을 선택하기만 하면 된다. 별도의 소프트웨어를 사용하거나 작품을 다운로드하기 위해 계정을 만들 필요도 없다.

캐나다 스타트업 웜보에서 개발한 웜보 드림WOMBO Dream은 최고의 만능 AI NFT 제작 앱으로 꼽힌다. 기존 사진을 만화나 그림으로 변환할 수 있을 뿐 아니라 단어와 문구를 입력하면 독특한 예술작품을 만들어낸다.

나이트카페

나이트카페NightCafe는 우주, 유화 등 고유한 사전 설정 효과를 통해 다양한 유형의 작품을 만들 수 있다. 제한적이지만 무료로 사용할 수 있으며 생성된 작품을 소유하려는 경우 해당 사이트를 통해 구매할 수 있다. 작품을 구매하기로 결정하면 인쇄해서 배송해준다.

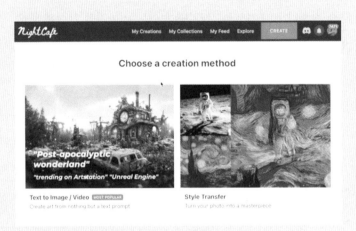

나이트카페 사이트에서 전시하고 있는 그림들
자료: 나이트카페

음악을 만들고 시를 쓰는
초거대 AI의 다음 도전은?

⋮ 저작권 걱정 없는 음악을 만든다 ⋮

초거대 AI의 창작 활동은 미술에 국한되지 않는다. 음악과 글쓰기 분야에까지 진출해 놀라움을 넘어 두려움마저 들게 하고 있다.

미국 뉴욕의 신사옥 피어57 캠퍼스에서 개최된 '구글 AI 이벤트'에 등장한 '오디오LM'은 6초 분량의 음성만 있으면 이를 기반으로 사람의 목소리를 재현하고, 짧은 오디오 샘플만 입력하면 음악을 생성해 낸다. 3초 남짓한 클래식풍의 피아노 소리 샘플을 오디오LM에 입력하자 금세 완벽에 가까운 피아노곡이 만들어져 낭랑하게 울려 퍼졌다. 음악을 들은 청중들은 "처음부터 끝까지 물 흐르듯 자연스럽게 연결돼 완성도가 높다"며 놀라워했다. 30초가량 연주된 곡은 앞부분 샘플만 제외하면 나머지는 전부 AI가 작곡했다.

구글 피어57 캠퍼스에서 열린 '구글 AI 이벤트'에서 AI 기반 음성 및 음악 생성 프레임워크인 '오디오LM'을 시연하고 있다.

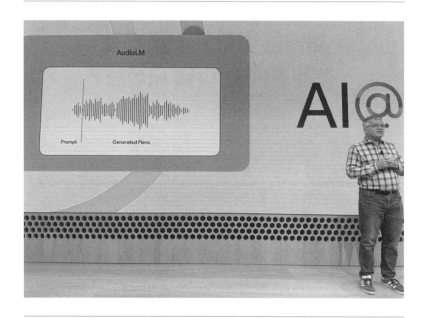

자료: 언론 종합

국내에서는 실제 방영된 드라마 속 배경음악이나 게임의 배경음악을 인간이 아닌 AI가 작곡한 사례가 등장해 화제가 되었다. 스타트업 포자랩스가 출시한 AI 배경음악 구독 서비스 '비오디오viodio'는 AI가 작곡을 해 원하는 음악을 제공한다. 원하는 장르와 주제를 선택하면 AI가 작곡을 하고 노래를 만들고 싶으면 가사를 써주면 된다. 원래는 유튜브 영상 제작자들을 저작권 문제에서 벗어나게 해주기 위해 만든 것으로, 유명 가수들의 노래를 배경음악으로 사용하면 사용료가 너무 비싸 누구나 저작권 걱정 없이 배경음악을 사용하도록 하고자 하였다. 저작권 문제 없이 유튜브 영상에 어울리는 음악을 사용하려면 인터넷에서 수백 곡을 찾아 들어봐야 하는데, AI를 이용하면 오리지 널 음악을 만들어주기 때문에 번거로운 수고를 덜어준다. 곡도 장르 별로 나눠져 있어 여행, 브이로그 등 영상 주제별로 적합한 음악을 쉽 게 고를 수 있다. 포자랩스의 경우 AI 학습 데이터를 모두 직접 만드 는데, 기존의 저작권이 있는 곡들을 AI 학습 데이터로 활용하면 표절 이나 저작권 침해 등의 문제가 일어날 수 있기 때문이다. 드라마, 게임 은 물론 각종 광고 배경음악과 여러 행사의 테마 음악 등 음악이 필요 한 곳이면 어디라도 활용할 수 있어 진출 분야는 무궁무진하다.

유명 피아니스트와 함께 협업해 잠 안 오는 현대인을 위한 수면 음 악 앨범까지 제작했다. 같이 작업한 피아니스트는 "처음 AI 음악을 들 어보고 놀랐다. AI가 곡의 기승전결을 갖춰 작곡하는 것이 기대 이상 이었고, 가상악기의 사용, 믹스, 마스터링도 수준급이었다. 일반인들 은 인간이 만든 곡과 비교할 수 없을 것"이라고 극찬했다.

⋮　AI 시인 '시아'의 등단　⋮

시를 쓰는 이유를 묻지 말아주십시오.

그냥 쓰는 것입니다.

쓸 수밖에 없기에 씁니다.

무엇을 쓰는지는 중요하지 않습니다.

시를 쓴다는 것은 세상에서 가장 짧은 말을 하는 것입니다.

말을 줄이는 것입니다.

줄일 수 있는 말이 아직도 많이 있을 때 그때 씁니다.

－《시를 쓰는 이유》 중에서

나는 사랑이 되지 않기 위해

사람이 되지 않기로 했다.

－《고백》 중에서

이 시의 작자는 '시작하는 아이'라는 뜻을 가진 이름의 '시아SIA'이다. 그런데 시아는 사람이 아닌 초거대 AI이다. 카카오브레인의 초거대 AI 언어 모델 '코지피티'를 기반으로 한 시아는 주제어와 명령어를

AI 시인 '시아'가 발간한 시집 《시를 쓰는 이유》

미디어 아트 그룹 슬릿스코프와
AI 프론티어 카카오브레인이 만든
시 쓰는 인공지능 '시아(SIA)'

자료: 리멘워커

입력하면 입력된 정보의 맥락을 이해하고 곧바로 시를 지을 수 있다. 60억 개 파라미터와 2000억 개 토큰의 한국어 데이터를 학습시켜 한국어를 사전적·문맥적으로 이해할 수 있는데, 시아는 1만 3000여 편의 시를 학습해 다양한 주제로 시를 생성한다. 2022년 8월에 출간한 시집 《시를 쓰는 이유》에는 시아가 생성한 작품 중 최종적으로 선정된 53편의 시가 수록되었다.

시아는 인공지능 시극 〈파포스PAPHOS〉를 선보이기도 했다. 시극이란 시를 바탕으로 짠 연극으로, 공연에선 시아의 시 약 20여 편을 구성해 시극으로 꾸몄다. '파포스'는 그리스 신화에서 조각가 피그말리온과 그의 조각상 갈라테이아 사이에서 낳은 아이의 이름이다.

아직은 '흉내 내기'에 불과한 AI의 '시 쓰기'가 갖는 의미는 보편성을 통한 공감의 가능성이라 할 수 있다. 시아의 개발자는 "사람들이 보편적으로 느끼는 것을 다룬다면 공감을 얻기가 쉬울 텐데, AI는 막대한 데이터를 빠르게 학습해 이 같은 보편성을 결괏값으로 낼 수 있다. 파포스 프로젝트의 피드백을 반영해 AI 모델을 추가 학습시키면 가능할 수도 있다"라고 말하기도 했다. 그림, 음악에 이어 창작의 최고 난이도라고 할 수 있는 시 쓰기에까지 도전한 초거대 AI가 과연 인간의 감정을 이해하고 표현할 수 있을지, 그런 날이 올지 궁금하기도 하면서 한편으로는 진짜 그런 날이 온다면 인간은 무엇으로 AI와 차별화되어야 할까 고민스러워진다.

AI가 만든 창작물의 저작권은
누가 갖는가?

저작물의 주체는 인간에 한정

AI가 그림을 그리고, 음악을 작곡하고, 시를 쓰는 등 창작의 영역이 확대되면서 많은 사람에게 드는 생각 중 하나는 '그러면 AI가 만든 수많은 작품의 저작권은 누가 갖는 걸까'이다. AI를 활용해 드라마·광고의 배경음악을 만들어 음원 플랫폼에 등록하기 위해선 저작권 등록이 필요한데, 누구를 저작권자로 등록해야 하는지 애매하다.

현행법에서는 저작권자를 사람으로 한정하고 있다. 저작권법에서는 저작물을 '인간'의 사상 또는 감정을 표현한 '창작물'로 정의하며, 저작물의 주체는 인간으로 한정하고 있다. 해당 곡에 대한 저작권 수익을 나누기 위해서는 사람 이름을 올려야 한다. 그러면 AI 알고리즘을 개발한 개발자 이름을 넣어야 할까, AI 학습용 음악을 만든 작곡자 이름을 등록해야 할까. 함부로 이름을 올렸다가는 수익 배분을 둘러싼 소송까지도 발생할 수 있다.

AI의 창작 활동과 관련한 저작권 문제는 2가지 영역에서 발생한다. 하나는 AI 학습용 데이터에 대한 저작권이다. 구글의 알파고가 바둑을 정복하기 위해 수많은 바둑 기보를 학습했듯 AI가 글을 쓰거나 작곡을 하기 위해선 방대한 창작 데이터를 공부해야 한다. 여기서 AI가 만든 작품의 저작권 논란이 생길 수 있다. 특정 가수의 노래를 학습한 AI가 그와 장르적 유사성을 지닌 노래를 만들었다면, 해당 창작물의 저작권자가 표절을 주장할 수 있다. 설령 AI의 창작물과 기존 학습용 데이터 사이의 유사성이 적다 하더라도 AI 알고리즘 개발에 대한 수익 배분을 요구할 수도 있다. 이런 문제 때문에 대부분의 AI 기업들은 직접 AI 학습용 데이터를 만들어 학습시킨다.

두 번째는 가장 이슈가 되는 창작물에 대한 저작권자 등록 문제이다. 카카오브레인의 AI 모델 시아가 쓴 시집 《시를 쓰는 이유》도 저작권 등록을 못 했다. 국내에서는 기술 또는 기계에 저작권을 주는 법이 없어 일단은 AI를 개발한 카카오브레인과 시 관련 데이터를 학습시킨 미디어아트그룹 슬릿스코프가 공동 소유권을 가지는 형태로 계약했다. 만약 저작권 등록을 못 해 발생할 수 있는 표절 등의 문제는 공동 소유권을 통해 대응한다.

특히 음악 시장에서는 AI가 작곡한 음악이 속속 등장하고 있지만, AI 작곡가의 음원은 저작권 보호의 사각지대에 놓여 있다. AI가 만든 노래 한 곡에 개발자, 사용자, 학습 데이터의 저작권자 등 다수가 개입하고 있기 때문이다.

최초의 AI 작곡가로 이름을 알린 '이봄EvoM'은 2020년 당시 신인 가수의 데뷔 싱글 〈아이즈 온 유Eyes on you〉의 1차 작·편곡을 맡았다. AI가 만든 곡으로 실제 가수가 정식 데뷔한 세계 첫 사례였다. 그러나 AI인 이봄은 자신의 창작물에 대한 저작권을 행사할 수 없다. 국내 저작권법상 인간의 창작물만 저작권법 대상으로 인정받고 있기 때문에 결국 이봄은 사람인 개발자가 이봄이란 이름을 예명으로 저작권협회에 등록하고 저작권을 행사하고 있다. 저작권 등록을 위해 사람이 어쩔 수 없이 AI의 대리인이 된 셈이다.

초거대 AI 창작물을 둘러싼 세계 각국의 인식

AI가 만든 창작물에 대한 권리 문제는 비단 한국에만 있는 일이 아니다. 미국 저작권청은 예술작품을 생성하는 AI 알고리즘 '크리에이티브 머신'을 저작권자로 인정해달라는 AI 개발자 스테판 탈러의 요청을 기각했다. 탈러는 이 알고리즘이 "인간의 개입이 거의 없는 상태에서 독창적으로 예술작품을 창작했다"라고 주장했지만 저작권청은 "AI가 그린 그림에 인간 저작의 요소가 포함돼 있지 않다"라며 이를 받아들이지 않았다.

일본은 2016년부터 관련 법 개정 논의를 시작했다. 2018년에 저작권법을 개정하면서 AI 알고리즘 학습에 쓰이는 데이터를 규제 없이 쓸 수 있게 했다. 또한 'AI 창작물을 세상에 알린 사람의 권리를 인정'

한국, 미국, 일본, 유럽 등 AI 창작물에 대한 인식 및 법 개정 현황

한국	특허청, "AI는 발명자로 인정될 수 없어" 결론. '인간의 창작물'만 저작권 인정
미국	"발명자는 자연인에 한정" 결론. 저작권청, DABUS가 그림 그림 저작권 요청 기각
영국	특허청, "AI는 발명자 될 수 없어. AI에서 출원인으로 권리 양도도 불가"
호주	연방 1심 법원, AI 발명자 인정 연방 2심 법원, "1심 판결 잘못" 만장일치 결론

주요국의 AI 저작권 관련 논란 현황

한국	AI 법·제도·규제 정비 로드맵 마련 계획 발표(2020년 12월)
미국	AI가 창작한 그림에 대한 저작권 등록 거부(2022년 2월)
일본	저작권법 개정해 AI 학습용 데이터 면책조항 도입(2018년 5월)
유럽연합	로봇 시민권 권고안 통과해 전자인격 부여(2017년 2월)

자료: 언론 종합

하는 방향으로 AI 저작권 개념을 넓혔다. 유럽연합EU의 경우 2017년에 AI 로봇의 법적 지위를 '전자인간'으로 인정하는 결의안을 채택했고, AI의 창작물에 대한 저작권 보호 등의 법률 제정을 추진 중이다.

한국도 2020년 12월에 'AI 법·제도·규제 정비 로드맵' 정비 계획을 발표하면서 AI에 '법 인격'을 줘야 하는지에 대해 논의했지만 아직 마땅한 규정을 만들어내지 못했다. 기술은 빠르게 진화하고 있는데 관련 법 제도는 아직 공백 상태이다. 이에 한국의 문화체육관광부는 저작권법 개정에 착수했고 특허청도 AI가 만든 창작물의 권리 보호를 위한 제도를 마련할 계획이다.

초거대 AI와 함께 만든
만화의 저작권을 인정한 미국 저작권청

전 세계적으로 AI 저작권에 대한 논의가 이슈가 되면서 그동안 반대 입장을 고수해온 미국은 AI의 저작권을 인정하는 방향으로 법 개정이 이뤄지고 있다. 2022년 10월에는 AI가 그린 만화에 대해 미국 현지에서 처음으로 저작권청이 작가에게 저작권을 인정했다.

뉴욕에서 프로그래머 겸 작가로 활동 중인 크리스 카시타노바는 '미드저니'를 이용해 〈새벽의 자리야〉라고 하는 18페이지 분량의 만화를 만들었다. 이 작품의 첫 페이지 왼쪽 상단에도 카시타노바와 더불어 미드저니가 표기됐다. AI를 이용해 그린 이 만화는 미국 저작권청으로부터 최종 승인을 받았는데 눈여겨볼 대목은 이 작품의 최종 저작권이 작가에게 돌아간 부분이다. 저작권청은 작품의 전체 완성 과정을 인지하면서도 저작권에 대해서는 작가 소유로 인정했다. 작품 완성에 기여한 AI보다는 전체적인 스토리와 밑그림을 설계한 작가가 창작자임을 인정한 것으로, AI의 저작권 소유 자체를 부정하고 있는 미국 내 정서가 반영되었다고 볼 수 있다. 그럼에도 저작권청의 결정은 향후 등장할 수많은 AI 예술작품들의 저작권 논의와 관련해 일종의 가이드라인처럼 인용될 가능성이 높다. 당장 AI를 이용해 만든 영화나 음악, 뮤직비디오 등과 연관된 저작권 문제에 대해 동일한 잣대가 주어질지가 관심사다.

AI의 창작물을 사람에게 부여된 저작권 개념과 동일한 관점에서 접근하기에는 무리가 있다. 차라리 AI가 만든 창작물 권리는 별개의

크리스 카시타노바가 '미드저니'를 활용해 만든 만화 <새벽의 자리야>

자료: 카시타노바 인스타그램

권리로 인정할 필요가 있다. 현행 저작권법을 개정하기보다는 별도의 법률을 만들어 나중에 발생할 수 있는 여러 법적 문제들을 사전에 예방하는 편이 앞으로 닥칠 초거대 AI 시대에 현명하게 대응하는 방법일 것이다.

초거대 AI,
CES 2023 혁신상을 수상하다

초거대 AI 기반 글쓰기 코칭 소프트웨어,
뤼튼 트레이닝

　CES 2023에서 국내 스타트업이 개발한 초거대 AI 글쓰기 코칭 소프트웨어가 CES 2023 혁신상을 수상해 대중의 관심을 끌었다. 네이버 하이퍼클로바와 오픈 AI GPT-3를 기반으로 한 '뤼튼 트레이닝'은 초거대 AI를 활용한 서비스 중에서는 CES 혁신상을 수상한 최초의 사례이다. AI 작문 보조 기술을 연구하는 뤼튼 테크놀로지스는 초거대 AI 기반의 뤼튼 트레이닝을 개발했는데, 초거대 AI가 맞춤법 검사와 문맥 다듬기뿐 아니라 각자의 문체를 반영하는 '개인화'된 글쓰기까지 도와준다. 사용자가 자기 생각을 하나의 글로 완성하는 과정을 반복하며 작문을 연습할 수 있는 글쓰기 코칭 프로그램이다.

초거대 AI 활용 서비스로는 최초로 CES 2023 혁신상을 수상한 뤼튼 트레이닝

자료: 언론 종합

뤼튼 트레이닝은 무료로 이용할 수 있는데, 입력한 주제에 반응해 AI가 질문을 던지며 참고할 수 있는 추천 자료를 제안해준다. 가이드에 따라 작문의 도입–작성–퇴고에 이르는 과정을 경험하며 한 편의 주장하는 글쓰기를 완성한다. 원래는 초거대 AI를 기반으로 광고 문구를 비롯해 다양한 글 초안을 작성해주는 서비스가 시초였다. SNS 광고 문구, 세일즈 이메일 등 각 업무 상황에 활용 가능한 50개 이상의 AI 툴을 사용하여 키워드만 입력해도 완성도 높은 초안을 만들어준다. 뤼튼 트레이닝은 이 기술을 좀 더 발전시켜 필자의 문체나 자주 쓰는 표현 등을 학습해 반영하고 글의 신뢰도를 높이기 위해 팩트 체크를 하거나 혐오, 편향적인 표현도 걸러주는 '글쓰기 도우미' 역할을 수행한다.

사람 대신 AI 코치의 도움으로 글쓰기를 연마하다

글쓰기, 그림, 음악 등 창의성의 영역에서 AI가 협업의 도구로 활용되는 것은 이제 당연한 일이 되어가고 있다. 미국에서는 학생들이 과제를 낼 때 AI 협업을 인정하는 흐름이 커지고 있다고 한다. 유발 하라리 교수의 책 《사피엔스》 10주년 특별판 서문도 오픈 AI가 개발한 초거대 AI 'GPT-3'가 쓴 것으로 알려졌다. 사람의 개입이 필수적이던 글쓰기 연습을 초거대 AI 도움으로 혼자서도 할 수 있게 되면서, 글쓰기에 대한 두려움도 사라지고 표현하지 못해 묻히는 생각들을 자유롭게 글로 표현하기가 훨씬 수월해졌다.

뤼튼 트레이닝으로 코칭을 받은 작문. '기술과 윤리 사이에서'라는 제목은 AI가 작성했다.

기술과 윤리 사이에서

기술은 인간에게 도움이 되어야 한다.
이전까지는 '우와'하면서 사람들이 놀랄만한 기술, 즉 보여주기(showing)형 기술이 관심을 끌었다면 이제는 문제를 해결하고 실질적인 도움을 주는 기술이 더 요구되고 필요해지게 되었다. CES 2023에서 중심 테마로 '인간 안보'를 내세운 이유도 전 세계 인류를 위한 위기 극복에 있어서 기술이 얼마나 중대한 역할을 하는지를 보여주고자 했기 때문이다.

기술은 탄생은 인간을 돕기 위해 만들어졌기 때문이다.
4차 산업혁명의 등장 이후, 인류는 혁신적인 기술 발전에만 주목해 왔다. 새로운 기술, 새로운 디바이스, 새로운 서비스가 나올때마다 열광하면서 금방이라도 신세계가 열릴 듯한 환상에 사로 잡히곤 했다. 하지만 갑작스럽게 터진 코로나 팬데믹에 속수무책으로 무너지면서 세계 경제는 마비됐고 수백만명의 사망자가 발생했다. 그나마 다행인 것은 IT 도움으로 비대면 서비스가 가능해져 코로나 팬데믹 위기를 잘 극복할 수 있었다. 코로나의 위세가 약해지고 엔데믹으로 접어들자 이번에는 러시아-우크라이나 전쟁이 터졌다. 여기에 미국의 금리 인상, 살인적인 물가 상승, 이에 따른 경기 침체 등 세계 경제는 최악의 상황을 맞이하고 있다. 코로나를 비롯한 새로운 질병으로 우리의 건강을 위협하는 동시에 경제 위기, 식량 위기, 기후 위기 등 복합적 위기들이 인류를 위협하고 있다. 이런 상황에서 그동안 인류의 미래를 책임질 혁신 기술이라고 거론됐던 IT 기술들은 대체 무슨 역할을 했는가에 대한 자성의 목소리가 나오게 되었다.

제목 추천

가 맞춤법 검사   ∧

보여주기(showing)형 → 보여 주기 (showing)형   × ✓
나올때마다 → 나올 때마다   × ✓
사로 잡히곤 → 사로잡히곤   × ✓
수백만명의 → 수백만 명의   × ✓
결합되어 → 결합하여   × ✓
없어서는 안될 → 없어서는 안 될   × ✓
우리들에게 → 우리에게   × ✓
다가올 지 → 다가올지   × ✓

퇴고 체크리스트   ∧

                                                9 / 10

소제목은 글의 가독성을 높여줍니다. 소제목을 달아볼까요?   ⊘

어휘 선택에서 개선할 수 있는 부분이 있나요?   ⊘

실제로 필자가 쓴 글로 트레이닝을 받았는데, 글의 내용만을 보고 '기술과 윤리 사이에서'라는 제목을 만들어 추천도 하고 맞춤법이나 어휘 표현법 등도 교정해주는 등 상당히 매끄러운 글이 되도록 도와준다.

누구나 톨스토이 같은 대문호가 될 순 없지만, 적어도 읽었을 때 이해가 되는 글을 쓰는 역량은 조금만 노력하면 가능한 일이다. 초거대 AI가 글쓰기를 도와준다면 인간의 상상력과 창의성은 더욱 확장될 것이다. 직장에서도 글쓰기에 어려움을 겪는 실무자의 업무를 도와 새로운 비즈니스 가치 창출에 기여할 수 있다.

3일 만에 사라진
메타의 초거대 AI '갤럭티카'

⋮ 초거대 AI, 과학 논문 작성을 돕다 ⋮

2022년 11월 초, 메타(구 페이스북)는 야심 차게 개발해온 초거대 AI를 대중 앞에 선보였다. 프롬프트 입력만으로 과학 논문을 만들어낼 수 있는 초거대 AI '갤럭티카Galatica'였다. 과학 논문용 대규모 언어 모델LLM: Large Language Model로 소스코드까지 공개했다.

갤럭티카는 간단한 텍스트 프롬프트를 입력하면 학술 문헌 요약과 수학 문제 해결, 위키용 기사 생성 등을 해준다. 인용할 만한 글을 제안하고 관련 논문의 검색도 제공한다. 과학 논문을 쓰는 데 필요한 데이터들을 찾아 연구자들을 돕는 것이 목적인데, 이 도구로 아이디어를 계속 확장시키면 참고문헌이나 공식 등이 포함된 전체 연구 논문까지도 생성할 수 있다. 단어를 입력하면 이미지를 생성하는 이미지

야심차게 선보인 메타의 초거대 AI 갤럭티카. 하지만 3일 천하로 끝나버렸다.

자료: 메타 홈페이지

생성기와 비슷한데, 갤럭티카는 과학 논문에 특화된 초거대 AI이다.

메타는 갤럭티카에 대해 "4800만 개 이상의 논문과 교과서, 참고자료, 화합물이나 단백질 등에 관한 과학 지식 소스들로 훈련된 강력한 대규모 언어 모델"이라고 자랑했다. 그러면서도 갤럭티카 홈페이지에 이 언어 모델은 환각을 일으킬 수 있다면서 검증되지 않은 모델의 조언은 따르지 말라고 권했다. 또한 편향성이 있다면서 잘 언급되지 않는 개념이나 아이디어는 제시하지 않을 수 있다고 경고했다. 그리고 메타의 이러한 우려는 얼마 되지 않아 현실로 나타났다.

삼일천하로 끝난 갤럭티카의 야망

　메타는 갤럭티카가 오픈 AI의 GPT-3처럼 돌풍을 일으키며 주목을 받을 것이라 생각했지만 주목은커녕 격렬한 비난에 시달린 끝에 3일 만에 공개 데모를 삭제했다. 메타의 자랑과는 달리 갤럭티카는 사실과 허구를 구별할 수 없는 봇bot에 불과했다. 갤럭티카가 공개된 지 몇 시간도 지나지 않아서 과학자들은 갤럭티카가 내놓은 편향적이고 부정확한 결과를 공유하기 시작했다. 갤럭티카가 '과학을 위한' 언어 모델임에도 불구하고 부정확하고 편향적인 결과물을 내놓을 수 있다고 말하는 앞뒤가 맞지 않는 메타의 경고문에 이미 과학자들은 회의적인 태도를 보였는데, 아니나 다를까 결과는 기대 이하였다.

　갤럭티카의 근본적인 문제는 과학적인 텍스트를 생성하도록 설계된 언어 모델이 기본적으로 갖춰야 하는 거짓과 진실을 구별해내는 기능이 없다는 점이다. 예를 들어 갤럭티카가 '우주에 사는 곰의 역사'에 관한 논문을 아주 그럴싸하게 썼다 한들, 사람들은 우주에 사는 곰의 내용이 가짜라는 것을 한눈에 파악할 수 있다. 갤럭티카는 그저 주어진 키워드에 맞춰 글을 쓸 뿐, 그 글 자체 내용의 참과 거짓까지는 가려낼 수 없었다. 그런데 만약 우주에 사는 곰이 아니라 사람들이 잘 알지 못하는 주제로 글을 쓴다면 갤럭티카가 생성한 글이 사실인지 허구인지 구별하기 어려울 수 있다. 이것은 과학자들을 돕는 것이 아니라 오히려 혼란만 초래할 수 있다.

초거대 AI는 잘못이 없다, 문제는 빅테크 기업들의 자만

갤럭티카 사태는 빅테크 기업들의 자만과 초거대 AI가 가진 심각한 한계에 대해 맹점이 있음을 보여주었다. 대규모 언어 모델에는 편견을 재현하고 거짓을 사실처럼 주장하는 등의 여러 결함이 있음이 발견되었는데도 메타, 구글 등의 빅테크 기업들은 이러한 문제를 심각하게 받아들이지 않고 있다. 워싱턴대학에서 검색 기술을 연구하는 치라그 샤Chirag Shah는 "빅테크 기업들은 계속해서 초거대 AI 연구를 수행하고 있으며 아마도 중단하지 않을 것이다. 기업들은 자신들이 하지 않으면 다른 누군가가 할 것이므로 반드시 연구를 해야 한다고 느끼고, 이것이 정보 접근의 미래라고 생각한다. 아무도 그런 미래를 요청한 적이 없는데도 말이다"라고 빅테크 기업들의 자만을 지적했다.

초거대 AI는 분명 가능성과 잠재력이 큰 기술이다. 특히 메타, 구글과 같은 빅테크 기업에서 개발한 기술은 파급효과가 더욱 크기 때문에 부작용에 대해 전문가들도 보다 신중하게 접근하고 있다.

기술은, AI는 죄가 없다. 그것을 만들고 서비스로 구현하는 빅테크들의 자만이 사라지지 않는 이상, 갤럭티카 사태와 같은 일은 앞으로도 계속 일어날 수 있다. 메타의 말처럼 초거대 AI가 사람을 돕는 도구로 제대로 활용되기 위해서는 개발 중인 AI가 인간 중심으로 설계되었는지 다시 한번 돌아보고 점검해볼 필요가 있을 것이다.

무엇이든지 물어보세요, 대화형 초거대 AI '챗GPT'

⋮ **구글 시대의 종말을 알린 챗GPT의 등장** ⋮

2022년 11월 말, 실리콘밸리에서는 한 AI 챗봇의 등장에 난리가 났다. 영국의 일간지 《인디펜던트》는 'Google is done(구글의 시대는 끝났다)'이라는 기사까지 올리며 알파고를 뛰어넘는 이 AI 챗봇에 흥분했다. 이 챗봇의 이름은 '챗GPTChatGPT'로, 오픈 AI가 개발한 GPT-3.5 버전에 해당하는 대화형 AI 서비스이다. 챗GPT가 대체 무엇이고 얼마나 대단하길래 실리콘밸리는 물론 언론까지 나서서 구글의 시대는 끝났다고 말하는 것일까?

챗GPT는 대화 스타일로 인간과 같은 텍스트를 생성하도록 특별히 설계된 GPT-3 언어 모델의 변형입니다. 사용자와 자연어 대화에 참여할 수 있는 챗봇을 만드는 데 사용할 수 있으며, 대화의 맥락에 적절하고 적절한 응답을 제공합니다. 챗GPT는 책, 기사 및 소셜미디어 게시물을 포함한 다양한 출처의 대량의 텍스트 데이터를 사용하여 훈련되며, 이 데이터를 사용하여 인간이 쓰거나 말하는 방식과 유사한 텍스트를 생성합니다. 이를 통해 간단한 규칙 기반 알고리즘을 사용하는 다른 챗봇 시스템보다 사용자 입력에 더 정확하고 매력적인 응답을 제공할 수 있습니다.

– 챗GPT가 자기 자신에 대해 설명한 내용

일론 머스크가 투자한 AI연구소 오픈 AI가 2020년 공개한 GPT-3는 1750억 개 파라미터로 초거대 AI의 시작을 알렸다. GPT-3는 인간에 준하는 수준의 이해력과 문장력을 갖춘 글을 선보여 전 세계에 큰 충격을 안겼다. 하지만 이런 GPT-3도 '구글은 끝났다'는 평가를 받지는 못했다.

챗GPT는 이용자와 실시간으로 대화가 가능한 AI 챗봇 서비스이다. GPT-3의 방대한 데이터 처리 능력을 바탕으로 하는데 기존의 AI 챗봇과 달리 훨씬 자연스러운 대화가 가능해졌다. 성능 자체는 기존 GPT-3와 큰 차이가 없지만 사람과 자연스러운 대화가 가능해지면서 단순한 대화를 넘어 문제 해결 능력까지 갖추게 된 것이다. 그동안 많은 사람이 꿈꿔왔던 인간에 가장 가까운 AI가 실현되었다. 이 점에 IT 업계와 언론들은 놀라워하며 '구글의 시대가 끝났다'고 평가한 것이다. 인디펜던트는 챗GPT에 "네가 구글을 대체할 수 있느냐"고 물었는데, 챗GPT는 "구글을 완전히 대체할 가능성은 낮지만 개인화된 사용자 경험을 제공할 수 있는 잠재력을 바탕으로 대화형 검색 경험을 원하는 이용자에게 매력적인 대안이 될 수 있다"라고 답했다. 일론 머스크 테슬라 CEO도 "챗GPT가 무섭게 좋다"며 "위험할 정도로 강력한 AI"라고 트윗했다.

다만 현재 공개된 챗GPT는 2021년까지의 데이터를 기반으로 학습했기 때문에 기본적으로 최신 정보를 가지고 있지 않다. 실시간으로 정보를 찾는 것도 아니기 때문에 현재 상황에 맞는 정보를 제공할 수도 없다. 2021년 이후의 정보 검색이나 여행지 맛

챗GPT에 2023년 세계 경제 전망에 대해 물었더니 답변이 불가능하다고 했다.

자료: 챗GPT 기반 필자 작성

집 정보 등은 챗GPT보다는 구글 검색이 여전히 효율적이다.

실제로 필자가 챗GPT에 2023년 세계 경제 전망에 대해 물었더니 답변이 불가능하다고 답했다.

하지만 전문가들은 챗GPT가 보여주는 수준이면 구글 같은 검색 서비스를 대체할 가능성이 있다고 말한다. 챗GPT처럼 자연스러운 대화가 가능한 AI 서비스라면 검색을 대체하는 것도 불가능한 것만은 아니라는 평가이다.

대화보다 더 많은 걸 해내는 챗GPT

챗GPT는 온라인에서 가져온 방대한 양의 텍스트 샘플을 학습하고, 대화형 인터페이스를 통해 정보를 제공한다. 대화를 나누던 도중 맥락에 맞지 않거나 어색한 회피성 답변을 보이던 기존 챗봇과는 달리, 챗GPT는 실제 인간과 구분할 수 없을 만큼 자연스러운 대화가 가능하다. 간단한 질문뿐만 아니라 어려운 내용을 요약해달라고 요청할 수도 있다.

시험 에세이를 대신 써주거나 셰익스피어 소네트 형식으로 영화 리뷰를 작성하고 질문에 대한 논리적인 답변을 하기도 한다. "오늘 밖이 4도 정도라면 무엇을 입어야 할까?"와 같이 답이 정해져 있지 않은 질문에 챗GPT는 "어떤 활동을 계획하느냐에 따라 다르다. 실외로 나갈 계획이라면 가벼운 재킷이나 스웨터, 긴 바지와 발가락이 덮인 신발을 신어야 한다. 만약 실내에 있을 계획이라면 티셔츠와 청바지 또는 다른 편한 옷을 입으면 된다"라고 답했다. AP(미국 대학 학점을 선취할 수 있는 대학 과정 인증 시험) 영어 시험 문제에 대해 물어보면, 챗GPT는 《폭풍의 언덕》에 대한 5단락 에세이를 적어 응답하기도 했다.

더 놀라운 점은 스스로 내놓은 답변에 대한 실수를 인정할 뿐만 아니라, 잘못된 전제에 이의를 제기하거나 부적절한 요청을 거부할 수도 있다는 것이다. 예를 들어 차를 훔치는 방법에 대해 물을 경우 "차를 훔치는 것은 심각한 범죄"라고 말하며 답변하지 않는 방식이다. 또한 대부분의 AI 챗봇이 이전 대화를 기억하지 않는 반면, 챗GPT는 사용자와 이전에 나눴던 대화를 기억하고 대화에 반영한다.

전문가들이 챗GPT에 흥분했던 또 하나의 이유는 짧은 논문이나 에세이, 노래, 시 등을 작성할 수 있고, 심지어는 코딩 도구로도 활용할 수 있기 때문이었다. 4행시를 학습시키거나 악성코드 분석을 맡긴 사례도 있다. 한 개발자는 "챗GPT한테 지시해서 웹페이지를 만드는 중이다. 내용을 보고 '이거 추가해줘'라고 하면 점차 완성돼간다"라고 놀라움을 금치 못했다. 또 다른 개발자는 "챗GPT를 며칠 써보니 다른 길로 취업 준비를 해야 할 것 같다"며 "AI가 못 하는 직업이 이제 뭐가 있을까. 도배 같은 거?"라는 반응을 보였다. 이 같은 성능 덕에 챗GPT는 초기 데모 버전 공개 5일 만에 사용자 100만 명이 몰리기도 했다.

필자도 챗GPT 사이트에 접속해 직접 챗GPT를 테스트해보았다.

챗GPT 접속 사이트
https://chat.openai.com

한국어로도 질문이 가능하고 답변도 한국어로 해준다. 영어로 질문하면 한국어보다 더 자세히 답변을 하기도 한다. 기존의 AI 챗봇과 대화를 할 때는 AI가 좀 더 이해하기 쉬운 단어나 문장 등을 고민하며 작성했는데 챗GPT에서는 그런 걱정 없이 정말로 사람과 대화하듯이 질문을 던졌다. 초거대 AI나 웹 3.0에 대해 질문하면 개념을 적절히 잘 설명해주었고, 스트레스 해소법을 알려주거나 비 오는 날 들을 만한 음악 추천도 해주었다. 답변을 보면 알겠지만 내용 자체가 엄청 대단하거나 놀랄 만한 것은 아니다. 하지만 돌아오는 답변의 자연스러움이 기존의 AI 챗봇과 전혀 달랐다. 이 점이 놀라웠다.

게다가 준비된 답변이 아닌 질문을 이해해서 답변을 만들어내는, 즉 '생성Generative'해낸다는 점은 놀라움을 넘어 기대감을 갖게 만들기까지 했다. "AI가 인간보다 더 나은 점이 무엇이 있지?"라는 질문에 챗GPT는 다음과 같이 답을 했다(이 질문과 답은 영어로 이루어져 내용을 번역하였다. 문장 자체는 전혀 수정하지 않았다).

AI 시스템은 적용되는 특정 작업이나 도메인에 따라 인간에 비해 몇 가지 잠재적인 이점이 있습니다. AI의 잠재적 이점 중 일부는 다음과 같습니다.

AI 시스템은 많은 양의 데이터를 빠르고 정확하게 처리할 수 있어 데이터 분석이나 패턴 인식이 필요한 작업에 적합합니다.

AI 시스템은 수면이나 휴식 없이 지속적으로 작동하도록 설계되어 복잡한 작업을 끊임없이 작업할 수 있습니다.

AI 시스템은 규칙과 절차를 정확히 따르도록 프로그래밍하여 안정적이고 일관되게 수행할 수 있습니다.

AI 시스템은 새로운 정보를 배우고 적응하도록 설계되어 시간이 지남에 따라 성능을 향상시킬 수 있습니다.

AI 시스템은 위험한 환경을 탐험하거나 유해 물질 실험을 수행하는 것과 같이 인간에게 위험하거나 바람직하지 않은 작업을 수행하는 데 사용될 수 있습니다.

전반적으로 AI의 이점은 특정 응용 프로그램과 기술이 사용되는 방식에 달려 있습니다.

또한 챗GPT에게 "현재 가장 뛰어난 최고의 AI는 무엇이지?"라는 질문을 던졌는데, 기존의 AI에서는 미리 입력된 장난스러운 표현을 이용하여 "제가 가장 뛰어난 AI예요"라는 식의 답변을 보였지만 챗GPT는 다음과 같이 답했다.

다양한 유형의 AI가 있으며 다양한 방식으로 평가될 수 있기 때문에 현재 어떤 AI가 가장 좋은지 말하기는 어렵습니다. 일부 AI 시스템은 특정 영역에서 탁월할 수 있지만, 다른 시스템은 다른 영역에서 더 나을 수 있습니다. 게다가 '최고'의 개념은 주관적이며 AI를 평가하는 데 사용되는 기준에 의존할 수 있습니다. 그러나 일반적으로 많은 전문가들은 가장 최첨단의 AI가 광범위한 작업에서 인상적인 성능을 달성할 수 있는 딥러닝 시스템으로 대표된다고 믿고 있습니다.

거짓말도 진실처럼 말하는
챗GPT의 자연스러움

놀라움을 자아내는 챗GPT도 문제와 한계점은 존재한다. AI 챗봇들이 갖고 있는 윤리와 편향성 문제에서는 챗GPT 역시 완전히 벗어나지 못했다. 기본적으로 온라인상에 존재하는 방대한 데이터를 기반으로 이뤄지기 때문에 정보의 신뢰도 자체에 대한 한계가 존재한다. 또한 윤리적 측면에서도 잘못된 생각을 그대로 학습해 답변에 활용하는 등 문제가 있으며, 지역 및 국가별 특성을 파악하지 못한다는 점도

챗GPT에게 던진 다양한 질문과 챗GPT가 해준 답변들

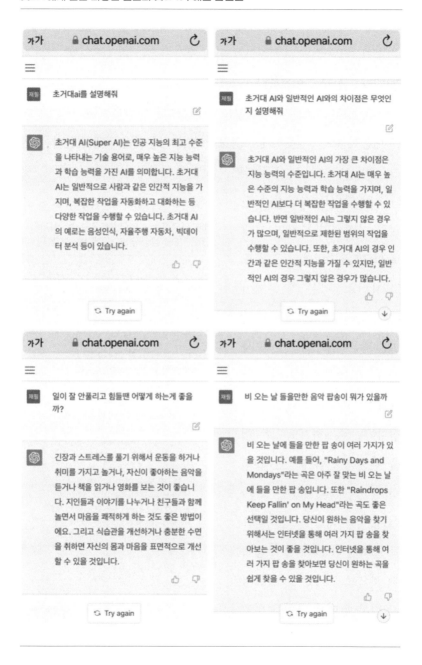

한계이다. 오픈 AI도 "우리는 챗GPT가 부적절한 요청을 거절하도록 노력했지만, 때때로 유해한 지시에 반응하거나 편향된 행동을 보이기도 했다. 이 시스템을 개선하기 위해 사용자들의 피드백을 받아 고치겠다"라고 한계를 인정했다.

더 조심해야 할 문제는 너무도 자연스럽게 답변을 해서 사실과 다른 내용까지도 그럴듯하게 포장해 거짓을 사실처럼 믿게 만든다는 점이다. 인간도 너무 말을 잘하면 거짓말도 진실처럼 들리는 것처럼, 챗GPT의 답변도 사용자가 진위를 가려내지 못하면 그대로 다 믿을 수밖에 없을 정도로 자연스럽다는 게 문제이다. 정확하지 않은 잘못된 답변인 경우에도 그럴듯하고 사실처럼 들리도록 설득력 있는 내용을 신속하게 답변하고, 심지어는 존재하지도 않는 책을 인용해 신뢰가 있는 것처럼 꾸민 답변을 내놓는 등 사실이 아닌 내용을 합리적으로 들리게 하는 데 매우 능숙한 것으로 드러났다. 사용자가 질문에 대한 답변을 알고 있지 않다면 정말 챗GPT의

개발자 웹포럼 스택오버플로에서는 일시적으로 챗GPT 생성 답변 업로드를 금지했다.

답변이 사실인지 아닌지 알기 어렵다.

이러한 신뢰성 문제 때문에 개발자 웹 포럼 스택오버플로_{Stack} Overflow(개발자들이 프로그래밍을 하다 막히거나 할 때, 프로그래밍에 대한 질문을 하고 답변을 받는 사이트)에서는 챗GPT로 생성된 답변을 업로드하는 것에 대해 일시적으로 금지하기도 하였다.

100조 개의 파라미터로 무장한 GPT-4를 예고하다

아직 한계와 문제점은 있지만 챗GPT는 많은 사람으로부터 아이폰, 알파고의 등장에 버금가는 충격적인 사건이라고 평가되고 있다. 그만큼 챗GPT가 불러올 파장이 적지 않다는 얘기다. 사실 우리가 주목해야 하는 것은 챗GPT보다 그 이후에 등장할 GPT-4이다. 챗GPT는 GPT-3와 GPT-4의 징검다리로서, GPT-4 등장 이전에 성능을 테스트해보는 베타 버전이라 할 수 있다.

개발자들 역시 GPT-4에 큰 기대를 걸고 있는데, 파라미터(매개변수) 수가 인간 뇌의 시냅스 수와 맞먹는 무려 100조 개에 달할 것이라는 충격적인 소문도 돌고 있다. 또한 희소 모델_{Sparse Model}을 통해 더 낮은 비용으로 더 큰 성과를 낼 수 있다고 한다. (희소 모델이란 데이터의 레이블이 매우 부족한 상황에서 데이터 증강기법 등을 활용한 지도 학습 모델을 의미한다.) GPT-3는 학습 단계에서 1회당 수십억 원이 들지만 GPT-4는 100만 달러 이하까지 낮아질 수도 있다. 챗GPT의 등장에도 사람들은 충격과 놀라움을 금치 못했는데, 이를 능가하는 GPT-4가 선보여지면 어떤 반응이 나올지 기대를 넘어 두려움마저 든다.

그럼에도 초거대 AI의 진화는 멈추지 않을 전망이다. 〈아이언맨〉의 자비스와 같은 AI 비서를 꿈꾸는 한 초거대 AI의 파라미터 수는 '조兆'를 넘어 '경京', '해垓'까지 늘어날 것이다.

인류와 협업하며
새로운 미래를 만드는 초거대 AI

초거대 AI는 전에 없던 부가가치를 창출하고, 더 나아가 우리 인류가 가진 여러 난제를 극복할 수 있을 것으로 기대되고 있다. 물론 앞에서 언급된 한계와 문제점 등 해결해야 할 부분도 많지만, 초거대 AI가 만들어갈 무궁무진한 미래는 상상이 아닌 현실이 되어 곧 우리 앞에 다가올 것이다.

생물학의 난제,
단백질 접힘 구조를 예측하다

2021년 10월, 구글 딥마인드는 〈Protein complex prediction with AlphaFold-Multimer〉라는 논문을 발표했다. AI를 이용하여 단백질

분자의 구조를 밝히는 것은 물론 단백질 사이의 상호작용까지 예측하겠다는 내용이다. 이것은 2020년 12월, 단백질 구조 예측의 월드컵이라 할 수 있는 CASP_{Critical Assessment of protein Structure Prediction} 대회에서 발표된 결과로, 전 세계 학계를 놀라게 했던 '알파폴드 2_{AlphaFold2}'의 후속 연구이다.

단백질 접힘_{protein folding}이란 각각의 단백질이 체내에서 고유의 기능을 수행하기 위해 단백질의 1차원 서열이 특유의 3차원 구조를 형성하는 과정을 의미한다. 선형의 아미노산 복합체인 단백질이 개개의 단백질에 맞게 고유하게 정확히 접힌 구조를 형성하거나 안정화된 구조를 형성하는 과정이다. 단백질은 생명체를 구성하는 주요 분자로 우리 몸의 거의 모든 기능을 수행한다. 20여 종의 아미노산이 평균 300개 정도 이어져 만들어지는데, 아미노산들이 서로 밀거나 당기면서 구부러지고 비틀어지면서 고유의 3차원 입체 구조가 만들어지고 그것이 단백질의 특징과 기능을 결정한다. 따라서 단백질의 접힘 구조를 알 수 있다면 인체 내에서 그 단백질의 역할을 이해하고, 잘못 접힌 단백질로 인해 발생하는 질병의 진단 및 치료에 활용할 수 있다.

지금까지는 많은 과학자들은 X선, 핵자기공명_{NMR: Nuclear Magnetic Resonance}, 저온전자현미경_{Cryo-EM}을 이용하여 많은 단백질 구조들을 밝혀내 단백질 데이터 은행_{PDB: Protein Data Bank}을 구축했다. 다만 수개월~수년의 시간이 걸리고 많은 비용이 들어 수억 개의 단백질 중 겨우 18만 개가 넘는 단백질 구조만을 저장할 수 있었다.

그런데 구글 딥마인드가 개발한 딥러닝 기반의 AI 알파폴드 2는 기존에 30~40점대 수준이었던 단백질 접힘 예측 점수를 90점 수준까지 끌어올렸다. 구조 예측에 걸리는 시간도 수 분에서 수 시간으로 단축했다. 알파폴드 2는 앞에서 설명한 바 있는 어텐션 메커니즘을 도입해 단백질 서열이나 구조 중에서도 더 중요한 역할을 하는 곳에 '집중'해서 정보를 가져와 정보 처리에 드는 시간을 대폭 단축시켰다. 알파폴드 2의 놀랄 만한 성능 덕분에 예측할 수 있는 단백질 수는 획기적으로 증가해 2022년 7월 기준으로 지구상에 알려진 거의 모든 단백질(약 2억 개)의 구조를 예측할 수 있게 되었다.

실험만으로는 구조를 밝힐 수 없는 단백질이 훨씬 많고, 비용과 시간도 아주 많이 든다. 가장 많이 쓰이는 X선 분광학으로 구조가 밝혀지는 것은 대략 1.3% 수준이다. 하지만 알파폴드 2는 서열만 있으면 거의 모든 구조를 밝힐 수 있다. 또한 알파폴드 2는 신뢰할 만한 수준의 정확도로 인정을 받았다. 2위 팀에 비해 무려 2배 이상 높은 점수로 1위를 차지했다. 총 110개의 단백질 구조 문제 중에서 전체적인 모양을 맞췄다고 볼 수 있는 GDT-TS 70점을 넘는 것이 96개, 그중에서도 원자 수준까지 맞출 수 있다고 보는 GDT-TS 90점이 넘는 것이 51개가 있었다. 가히 단백질 구조 예측 분야의 게임 체인저라 불릴 만하다.

알파폴드 2의 등장으로 단백질의 구조를 알게 되면서 생명 현상의 메커니즘을 밝힐 초석이 마련되었고 생명 현상에 대한 한 차원 더 높은 이해가 가능해졌다. 질병 치료에 대한 무한한 가능성이 열리면서 신약 개발 분야에서도 많은 기대를 하고 있다. 구글 딥마인드는 알파폴드 2의 소스코드를 공개해 누구나 쓰고, 자신의 연구 목적에 맞게 고칠 수 있도록 하게 했다. 2021년에 알파폴드 2를 사용한 논문은

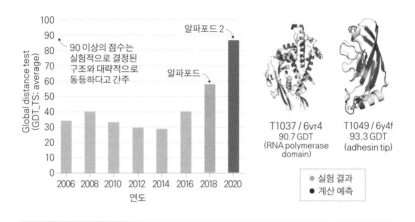

알파폴드 2가 보여준 높은 점수와 알파포드 2가 밝혀낸 단백질 구조

자료: 네이처, 언론 종합

1000여 편 이상 발표되었고, 코로나 속 단백질 연구도 알파폴드 2를 통해 이루어졌다. 초거대 AI로 인류는 질병의 위기를 극복하고 건강한 생활을 보낼 수 있게 된 것이다.

초거대 AI가 스스로 코딩을 하다

2022년 2월 구글은 자연어로 명령을 내리면 AI가 이를 직접 프로그래밍 언어를 작성하는 AI 모델 '알파코드'를 공개했다. 알파코드는 5000명 이상이 참여하는 코딩 대회에서 상위 54%에 올라 코딩 수준이 인간 평균 수준까지 개선되었음을 보여주었다.

또한 오픈 AI가 만든 '코덱스'는 자연어 명령을 12개 이상의 프로그래밍 언어로 된 코드로 변환해준다. 오픈 AI의 GPT-3에서 파생됐으며, 언어 데이터뿐 아니라 깃허브의 소프트웨어 리포지토리와 기타 공개된 소스에서 확보한 코드로 학습됐다. 개발자들은 마이크로소프트의 애저Azure 오픈 AI 서비스를 통해 코덱스 및 GPT-3 모델을 사용할 수 있는데, 이를 통해 개발자는 2시간은 걸리던 작업을 2분 만에 완료할 수 있게 됐다.

초거대 AI와 로봇의 결합

2022년 5월에 구글이 발표한 AI 모델 '가토Gato'는 하나의 모델로 질문에 답도 하고 게임도 하고 로봇팔로 블록을 쌓는 등 600여 가지의 일을 수행할 수 있다. 로봇의 성능이 획기적으로 개선되기 위해서는 다양한 종류의 일을 할 수 있어야 하는데 가토가 그 가능성을 보여주었다.

가토는 여러 종류의 데이터(언어, 이미지, 영상, 비디오 등)를 넣어 여러 종류의 일을 처리하는 멀티모달 모델이다. 언어뿐 아니라 이미지, 비디오 등 다른 종류의 데이터, 즉 멀티모달 데이터 사이에서도 학습이 가능하다. 가토는 텍스트, 이미지 등 모든 종류의 데이터를 동일하게 변환한 후 학습해 그다음에 올 것을 예측한다. 로봇팔을 움직인다면 현재 상황에 따른 다음 액션을 예측하는 식이다. 가토는 아직 12억 개의 파라미터만을 사용하는데 향후 모델의 크기를 더 키운다면 수행할 수 있는 일의 종류나 성능도 더 개선될 수 있을 것이다.

구글의 초거대 AI 모델 '가토'를 탑재한 로봇

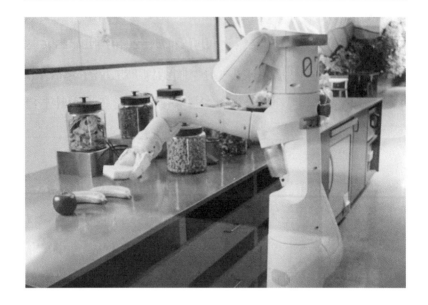

자료: 구글 리서치

2장

Big Tech
2

소유와 보상의 새로운 인터넷 철학, 메타버스 생태계를 구성하는
웹 3.0

Web 3.0: 블록체인 기술을 기반으로 탈중앙화를 지향하는 분산화된 차세대 인터넷 서비스. 데이터의 소유권이 개인에게 있고 활동에 따른 보상이 주어지는 창작자 중심의 새로운 웹 개념이다.

CES 2023에 화려하게 등장한 웹 3.0

웹 3.0은 메타버스 생태계를 구성하는 수단

CES 2023에 처음 등장한 카테고리 중에 사람들의 이목을 끈 것은 단연 '웹 3.0(CES에서는 web3로 표기)'이다. 눈여겨볼 점은 웹 3.0이 블록체인이나 암호화폐가 아닌 메타버스와 묶여서 하나의 카테고리로 들어갔다는 것이다. CES에서 바라보는 메타버스와 웹 3.0이란, 메타버스가 '장소, 공간where'을 의미한다면 웹 3.0은 메타버스를 구성하는 '방법 혹은 수단how'이라 할 수 있다. 다시 말해 메타버스가 온라인상에 구축된 가상의 새로운 활동 장소라고 하면, 그 안에서 블록체인 기술을 활용해 자신의 ID와 콘텐츠를 생성하고 암호화폐와 암호화폐 지갑crypto wallet으로 거래, 인증, 결제 등 다양한 경제활동과 사회활동이 이루어지도록 하는 방법 혹은 수단이 웹 3.0이라 본 것이다.

메타버스가 '공간'을 의미한다면 웹 3.0은 메타버스를 구성하는 '방법 혹은 수단'이라 할 수 있다.

자료: CES 홈페이지

또 하나 CES 2023에서 웹 3.0이 메타버스와 엮인 배경에는 전시회 특성상 '볼거리'를 강조해야 하는 측면도 있다. 아직 웹 3.0이 대중화된 서비스로 구현되지 않은 상황에서 대부분은 프로젝트성 프로그램으로만 존재한다. 웹 3.0이 미래의 인터넷으로 매우 중요한 트렌드임은 분명하지만 CES 전시회장에서 이를 보여주기엔 한계가 있다. 그래서 몰입형 3D 경험을 제공하는 메타버스와 혼합해 사용자 중심의 웹 3.0 생태계를 체험하도록 한 것이다. 웹 3.0 플랫폼 기반의 게임 속에서 사용자는 자신의 캐릭터, 의상, 도구, 무기를 마음대로 만들 수 있으며 라이선스를 부여해 판매할 수도 있다. 이처럼 CES 2023에서는 게임, 영화, 엔터테인먼트 등 다양한 콘텐츠 산업과 연계한 웹 3.0 서비스들이 등장해 웹 3.0에 어려움을 느끼는 대중들도 쉽게 접근할 수 있도록 하였다. '창작자 중심의 새로운 인터넷 철학'이라는 웹 3.0 개념을 CES에서 직접 체험함으로써 웹 3.0은 현실 세계로 한 발짝 더 가까워졌다.

CES 2022에 FTX가 등장했다고?

　사실 웹 3.0에 대한 전조前兆는 CES 2022 때부터 확인할 수 있었다. 웹 3.0의 핵심 요소라 할 수 있는 NFTNon-fungible token(대체 불가능 토큰) 신규 항목으로 추가됐고 핀테크 분야에서도 블록체인 기업들의 참여가 두드러졌다. 기업들도 AR, VR 등 메타버스 기반의 서비스를 다수 선보이면서 IT 산업의 중심이 서서히 웹 3.0으로 옮겨가고 있음을 보여주었다. 캐논의 VR 플랫폼 코코모는 VR 헤드셋을 통해 가상 세계에서 친구와 대화할 수 있고, 롯데 칼리버스 역시 오큘러스를 착용해 롯데하이마트 및 면세점 등에서 쇼핑이 가능한 서비스를 구현했다. 스페이스테크 기업인 시에라스페이스 전시장에서도 오큘러스를 통해 우주선 내부를 체험할 수 있었다. 대만의 쿨소는 손목밴드를 통해 근육 활동을 측정하고 메타버스에서 몸짓을 인식했다.

　디파이DeFi(탈중앙화 금융) 플랫폼인 라디엑스Radix는 엄청나게 빠른 거래 속도가 특징이다. 이더리움보다 9만 3000배, 페이팔 거래 처리 속도보다 1000배, 심지어 구글보다 35배, VISA보다 17배나 빠른 속도이다. 라디엑스는 디파이뿐만 아니라 NFT, 보험, 게임, 거래소 등 여러 분야로의 확장과 보안에 관한 기술도 구축해 웹 3.0의 유망주로 당시 참관객들의 많은 주목을 받았다.

　아이러니한 것은 당시 CES 2022 기업 중에는 가상자산 파생상품 거래소로 유명한 FTX도 있었는데, FTX는 불과 1년 만에 유동성 위기에 몰리면서 미국 델라웨어주 법원에 파산보호를 신청해 한순간에 몰락의 길을 걷게 되었다. 웹 3.0의 서막을 알리고 성장을 견인하기 위

CES 2023에 참가한 웹 3.0 기업

참가 기업	국가	해당 카테고리
AckTao SA	스위스	클라우드 컴퓨팅/데이터, 사이버 보안, 교육, 게임 및 e스포츠
Agartha	스위스	블록체인, 교육, 메타버스, NFT
AGENCE MAP SAS	프랑스	블록체인, 마케팅과 광고, NFT, 지속가능성
알비언(Arbeon Co., Ltd.)	대한민국	5G 기술, AR/VR/XR, 인공 지능, 메타버스
Authena	스위스	블록체인, IoT/센서, 메타버스, NFT
Avalanche Computing Taiwan Inc.	대만	5G 기술, 인공지능, 클라우드 컴퓨팅/데이터, 스타트업,
Batoi Systems Pvt Ltd	인도	인공지능, 블록체인, 클라우드 컴퓨팅/데이터, 사이버 보안
CodeNekt	프랑스	블록체인, NFT, 스타트업, 차량 기술
Creecon Srl	이탈리아	블록체인, 엔터테인먼트 및 콘텐츠, 스타트업, 지속가능성
Custonomy Company Limited	홍콩	블록체인, 암호화폐, 메타버스, NFT
Dappy	프랑스	블록체인, 사이버 보안, NFT, 스타트업
Davensi	프랑스	블록체인, 암호화폐, 핀테크, 지속가능성
딥브레인 AI(DeepBrain AI)	대한민국	AR/VR/XR, 인공 지능, 메타버스, 비디오 기술
디아더(Deother)	대한민국	게임 및 e스포츠, 메타버스, NFT, 스타트업
Dimension NXG Pvt. Ltd.	인도	5G 기술, AR/VR/XR, 메타버스, NFT
Drop-In Gaming	미국	교육, 엔터테인먼트 및 콘텐츠, 게임 및 e스포츠, 마케팅과 광고
앙트러리얼리티 (EntreReality)	대한민국	AR/VR/XR, 메타버스, NFT, 스타트업
이큐비알홀딩스 (EQBR Holdings Co., Ltd.)	대한민국	블록체인, 핀테크, NFT, 개인 정보 보안
eXchangily	미국	블록체인, 핀테크, NFT
Fog Hashing Pte., Ltd.	싱가포르	블록체인, 암호화폐, 라이프스타일, 소매/전자상거래
Galeon	프랑스	블록체인, 디지털 헬스케어, 스타트업
Greenhope_BC.TW	대만, 중국	블록체인, NFT, 개인정보 보안, 스타트업
HARTi Inc.	일본	블록체인, 메타버스, NFT
Infillion	미국	엔터테인먼트 및 콘텐츠, 마케팅과 광고, 메타버스, 스트리밍

참가 기업	국가	해당 카테고리
Kestone Integrated Marketing Services	인도	AR/VR/XR, 소매/전자상거래, 마케팅과 광고, 메타버스
라이프페스타(Lifefesta, Inc.)	대한민국	엔터테인먼트 및 콘텐츠, 메타버스, NFT, 스타트업
Light Matrix Inc.	대만, 중국	AR/VR/XR, 메타버스, NFT, 비디오 기술
롯데정보통신(LOTTE Data Communication Company)	대한민국	AR/VR/XR, 엔터테인먼트 및 콘텐츠, 메타버스, NFT
LUTRA	대한민국	블록체인, 엔터테인먼트 및 콘텐츠, 마케팅과 광고, NFT
Magic Leap, Inc.	미국	AR/VR/XR, 인공 지능, IoT/센서, 메타버스
Meda.ooo	미국	AR/VR/XR, 메타버스, NFT
MetaverseXR Co., Ltd Thailand	태국	AR/VR/XR, 블록체인, 메타버스, NFT
MetDaan	아일랜드	엔터테인먼트 및 콘텐츠, 메타버스, NFT, 비디오 기술
무버스(Moverse)	대한민국	AR/VR/XR, 라이프스타일, 메타버스, NFT
nobank	스위스	블록체인, 핀테크, NFT
Occitanie	미국	사이버 보안, 에너지/전력, 피트니스 및 웨어러블, 메타버스
Robosen Robotics (Shenzhen) Co., Ltd	미국	인공지능, 엔터테인먼트 및 콘텐츠, 로보틱스, 스타트업
Shenzhen VStarcam Technology Co., Ltd.	중국	사이버 보안, 소매/전자상거래, 스마트 홈 및 가전 제품, 비디오 기술
Sparx IT Solutions Pvt Ltd	인도	AR/VR/XR, 블록체인, 소매/전자상거래, 스타트업
STARTMINING	프랑스	블록체인, 암호화폐, 투자, NFT
Superba AR	스위스	AR/VR/XR, 인공지능, 소매/전자상거래, 메타버스
TestDevLab	라트비아	접근성, 오디오 기술, 디지털 헬스케어, 비디오 기술
TSGC Technologies Inc.	대만, 중국	클라우드 컴퓨팅/데이터, 에너지/전력, 스타트업, 지속가능성
Viant Technology LLC	미국	인공지능, 클라우드 컴퓨팅/데이터, 마케팅과 광고
vSports by Impakt	미국	AR/VR/XR, 인공 지능, 디지털 헬스케어, 메타버스
Web 3 Tokenization	프랑스	블록체인, 암호화폐, 메타버스, NFT
woof Inc	일본	블록체인, 게임 및 e스포츠, 메타버스, NFT

해 등장했던 기업이 되려 파산함으로써 웹 3.0 시장에 제대로 찬물을 끼얹은 것이다.

하지만 FTX 파산도 그렇고 2022년 5월에 터진 테라-루나 사태도 그렇고 이 사건들이 암호화폐 시장에 영향을 줄 수는 있어도 웹 3.0 산업 자체를 부정할 정도는 아니다. 오히려 웹 3.0이 건전하게 발전할 수 있는 일종의 성장통이라 할 수 있다. 세계 1위 암호화폐 거래소 바이낸스의 CEO 자오창펑는 "나쁜 프로젝트는 무너져야 한다"라면서 "이번 FTX 사태는 옥석 가리는 과정의 하나로 장기적 관점에서 암호화폐 시장에는 긍정적"이라고 전망했다.

CES 2023에 새롭게 등장한 웹 3.0 분야에 참여한 기업들의 면면을 봐도 결코 웹 3.0이 FTX 사태로 위축되거나 일시적 유행으로 그칠 것으로는 보이지 않는다. 게임, 엔터테인먼트, 금융, 제조, 헬스케어 등 전 산업 분야에 메타버스, 블록체인, NFT를 기반으로 한 웹 3.0이 도입되면서 IT 산업은 대전환기를 맞이하고 있다.

카카오 사태가 보여준
중앙집중형 웹 2.0 플랫폼의 한계

⋮ **데이터 센터 화재로 대한민국이 멈추다** ⋮

2022년 10월 중순, 한국 사회가 갑자기 멈췄다. 정확히는 모든 카카오 서비스가 먹통이 되면서 이를 이용하던 사람들의 손끝이 멈춰버렸다. 판교에 있는 데이터 센터에 화재가 발생해 진화 작업을 위해 센터 전체 전원을 차단하면서 3만 2000대의 서버 기능이 중단된 것이다. 이로 인해 대부분의 카카오 서비스가 중단됐다. 국민 메신저인 카카오톡을 비롯해 카카오맵, 카카오T, 카카오페이, 카카오웹툰, 멜론 등 많은 서비스에 오류가 발생했다. 카카오톡에 로그인을 시도하면 "요청하신 작업을 수행하지 못했다. 일시적인 현상이니 잠시 후 다시 시도해달라"는 문구가 등장하며 접속이 불가능했다. 카카오뱅크도 영향을 받으면서 1시간가량 로그인 오류를 겪었다. 카카오T 접속 오류

서비스 피해 유형

※ 피해 유형 중복 응답

멜론 서비스
12.45%

톡채널 서비스
예약/주문/상담
45.58%

카카오 로그인
18.86%

● 톡상담

Ch

Ch+ 채널 추가

페이&기프티콘
결제
42.06%

카카오T&MAP
50.54%

주문·배송 알림
31.95%

자료: 소상공인 서비스 피해 현황, 소상공인연합회

가 일어나면서 택시 호출 및 택시비 결제에도 어려움을 겪었다.

사실 데이터 센터 화재로 서비스가 장애를 겪었다고 해서 이렇게까지 사회 전체가 마비될 것이라고는 필자도 상상하지 못했다. 카카오를 대신할 서비스는 스마트폰 안에 얼마든지 많았고, 다소 불편은 했지만 몇 시간만 참으면 금방 회복되겠지라는 생각에 오히려 카카오톡에서 해방된 자유 시간을 만끽하기도 했다. 하지만 복구되기까지의 시간은 예상보다 길었다.

127시간 30분. 카카오 사태가 완전히 복구되기까지 걸린 시간이다. 일수로 치면 약 5일 이상이다. 5일 동안 카카오 서비스를 이용해온 우리의 일상이 마비된 것이다. 5일간의 서비스 장애로 발생한 유료 서비스 피해 보상액 규모만 약 400억 원으로 추산되었고, 피해 접수 건수만도 수십만 건에 이르렀다.

카카오 사태는 독점적 지위의 중앙집중화된 플랫폼이 일상을 마비시킬 수도 있다는 점을 보여준 일대 사건으로 연결성을 극대화한 플랫폼 경제의 역설이기도 하다. 메신저로 시작한 카카오는 전형적인 플랫폼 비즈니스 모델을 통해 성장해나갔다. 카카오톡의 국내 메신저 시장 점유율은 87%로, 2021년 기준 카카오톡 기반의 광고 매출은 약 1조 6439억 원이다. 카카오모빌리티는 택시 호출 시장에서 80~90% 점유율을 차지하고 있고, 멜론은 국내 음악 스트리밍 서비스 1위다. 인터넷 전문 은행 카카오뱅크와 결제 서비스 카카오페이도 카카오톡에 기반해 시장에 큰 영향력을 미치고 있다. (2022년 12월 8일에 카카오 먹통 사태 재발 방지를 위해 '방송통신발전기본법 개정안', 일명 '카카오 먹통 방지법'이 국회 본회의를 통과했다. IT 기업들은 데이터센터에 이중화 조치를 의무적으로 마련하고 재난관리 기본계획을 수립하는 것이 주요 내용이다.)

사태의 원인은 데이터센터 집중화와 부실한 대비책

카카오 서비스가 멈춘 원인은 화재로 중앙집중화된 서버 관리에 이상이 발생했기 때문이다. 하지만 더 큰 문제는 플랫폼 서비스의 기본인 시스템 안전 대응에 미흡했다는 점이다. 개인과 기업의 모든 데이터가 저장돼 있는 서버가 망가지지 않은 것은 불행 중 다행이지만, 만약 그 서버가 피해를 입었다면 어떤 일이 벌어졌을까? 상상만 해도 끔찍하다.

데이터센터 사태는 국내에만 국한된 문제는 아니다. 아마존은 2011년 4월에 미국 동부 데이터센터에서 정전 사고가 발생하면서 서비스 장애를 겪었다. 당시에 미국 대형 소셜 뉴스 웹사이트인 레딧, 뉴욕타임스 등 유명 기업들이 아마존의 데이터센터를 빌려 사용했는데, 이 정전으로 이들 기업의 사이트가 최소 하루 동안 마비됐고 일부 사이트 복구에는 4일이 걸렸다. 2012년 6월에는 태풍 때문에 서버 전력 공급이 끊기면서 4시간 동안 아마존 클라우드 서버를 이용하는 인스타그램이 먹통이 됐고, 2017년 2월에도 미 동부 데이터센터의 정전 에러로 인터넷 업데이트가 안 되거나 인터넷 속도가 느려지는 일이 발생했다.

마이크로소프트는 2022년 6월에 전력 시스템 문제로 미국 동부 버지니아에 있는 데이터센터 운영이 중단됐다. 완전 복구까지는 12시간이 걸렸으나, 다행히 다른 데이터센터로의 중복 서비스가 제공된 기업들은 큰 영향을 받지 않았다. 구글은 2022년 8월에 런던 지역을 커버하는 데이터센터에 문제가 생겼다. 기록적인 폭염으로 전력 공급에 차질이 빚어지면서 냉각 시스템이 고장을 일으킨 것이다.

이처럼 아마존, 구글, 페이스북, 유튜브 등 전 세계적으로 수십, 수백억 명이 24시간 이용하는 글로벌 빅테크 기업들의 플랫폼은 화재, 지진과 같은 물리적 충격은 물론이고 해킹, 트래픽 과부하 등 비상 상황에 대비해 일부 인프라가 마비돼도 서비스가 가능하도록 복수의 데이터센터를 구축해놓고 있다. 게다가 데이터센터에서 발생하는 발열 관리에 유리한 바닷속에 시설물을 설치하는 등 친환경 요소를 적극 활용하는 재해복구 시스템DR: Disaster Recovery 구축에도 나서고 있다.

메타는 전 세계에 21개의 데이터센터를 보유 중이고, 데이터센터 인프라 개선 등에 매년 55억 달러를 투입해왔다. 2022년에는 8억 달러를 투자해 캔자스시티에 대규모 하이퍼스케일 데이터센터를 구축한다고 발표하는가 하면, 미국 유타주 이글마운틴에 200만 ㎡ 규모의 신규 데이터센터를 건립하는 계획을 공개했다.

구글은 23개 데이터센터를 운영 중으로, 데이터센터 구축을 위해 5년간 미국에서만 370억 달러를 투자했고 2022년 4월에는 미국 내 신규 데이터센터 건립에 95억 달러를 투입했다. 구글은 재난복구 시스템을 포함한 데이터센터 고도화 작업을 위해 2022년에만 95억 달러(약 13조 원)가 넘는 금액을 투자했다.

빅테크 기업들이 데이터센터에 천문학적 금액을 투입하는 이유는 그 이상을 플랫폼 비즈니스로 벌어들이기 때문이다. 구글은 2022년 3분기에만 매출 76조 원에 순이익 24조 6000억 원을 기록했다. 1년에 100조 원 이상을 벌어들인다. 메타 역시 같은 기간에 매출 34조 원, 순이익 10조 7000억 원을 벌었다.

하지만 애플, 구글, 아마존, 메타 등 글로벌 플랫폼 기업들이 데이터센터 관리에 막대한 자금을 쏟아붓고 있다고 해도 사고나 해킹을 완벽하게 막을 수는 없다. 중앙에서 플랫폼 기업이 관리하고 있는 서버가 공격당하거나 피해를 입을 수 있는 리스크는 늘 존재한다.

또한 플랫폼 비즈니스로 많은 돈을 벌수록 데이터센터 관리와 대비에 드는 비용도 증가한다. 국제 데이터센터 인증 기관인 업타임 연구소의 〈2021년 정전 보고서〉에 따르면 한 해 동안 기업에서 발생한 정전 또는 서비스 중단 사고 가운데 약 17%는 100만 달러 이상의 비용을 초래한 것으로 나타났다. IBM과 포네몬 연구소에서 발간한 〈2020년 데이터 침해 비용 보고서〉에서도 2020년 침해로 인해 기업이 부담한 비용은 평균 386만 달러였다. 데이터 관리에 많은 비용을 투자하기 위해서는 빅테크 기업들은 다시 더 많은 수익을 내야 하고 그러면 자신들의 플랫폼 생태계를 유지하기 위해 고객들에게 더 편리하고 만족스러운 서비스를 제공하려고 더 많은 데이터와 정보를 요구하게 될 것이다. 그러면 그만큼 더 커지는 데이터를 관리하기 위해 지금보다 더 천문학적인 비용이 들게 된다. 이것이 웹 2.0 플랫폼 기업들이 가진 한계이자 극복해야 할 과제이다.

탈중앙화를 지향하는
웹 3.0의 등장

중앙집중화된 웹 2.0 플랫폼의 한계를
기술적으로 극복하다

데이터센터 사고로 전 국민이 피해를 입는 사태가 벌어지면서 탈중앙화를 추구하는 '웹 3.0'에 대한 관심이 높아지고 있다. 웹 3.0은 '블록체인 기반의 분산화된 네트워크 시스템으로 운영되는 인터넷 서비스'를 의미한다. 정보를 분산 처리하고, 수요가 높은 데이터를 여러 플랫폼에서 보관함으로써 데이터센터 화재와 같은 사태를 예방할 수 있다.

플랫폼의 독점 및 중앙집중화에 따른 위기와 문제에 대해서는 계속해서 제기되어왔다. '설마 그런 일이 정말 일어나겠어?'라고 치부해왔지만 결국 카카오 사태로 대혼란과 천문학적 피해가 발생하면서 웹 2.0 플랫폼 기업들의 한계와 문제점이 고스란히 드러났다. 웹 3.0은 이

웹 발전 단계에 따른 주요 특징

구분	웹 1.0	웹 2.0	웹 3.0
시기	1991~2003	2004~2016	2017~현재
정보 수용 방식	읽기 전용	읽기-쓰기	읽기-쓰기-소유
조직 형태	기업 중심	플랫폼 중심	개인 중심
인프라	PC	클라우드 및 모바일	블록체인 클라우드
통제 방식	탈중앙화	중앙집권적	탈중앙화

자료: 그레이스케일, KB증권

러한 중앙집중화된 웹 2.0 플랫폼 기업들의 문제점을 제도나 정책이 아닌 '기술적' 방법을 통해 근본적으로 해결하고자 하는 생각에서 비롯된 새로운 인터넷 개념이다.

여러 전문가와 기관 등에서 설명하고 있는 웹 3.0을 살펴보면 공통되는 키워드들이 존재하는데, 바로 '탈중앙화(분산)', '소유', '지능형 웹'이다. '소유'는 콘텐츠, 데이터(개인정보 및 기록), 인프라 등을 포함한 웹 전반에 대한 권리를 플랫폼 기업이 아닌 사용자가 갖는다는 의미다.

⋮ 웹 2.0 플랫폼 기업들의 거대화 ⋮

2003년, 미국 최대 IT 출판사인 오라일리 미디어의 공동창업자이자 부사장인 데일 도허티Dale Dougherty가 세계 최초로 발표한 웹 2.0의 핵심은 '참여, 공유, 개방'이다. 페이스북, 유튜브, 트위터 3인방의 등장은 개념에 머물렀던 웹 2.0을 서비스로 구현시켰고, 2007년 아이폰의 등장으로 스마트폰 시대가 열리면서 이를 기반으로 문서, 음악은 물론 동영상 미디어 콘텐츠까지 주고받을 수 있게 되면서 사용자가 직접 정보를 생산하여 쌍방향으로 소통하는 웹 2.0은 가속화하였다.

그러나 '참여, 공유, 개방'을 바탕으로 인류에게 편리함을 제공한 웹 2.0은 시간이 흐르면서 심각한 문제점을 드러내기 시작했다. 빅테크 플랫폼을 통해 유통되고 기록되는 수많은 데이터는 빅테크 기업의 중앙 서버에 모이게 되고, 플랫폼 기업이 데이터의 통제권을 지니게 되면서 개인정보 침해, 시장 독점, 정보 손실 가능성 등의 문제가 발생하기 시작했다. 메타, 구글, 유튜브 등의 플랫폼 기업들은 이용자들의 데이터를 통해 수익을 얻는 비즈니스 모델을 확립했다. 문제는 플랫폼에 이용자들의 데이터가 축적되면서 몇몇 특정 플랫폼 기업들이 웹 2.0 세상을 통제하고 독점적 지위를 갖게 되었다는 것이다.

거대 플랫폼 기업들의 독점적 영향력을 규제로 막으려는 움직임은 있었다. 2018년 6월 유럽연합EU 집행위원회는 구글이 스마트폰 운영체제 시장에서 지배적 지위를 남용했다며 사상 최고인 43억 유로(약 5조 5062억 원) 벌금을 부과했다. 2020년 10월에는 미 법무부가 구글에 소송을 제기했고, 2021년 6월에는 프랑스가 구글에게 온라인 광고 시장에서 지배적 지위를 남용한 혐의로 벌금 2억 2000만 유로(3000억 원)를 부과했다. 페이스북은 2020년 12월 FTC로부터 소송을 당했는가 하면, 미국 워싱턴DC 검찰은 2021년 5월 아마존에 대한 반독점 소송을 제기했다. 2022년 1월 20일에는 유럽의회가 구글, 메타, 아마존, 애플과 같은 빅테크 기업들에게 불법 콘텐츠 삭제와 광고의 적정한 표시를 의무화하는 법안을 가결했다. 독과점적인 플랫폼 지위를 이용한 빅테크 기업의 시장지배력 확대와 빅데이터의 남용을 막아야 한다는 목소리는 여러 국가들에서 커져왔고 구체적인 규제로 이어지고 있다. 하지만 규제만으로 점점 거대해져만 가는 빅테크 기업의 영향력을 막기에는 한계가 있다.

점점 심각해지는 데이터 보안 문제

웹 2.0이 지닌 또 다른 문제는 프라이버시 침해와 보안이다. 사용자들은 상호 연결된 디지털 경험에 접근하는 대가로 개인 데이터에 대한 권리를 포기할 수밖에 없다. 페이스북, 아마존, 구글 등의 서버에 플랫폼상에서 우리가 하는 모든 활동이 기록되고 분석된다. 플랫폼 기업들은 사용자에게 무료로 서비스를 제공하는 대신 방대한 사용자의 빅데이터 분석으로 맞춤형 타깃 광고가 가능해지고, 이를 통해 수익을 창출한다. 웹 2.0상에서의 데이터들은 기업의 중심이 돼 있고, 개인들의 프라이버시는 안전하게 보장받지 못하는 문제점이 발생하였다.

보안 문제 역시 심각하다. 카카오 사태에서 보았듯이 중앙집중화된 서버는 외부 공격에 취약할 수밖에 없다. 화재나 지진, 침수 등의 재해가 발생하면 속수무책이다. 또한 악의를 가지고 침투하는 해킹도 막기가 쉽지 않다. 해킹에 따른 피해 규모도 천문학적으로 커지고 있다. 미 정보 보안 사이트 '사이버시큐리티 벤처스'에 따르면 전 세계 사이버 범죄 피해 규모는 2021년 6조 9390억 달러(약 7754조 원)에서 2025년에는 10조 5000억 달러(약 1경 1745조 3000억 원)까지 커질 전망이다.

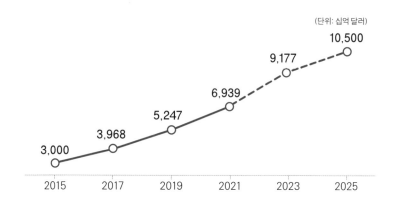

매년 증가하고 있는 전 세계 사이버 범죄 피해 규모

(단위: 십억 달러)

10,500

9,177

6,939

5,247

3,968

3,000

2015 2017 2019 2021 2023 2025

자료: 서울경제

소셜미디어가 생겨나고, 쌍방향 소통을 강조한 웹 2.0은 그야말로 '웹의 르네상스 시대'를 열었다고 해도 과언이 아니다. 사용자는 단순히 정보를 향유하는 것에서 그치지 않고 직접 정보를 만들고 퍼뜨리는 주체가 되어 능동적인 콘텐츠 공급자로 진화했다.

하지만 웹의 범위가 점차 넓어지고 유통되는 데이터의 양이 방대해지면서 플랫폼 기업을 둘러싼 웹 2.0의 문제점들이 하나둘 수면 위로 드러나기 시작했다. 그리고 데이터의 권리를 원래 주인인 사용자에게 돌려주기 위한 오랜 고민이 마침내 혁신적 기술을 만나 새로운 웹의 형태로 구현되기에 이르렀다.

개인이 주인이 되는
웹 3.0

웹 3.0의 핵심은
블록체인을 기반으로 한 데이터의 소유

기술적으로 웹 2.0의 문제점을 근본적으로 해결하기 위해 등장한 웹 3.0의 핵심은 블록체인을 이용한 데이터의 분산화이다. 특정 기업의 서버에 집중돼 있던 방대한 데이터들을 웹 사용자들에게 분산시켜 '소유'하도록 해 본래 웹의 취지였던 '웹의 권리는 이용 주체인 사용자에게 있다'를 실현하고자 한다. 그리고 기업의 서버를 벗어나 탈중앙화된 저장 공간에 데이터를 축적하고자 한 웹 3.0 개념은 블록체인이라는 기술의 탄생으로 현실화되기에 이르렀다.

분산원장 기술을 바탕으로 한 블록체인을 기반으로 데이터는 완벽히 암호화되고, 소유자가 누구인지도 명확히 증명되어 '데이터 소유'

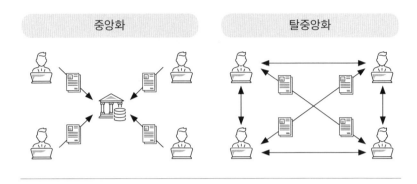

가 가능해졌다. 더 나아가 사용자가 거대 플랫폼 기업을 벗어나 직접 만든 콘텐츠로 수익을 창출할 수 있는 환경도 마련될 수 있게 되었다.

사용자가 직접 데이터를 소유·관리·공유한다

블록체인 기반의 웹 3.0은 탈중앙화 환경에서 사용자가 직접 데이터를 소유·관리·공유하는 것을 말한다. 기업이나 플랫폼 중심의 수직적 구조에서 벗어나, 나만의 콘텐츠와 커뮤니티로 가치를 확장해 개인들이 독자적인 경제 생태계를 구축하는 새로운 인터넷 세상이 열리는 것이다.

웹 3.0은 이전보다 개인 대 개인의 상호작용을 증가시키고, 거대 기업의 정보와 서비스에 대한 통제를 감소시키며, 훨씬 낮은 비용으로

웹 1.0, 2.0, 3.0의 데이터 생태계 비교

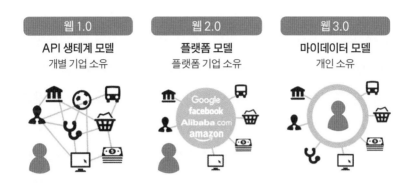

자료: 언론 종합

사용자의 네트워크 접근을 촉진시킨다. 웹 3.0의 변화로 개인은 역할과 책임이 강화되고, 조직은 새롭게 구조화되며 비즈니스 수행 방식을 근본적으로 바꾸어갈 것이다. 웹 3.0에서는 개인이 데이터 및 정보에 대한 통제권을 되찾고, 자신이 만든 콘텐츠를 수익화하며, 공통의 관심사와 목표를 공유하는 다른 사람들과 커뮤니티를 구성할 수 있다. 이로 인해 '사용자=소유자'의 개념이 생겨나고 새로운 인터넷 철학이 만들어진다.

이더리움Ethereum또는 솔라나Solana 블록체인은 사용자 간 상호작용이 용이하고, 모두가 접근하는 애플리케이션을 만들 수 있다. 누구나 스마트 컨트랙트(스마트 계약)를 사용할 수 있는데, 스마트 컨트랙트란 블록체인상에서 미리 정해진 조건이 충족되면 투명성, 불변성, 추적성 등의 속성을 가지고 자동으로 실행되는 컴퓨터 프로그램을 가리킨다. 스마트 컨트랙트는 자율적으로 실행되면서 조직의 의사결정 구조를 바꾸는 역할을 수행한다. 블록체인에 저장된 데이터는 네트워크에 참가하는 모두가 합의를 통해 정확성과 무결성이 유지되므로 정보를 기록하고 정당성을 보장하기 위한 중앙집중적인 기관이 불필요하다.

웹 3.0은 기업이 사용자 정보를 수집하고 판매할 필요성을 최소화하고 사용자에게 자율성과 개인정보의 권리를 되돌려준다. 나아가 사용자가 직접 데이터를 수익화할 수 있는 수단을 제공하기 위한 프로토콜도 등장하고 있다. 암호화폐 지갑의 DID Decentralized Identity(분산신원증명)를 사용하여 다양한 웹 3.0 애플리케이션에 액세스할 수 있어, 나의 개인정보를 기업 측 서버에 보관할 필요도 없고 해킹당할 위험도 적다. 사용자의 여러 기록에 대한 데이터가 실제 애플리케이션이나 웹사이트가 아닌 블록체인에 영구적으로 저장되기 때문에 사용자가 언제든지 나의 정보를 관리할 수 있다는 점은 매우 중요하다.

개인이 플랫폼이 되고 주인이 되는 웹 3.0 세상

빅테크 기업의 플랫폼에서 나의 정보는 주인인 개인이 소외된 채 기업의 부를 만들어주는 수단으로만 활용된다. 이런 방식은 여러 플랫폼이 각각 분리돼 있어 개인의 데이터 권리를 행사하기도 어렵다. 따라서 웹 3.0에서는 플랫폼을 제공하는 기업에 의존하지 않고 완전한 개인 통제 하의 나의 데이터에 대한 저장과 이동, 삭제 등을 통합하는 마이데이터 비즈니스 모델 MyData Business Model이 강조된다.

웹 3.0에서는 결제나 거래 시스템을 개인이 직접 플랫폼에 구축하고 운영할 수도 있다. 웹 2.0 플랫폼 사용자는 저장된 가치 및 특정 플랫폼에 구속된 다른 디지털 재화나 서비스에 대한 접근을 제공하기 위해 플랫폼 기업에게 비용을 지불해야 한다. 그러나 웹 3.0에서 디지털 가치는 다른 사용자로부터 해당 금액을 직접 지불받을 수 있도록 해주어 디지털 거래 중개자의 필요성을 줄인다. 웹 3.0에서 정보를 생성하는 모든 활동은 블록체인 네트워크 내 기본 토큰native token 형태로 지불된다. 기본 토큰은 비트코인, 이더리움과 같은 특정 블록체인 프로토콜에 연결돼 있는데 이러한 거래 방식이 바로 탈중앙화 금융, 디파이DeFi이다. 개인 누구나가 블록체인 프로토콜을 기반으로 자체 암호화폐를 만들 수 있고, 사용자 생성 토큰은 기본 토큰과 동일한 블록체인 프로토콜을 사용하기 때문에 서로 쉽게 거래할 수가 있다.

웹 2.0의 중심이 기업company이었다면, 웹 3.0은 개인individual과 커뮤니티community 중심으로 진행되고 있다. 개인은 지금보다 익명화되고 보호되면서 존재감이 두드러지는 만큼 스스로 책임져야 할 영역 또한 더 커지는 시대가 될 것이다. 웹 2.0 플랫폼에 종속되어 편리함을 추구할지, 다소 불편하고 알아야 할 것도 많지만 스스로 내 데이터들을 관리하고 내가 주인이 되는 길을 택할지는 개인의 선택 문제이다. 확실한 것은 다가올 웹 3.0 시대에서 많은 개인과 기업들은 먼저 기회를 잡고 새로운 부를 창출하기 위해 발 빠르게 준비하고 있음을 CES 2023을 통해 확인할 수 있었다.

'장강후랑추전랑長江後浪推前浪'이라는 말이 있다. 명대 말기의 격언집 《증광현문》에 등장하는 글귀로, 장강의 뒷 물결이 앞 물결을 밀어낸다는 뜻이다. 시대에 따른 변화는 거대한 강줄기의 흐름과 같이 거스를 수 없는 대세이다. 웹 3.0도 웹의 대전환기를 맞아 등장한 새로운 인터넷 개념이자 철학이다. 외면하기엔 그 범위와 영향력이 너무도 넓고 크다. 웹 3.0을 시대의 흐름으로 받아들이고 빠르게 생활과 비즈니스에 적용한다면 분명 새로운 부와 기회가 다가올 것이다.

FTX와 테라-루나 사태가 일깨워준
'신뢰'와 '책임'의 중요성

⫶ 세계 3위 암호화폐 거래소의 파산 ⫶

"내 구조조정 경험 중 이처럼 기업 통제가 완전히 실패하고 신뢰할 수 있

는 재무 정보가 전혀 없는 경우는 처음 본다Never in my career have I seen such a

complete failure of corporate controls."

— FTX의 새 CEO 존 레이 3세John Ray III

세계 3위 암호화폐 거래소인 FTX가 파산했다. 2019년에 설립된 이

후로 3년 만에 시장 점유율 24%에 달하는 대형 거래소가 한순간에

몰락한 것이다. 창립자는 1992년생 미국 캘리포니아주 스탠퍼드 출신

의 샘 뱅크먼 프리드로, 메사추세츠 공과대학교MIT에서 물리학과 수

학을 전공하고 금융업계에서 일하던 그는 2017년 알라메다 리서치를,

2019년 FTX를 설립하고 암호화폐인 FTT를 발행했다. 그리고 FTX 설립 2년여 만에 수십조 원의 투자금을 조달해 '코인계의 워런 버핏'으로 불리며 성공한 기업가로 꼽혔다. 2021년 《포브스》가 발표한 미국 400대 부자 순위에서 최연소이자 유일한 20대로 32위에 올랐고, 그의 자산은 한때 160억 달러(약 21조 2000억 원)에 달했다.

　이렇게 큰 회사가 갑자기 파산한 것은 CEO가 2017년에 설립한 암호화폐 투자회사이자 FTX의 모회사인 알라메다 리서치의 대차대조표가 유출되면서부터였다. 2022년 5월에 터진 테라-루나 코인 사태로 언론 및 투자기관들의 암호화폐 프로젝트들에 대한 재무상태 조사가 한층 강화되었는데, 이 와중에 코인 전문 매체 코인데스크가 FTX의 대차대조표를 입수해 "FTX에서 자체 발행한 코인인 FTT 토큰 의존도가 146억 달러 중 58억 달러로 굉장히 높은 수준이라 재무 건전성이 우려된다"는 보도를 내면서 암호화폐 업계는 술렁이기 시작했다.

　기사를 본 세계 1위 암호화폐 거래소 바이낸스의 CEO 자오창펑은 "암호화폐가 상당히 위험하다"는 트윗을 올리면서 2300만 개의 FTT 토큰을 FTX에서 인출해 바이낸스로 옮겼다. FTX의 CEO 샘 뱅크먼 프리드는 자오창펑에게 바이낸스가 보유한 FTT토큰을 개당 22달러에 매수하겠다고 제안했지만, 자오창펑은 이를 거절하고 FTT 매도 의사를 밝혔다. 이로 인해 FTT 가격은 급락하고 위기감을 느낀 투자자들이 너도나도 현금을 인출하면서 뱅크런이라는 초유의 사태를 맞이하게 되었다. 벼랑 끝에 몰린 샘 뱅크먼 프리드는 자오창펑에게 다시 한번 도움 요청을 했고 자오창펑은 FTX 인수를 검토하겠다고 밝혔으

FTX와 FTT의 레버리지 구조

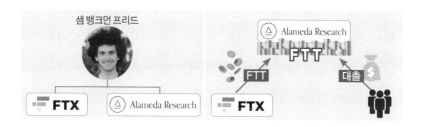

자료: 언론 종합

나 4시간 만에 '통제 가능한 범위를 넘어섰다'며 인수 계획을 철회했다. 구세주로 기대했던 바이낸스가 철회하면서 FTX는 결국 미국 법원에 파산 신청을 하게 되었는데, 이미 인출된 자금만 60억 달러이고, 파산신청서에 따르면 FTX의 부채는 100억~500억 달러(약 13조~66조원)에 달한다.

　FTX 파산의 근본적인 원인은 FTT 코인의 레버리지 구조 때문이다. FTX는 FTT 토큰을 발행해서 모회사 알라메다 리서치로 대출을 해주고, 알라메다 리서치는 FTT 토큰을 담보로 달러를 빌렸다. 이렇게 빌린 달러를 다시 FTX 거래소로 입금시켜 FTT를 매수했고, 이 루틴이 무한 반복되면서 FTT의 매수세가 가격을 끌어올렸다. 알라메다 리서치는 FTT의 시세가 오르면서 발생한 수익을 회사의 수익으로 표기했고, 당연히 알라메다 리서치의 자산 대부분은 FTT였다. 이러한 돌려막기식 암호화폐 가치 높이기 방법은 테라를 발행하기 위한 담보물로 루나를 활용했던 테라-루나 코인 사태와 매우 흡사하다.

　더 놀라운 것은 FTX CEO를 비롯한 임원진들의 도덕적 해이다.

FTX 임원진은 회삿돈으로 바하마에 위치한 부동산을 구매하고, 이 사회를 단 한 번도 열지 않는 등 자금 흐름이 그 어떤 통제도 받지 않았다. 샘 뱅크먼 프리드 등 FTX 임원진은 자회사 알라메다 리서치에서 돈을 빌려 갚지 않는 등 도덕적 해이가 상상 초월이었다.

2001년 미국 에너지 기업 엔론이 회계 부정으로 파산했을 때 청산인으로 활동했던 존 레이 3세 FTX 신임 CEO는 델라웨어주 법원에 제출한 파산보호 서류에서 "내 40년간의 법률 및 구조조정 경험 중 이처럼 기업 통제가 완전히 실패하고 신뢰할 수 있는 재무 정보가 전혀 없는 경우는 처음 본다"라고 밝혔다.

웹 3.0의 진짜 핵심은 '신뢰'와 '책임'

FTX 파산 사태는 2022년 5월에 테라-루나 사태가 터진 지 불과 6개월밖에 지나지 않은 시점에 발생해 더 큰 충격을 주었다. 당시 100달러가 넘었던 루나 코인은 하루에만 99%나 하락했고 관련 코인인 테라 가격 역시 60% 이상 떨어지며 이 여파로 비트코인 등 다른 암호화폐 가격까지 동반 하락해 전체 암호화폐 시장이 크게 요동쳤다. 51조 원 규모의 암호화폐가 증발하는 데는 단 3일밖에 걸리지 않았고, 결국 대다수 국내외 거래소에서 루나를 상장 폐지했다. 그리고 이 사태의 핵심 인물인 테라-루나 개발자이자 창업자는 진정성 있는 사과는커녕 아직도 해외에서 도피 중이다.

FTX 사태의 주범인 뱅크먼 프리드 CEO도 자신의 트위터 계정에

"미안하다. 내가 모든 일을 망쳤다I clearly failed, and I'm sorry. 더 잘했어야 했다. 더 많은 의사소통을 했어야 했지만 한동안 바이낸스와의 거래에 손이 묶여 있었다"라는 사과문만 올린 채 사태에 대한 책임과 수습은 외면했다(심지어 파산 신청 후 등장한 공식석상에서는 "실수는 했지만 사기를 친 것은 아니다"라고 해명해 공분을 샀다).

FTX가 파산과 테라-루나 사태는 탈중앙화를 지향하는 웹 3.0에서 시스템 리스크가 발생하면 어떻게 되는가를 단적으로 잘 보여주었다. 시스템 리스크Systemic Risk란 1개의 시스템 리스크가 다른 쪽으로 번져 나가는 것을 의미하는데, 글로벌 금융 위기가 대표적인 시스템 리스크이다.

탈중앙화된 웹 3.0에서는 책임질 조직도, 개인도, 정부도 없다. 웹 3.0은 가치에 대한 커뮤니티의 믿음에 기반하고 있다. 하지만 모두의 신뢰가 깨질 때, 혹은 의도적으로 그 신뢰를 깨려는 세력이 등장할 때 웹 3.0은 허무하게 무너질 수 있다. FTX와 테라-루나 사태는 기상천외한 시스템을 만들었지만 견제 장치도, 보호 장치도 없이 그야말로 말뿐인 탈중앙화임을 만천하에 드러낸 사건이라 할 수 있다. 그들이 만든 코인과 토큰은 회사와 투자자의 '탐욕'이 만든 거대한 허상이었고, 결국 신뢰가 무너지자 한순간도 방어하지 못하고 허약하게, 충격적으로 붕괴됐다.

웹 3.0은 이런 성장통을 겪은 후 한 단계 더 성장한 모습으로 진화할 것이다. 현재 중앙정부와 빅테크 기업들을 중심으로 웹 3.0 시장이 서서히 커지고 있는 가운데, 이로 인해 탈중앙화의 가치가 훼손될 것이라는 우려의 목소리도 있다. 하지만 이를 통해 '신뢰'가 보장되고 많은 사람이 안심하며 웹 3.0 서비스를 이용할 수 있다면 일정 부분 중앙화된 웹 3.0이 더 바람직하다고 생각한다.

FTX와 테라-루나 사태로 얻은 교훈은, 웹 3.0이 앞으로 생태계를 구축하고 확장하기 위해 필요한 것은 '탈중앙화'보다 '신뢰'라는 점이다. 탈중앙화도 결국은 신뢰가 밑바탕에 깔려 있어야 제대로 작동된다. 신뢰의 연결고리가 약한 생태계 초기에는 중앙 정부든 대기업이든 신뢰를 뒷받침해줄 강력한 존재가 있어야 생태계 내 구성원들이 안심할 수 있다. 탈중앙화에만 연연해 신뢰를 저버리고 아무도 책임지지 않는 웹 3.0 생태계에 관심을 가질 사용자는 아무도 없다.

웹 3.0은 '신뢰와 보상을 가치로 한 창작자 중심의 새로운 인터넷 철학'

창작자 중심의 '크리에이터 이코노미'

웹 3.0의 중요한 특징은 창작자 중심의 생태계, 크리에이터 이코노미를 형성한다는 점이다. 크리에이터 이코노미Creator Economy(창작자 경제)란 크리에이터가 자신의 창작물을 기반으로 수익을 만드는 산업을 의미한다. 크리에이터는 유튜버, 인플루언서, 가수, 작가, 디자이너, 예술가 등 콘텐츠를 만들고 창작하는 모든 사람을 포함한다. 그동안 유튜브와 같은 콘텐츠 플랫폼은 창작자가 부를 창출할 수 있는 공간이기도 했지만, 급속한 성장으로 거대화가 되면서 주도권이 창작자에게서 플랫폼 기업으로 넘어가는 현상을 야기시켰다. 미디어 플랫폼의 거대화가 가속화되는 상황 속에서 블록체인 기반의 웹 3.0은 크리에이터 산업에 다시 한번 혁명을 불러일으킬 것으로 기대를 모으고 있다.

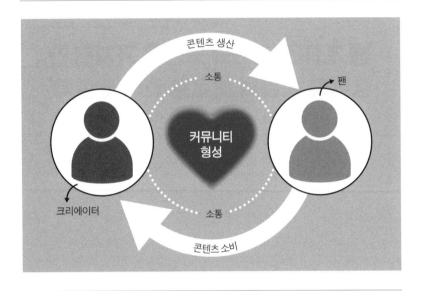

자료: 전자신문

웹 3.0 기반의 크리에이터 이코노미는 창작자의 정당한 수익을 보장함과 동시에 창작자와 소비자를 보다 밀접하게 연결해준다. 크리에이터 산업은 그 어떤 산업보다 공급자와 수요자 사이의 유대 관계가 강하다. 소셜 토큰Social Token(커뮤니티 토큰Community Token이라고도 함) 발행을 통해 팬, 회원, 구독자 등이 크리에이터를 지지하면서 생태계가 확장해나갈 수 있다.

크리에이터 이코노미에서의 웹 3.0 도입은 자연스러운 시대적 흐름이라 할 수 있다. 웹 3.0과의 결합을 통해 기존 사용자들의 불편을 해소하거나 크리에이터들에게 더 많은 수익 기회를 제공하는 등 혁신적인 사업 모델을 갖춘 크리에이터 스타트업들이 늘어난다면 크리에이터 이코노미도 웹 3.0 성장과 함께 더욱 굳건한 생태계를 만들어나갈 수 있을 것이다.

⋮ 사용자 관점에서의 웹 3.0은 '보상' ⋮

개발자가 아닌 일반 사용자 입장에서 웹 서비스를 선택하는 기준은 '기술Technology'이 아닌 '가치Value'이다. 사용자의 니즈needs를 충족시키면서 차별화된 가치를 제공하는 웹 서비스를 사용자는 선호한다. 그 가치는 속도가 될 수도 있고 편리함이 될 수도 있다. 속도도 느리고 편리하지도 않은 웹 3.0 서비스를 이용하기 위해서는 그것을 뛰어넘는 가치가 제공되어야 한다. 그러한 관점에서 보았을 때 사용자 입장에서 바라보는 웹 3.0은 '네트워크 혹은 생태계 참여, 소유에 따른 보상 rewards이 주어지는 웹'으로 정의될 수 있다.

사용자가 웹 3.0에서 바라는 가치는 '웹 이용에 따른 공정한 보상'이라 할 수 있다. '유튜브 광고는 내가 보는데 왜 돈은 구글이 다 벌어갈까?', '메타에 글을 올리고 활동은 내가 하는데 돈은 왜 메타가 벌지?' 라고 많은 사용자들은 의문을 품는다. 개인의 모든 데이터가 빅테크 기업들의 서버에 저장되고, 빅테크 기업들은 이를 활용해 막대한 광고 수익을 창출하고 있다. 하지만 웹 3.0에서는 개인이 웹 생태계에 참여함으로써 데이터의 저장, 사용 및 소유권을 가져오게 되고 그에 따른 보상을 받는다.

여기서 제공되는 보상은 웹 3.0의 블록체인 시스템을 유지하는 중요

신뢰와 보상을 가치로 한
창작자 중심의 새로운 인터넷 철학

한 장치이기도 하다. 블록체인의 진정한 가치는 타인과의 거래와 데이터에 신뢰를 제공한다는 점에 있다. 신뢰를 보증하는 중앙 기관 및 플랫폼 없이도 모든 구성원이 함께 데이터를 검증하고 저장하므로 누군가가 임의로 조작하기가 어렵다. 또한 블록체인 시스템이 유지되려면 참여자들의 컴퓨팅 파워가 필요하다. 참여자가 블록체인 네트워크에 참여해 컴퓨팅 파워를 제공하는 대가로 시스템 내에서 생성되는 암호화폐로 보상을 받는다. 이 보상을 통해 웹 3.0의 핵심 가치인 탈중앙화가 가능해지고, 블록체인 구조를 유지하는 대가로 사용자는 토큰을 받게 된다.

자본주의 사회에서 활동에 따른 '보상'은 경제를 움직이는 중요한 원동력이다. 웹 3.0은 웹 이용에 따른 보상과 협력을 동시에 이끌어낸 새로운 경제 모델이다. 블록체인 네트워크에 참여해 사용자가 얻는 보상은 블록체인 구조를 유지하는 힘이 되면서 사용자들의 자발적 협력을 이끌어내는 장치가 되었다. 웹 3.0상에서 보상을 얻기 위해 참여자가 늘어나면 그에 따라 노드node(단말)가 많아지고 구조가 안정화되면서 신뢰도 역시 상승한다.

이처럼 사용자와 창작자 관점에서 웹 3.0을 정의한다면 블록체인이나 탈중앙화, 분산웹 등의 기술적 측면이 아닌 '신뢰와 보상을 가치로 한 창작자 중심의 새로운 인터넷 철학'이라고 말할 수 있을 것이다.

⋮ 웹 3.0이 불러오는 3가지 미래 변화 ⋮

웹 3.0을 중심으로 한 앞으로의 미래 사회에서는 블록체인 분산원장 기술에 따른 웹 구조 및 플랫폼의 변화, 사용자 활동에 따라 토큰, 코인 등을 보상하는 X2E 서비스 확산에 따른 돈 버는 방식의 변화, 그리고 프로그램에 기반해 운영되는 자율 조직 DAODecentralized Autonomous Organizations(탈중앙 자율 조직)의 등장에 따른 일하는 방식의 변화가 예상된다.

웹 3.0은 기반 기술인 블록체인을 통해 데이터를 분산시켜 중앙집중화 문제를 해결하는 동시에 토큰과 코인으로 새로운 경제활동을 창출한다. 이와 같이 웹 3.0 상에서의 활동을 통해 보상, 수익을 얻는 방식을 'X2EX to Earn, Something to Earn'이라 부른다.

또한 이 과정에서 합의를 통한 의사결정을 위해 블록체인 기술에 기반한 탈중앙 자율 조직, DAODecentralized Autonomous Organizations가 탄생하는데, DAO야말로 웹 3.0이 가시화된 결정체라 할 수 있다.

이처럼 기술의 혁신(블록체인), 서비스의 혁신X2E, 조직의 혁신DAO, 이

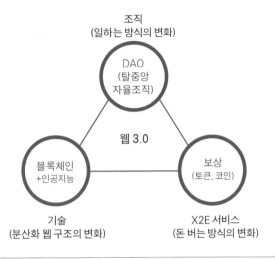

자료:《웹 3.0 혁명이 온다》(2022, 김재필, 한스미디어)

세 가지의 혁신이 한데 어우러져 웹 3.0은 차세대 웹으로서의 모습을 갖추게 된다. 어느 하나만의 혁신으로는 웹 3.0이 지향하는 바를 이루어내기 어렵다. 블록체인을 이용한 데이터의 분산과 보상이라는 가치 제공, 그리고 탈중앙화된 자율 조직 DAO를 통해 웹 3.0의 핵심 이념인 '공생'과 '탈중앙화'는 구현된다.

일론 머스크가 꿈꾸는
웹 3.0 기반의 뉴트위터

⋮ 머스크, 트위터를 인수하다 ⋮

2022년 10월, 테슬라의 CEO인 일론 머스크가 우여곡절 끝에 마침내 40억 달러(약 60조 600억 원)에 소셜미디어SNS인 트위터를 인수했다. 괴짜 경영으로 유명한 머스크는 트위터를 인수하자마자 전체 직원 7500명 중 절반에 해당하는 3700명을 해고하며 칼바람을 일으켰다. 전사 휴무일과 재택근무 제도도 없애는 등 자기 입맛에 맞게 트위터를 바꾸고 있다. 하루에 400만 달러(약 56억 6000만 원)가 넘는 적자가 발생하기 때문에 어쩔 수 없는 처사였다고 하면서도 다른 한편에서는 실수로 내보낸 필수 직원들을 다시 불러들이는 등 연일 언론을 떠들썩하게 하고 있다. 머스크의 트위터 인수 후, 언론은 직원들의 대량 해고나 트위터를 통한 머스크의 공화당 지지 발언 등에 집중하고

트위터 인수 마감 시한 하루 전날 화장실 세면대를 들고 트위터 본사로 입장하는
일론 머스크

자료: 일론 머스크 SNS

있지만, 진짜 주목해야 할 것은 머스크가 그리는 '뉴트위터'의 큰 그림
이다.

　머스크는 트위터의 기존 이사진 9명 전원을 해고하고 파라그 아그
라왈 최고경영자CEO 등 핵심 경영진 4명도 내보내는 등 대대적인 조직
정비를 착수했다. 대신 이 자리에는 블록체인 산업과 접점이 있는 인
물들을 영입했다. 블록체인 진영 인사들이 새로운 트위터에 합류하면
서 뉴트위터에 웹 3.0 요소가 접목될 것이라는 전망이 나오고 있다(불
과 11개월 전만 해도 일론 머스크는 트위터를 통해 "웹 3.0 본 사람 있나? 난 못
찾겠다"고 웹 3.0을 신랄하게 비판했었다…).

　인수자금 중 5억 달러를 댄 글로벌 암호화폐 거래소 바이낸스의 창
펑자오 CEO는 트위터의 자문을 맡았는데, 인수 발표 직후 "바이낸

스는 가상자산 및 블록체인 기술을 확장하기 위해 소셜미디어와 웹 3.0을 결합하는 역할을 할 것"이라며, 트위터의 변화를 예고했다. 벤처캐피털VC 안드레센 호로위츠a16z의 파트너인 스리람 크리스난도 트윗을 통해 자신과 회사가 트위터 재편을 돕고 있다고 밝혔는데, a16z은 실리콘밸리에서 가장 블록체인 기업에 활발하게 투자하는 VC로 이번 인수에 4억 달러를 투자했다.

트위터를 떠난 일부 사용자들이 탈중앙화 SNS인 마스토돈Mastodon으로 옮긴 것도 영향이 있다. 마스토돈은 트위터와 사용 형태가 유사하면서도 기존 SNS와 달리 중앙 서버 대신 여러 서버가 모여 커뮤니티를 구성하는 분산형 SNS이다. 마스토돈은 알고리즘이 아닌 시간 순서에 기반해 배치되고, 마음에 드는 이용자를 트위터에서 '팔로우'하듯 '폴로'하거나 차단할 수 있다. 다른 사람의 게시글을 공유하는 기능도 있다. 게시글의 분량은 최대 500자로, 140자 제한이 있는 트위터보다 더 길게 작성할 수 있다. 마스토돈의 커뮤니티는 '인스턴스Instance'라 불리는 여러 서버로 구성된 탈중앙화된 SNS이다. 예를 들어 영화를 좋아하는 사람들이 모인 인스턴스, 게임을 즐겨 하는 사람들의 인스턴스 등이 있는 식이다. 이용자 누구나 별도의 인스턴스를 설립할 수 있고 다른 인스턴스에 있는 이용자를 폴로할 수도 있다. 트위터 애호가로 알려진 설립자 로호코는 "이용자끼리 주고받은 대화를 특정 기업이 독점하는 것은 옳지 않다"라며 마스토돈 설립 이유를 설명했다. 운영자금은 크라우드 펀딩을 통해 확보하고, 마스토돈의 월간 활성 이용자 수MAU는 약 65만 5000명 수준이다(트위터 MAU는 약 2억 명).

모든 웹 3.0 서비스의 관문이자
플랫폼을 꿈꾸는 머스크의 뉴트위터

그렇다면 머스크가 그리는 웹 3.0 기반의 뉴트위터의 미래는 어떤 모습일까? 트위터는 전형적인 웹 2.0 플랫폼이다. 상호 커뮤니케이션을 기반으로 한 트위터 사용자는 콘텐츠 생산자인 동시에 소비자로 역할을 한다. 다만 사용자가 생산한 데이터를 거대 플랫폼이 보유하고, 플랫폼은 이를 기반으로 광고 비즈니스를 수행해 이익을 얻는다. 트위터뿐 아니라 인스타그램, 메타 등 소셜미디어들은 모두 플랫폼 기반의 광고 수입에 절대적으로 의존하고 있다. 게다가 가짜뉴스와 봇·스팸 계정 등 정보 왜곡 및 해킹, 정보 유출의 리스크도 안고 있다. 일론 머스크는 트위터가 지닌 웹 2.0의 한계를 극복하고 새로운 수익 모델을 발굴하기 위해 웹 3.0 도입을 고려하고 있는 것이다.

우선 예상 가능한 것은 블록체인 기반의 암호화폐 지갑 도입이다. 메타마스크, 트러스트월렛과 같은 암호화폐 지갑은 웹 3.0 서비스를 시작하는 관문이자 사용자를 증명하는 아이디ID 역할을 수행한다. 트위터에 암호화폐 지갑을 도입하게 되면 서비스 간 계정 통합, 사용자 교차 인증 등이 가능해져 봇·스팸 계정 문제도 해소할 수 있다. 특히 암호화폐 지갑에서 쓰이는 DID(분산신원증명)는 개인의 신원 정보를 노출하지 않으면서 디지털상에 유일하게 존재하는 계정임을 인증할 수 있다. 트위터가 향후 테슬라가 추진하는 여러 웹 3.0 서비스의 관문이자 플랫폼 역할을 한다면 애플의 앱스토어와 같이 막강한 생태계를 형성할 수 있게 된다. 트위터에 암호화폐 지갑, NFT, 코인 결제,

DID 등의 웹 3.0 요소를 접목하면 트위터상에서 창작자들이 콘텐츠로 수익을 창출하는 구조가 가능할 것이다.

실제로 일론 머스크는 트위터 플랫폼 내에 도지코인 등 암호화폐 도입을 암시하면서 사용자에게 콘텐츠 생산에 대한 대가를 지급하겠다는 계획을 내세웠다. 과거 머스크는 유료 구독 서비스인 '트위터 블루'를 도지코인으로 구매할 수 있게 하겠다고 언급한 적도 있었다. 트위터 블루는 북마크 폴더, 트윗 수정, 테마 변경, 광고 제거, NFT 기능을 제공하는 서비스로, 머스크는 4.99달러에 이용할 수 있는 트위터 블루 요금을 8달러로 올리고 이 서비스에 가입한 회원에 한해 사용자 인증 서비스(블루틱)를 제공한다고 발표했다(하지만 유명인과 기업 사칭 계정들이 급증하면서 2022년 11월 12일에 트위터 블루 서비스를 중단했다). 이처럼 머스크가 광고 수익에 대한 의존도를 줄이고 유료 서비스를 강화하겠다고 선언한 것도 웹 3.0 진입을 염두에 둔 것이라 볼 수 있다.

또한 머스크는 인수 직후 매직에덴, 라리블, 대퍼랩스, 점프트레이드 등 4개 NFT 마켓플레이스와 파트너십을 맺고 '트윗 타일'이라는 새로운 NFT 게시 기능을 공개했다. 일종의 NFT 미리 보기 기능인데, 해당 NFT에 대한 세부 정보와 직접 구매할 수 있는 버튼도 함께 표시된다. 트위터가 NFT의 매매 창구가 되는 것이다.

머스크가 그리는 웹 3.0 기반의 뉴트위터는 '이용자에게 직접 수익이 돌아가는 콘텐츠 생태계'의 구현일 가능성이 높다. 지금까지의 트위터가 커뮤니케이션과 새로운 정보 발신의 공간이었다면, 웹 3.0을 도입한 뉴트위터는 이용자들의 활동에 따라 보상이 돌아가고 그 안에서 직접 돈을 벌 수 있는 '새로운 부의 창출 공간'으로 탈바꿈할 것이다.

일론 머스크는 "트위터 인수가 앱 '엑스'를 제작하는 촉진제가 될 것"이라는 트윗을 남겼다.

자료: 일론 머스크 트위터

또한 머스크는 "앱 '엑스X' 제작을 가속화할 것"이라며 자신의 회사 엑스홀딩스에 트위터 지분을 모두 보유하게 했는데, 여기서 언급한 '엑스'라는 키워드는 글로벌 결제 플랫폼 페이팔의 초창기 이름인 '엑스닷컴'을 떠올리게 한다. 머스크는 2017년에 페이팔이 가지고 있던 엑스닷컴 도메인을 사들였는데, 아마도 트위터에 페이팔과 같은 결제 시스템을 도입해 암호화폐 결제와 인증이 한꺼번에 가능한 웹 3.0 플랫폼으로 만들 구상을 세우고 있다. 머스크는 트위터 설립자 잭 도시에게 보낸 메시지에서도 "플랫폼을 분권화된 새로운 것으로 만들고 싶다"라고 밝힌 바 있다.

웹 3.0을 도저히 못 찾겠다고 비판했던 일론 머스크가 180도 태도를 바꿔 이제는 웹 3.0 기반의 뉴트위터와 슈퍼앱 '엑스'를 만들어 전기차에 이어 인터넷 세상까지 지배하려 하고 있다.

스타벅스가 보여준
웹 3.0으로의 여정

스타벅스의 웹 3.0 기반
리워즈 프로그램 '오디세이'

2022년 9월 12일, 스타벅스가 새로운 리워즈 프로그램인 '스타벅스 오디세이Starbucks Odyssey'를 발표했다. 미국 시애틀에서 열린 스타벅스 투자자의 날(2022 Investor Day) 행사를 하루 앞두고 발표되었는데, 이번 프로젝트가 주목을 받은 이유는 웹 3.0 기반의 혁신적 형태의 리워즈 프로그램이라는 점 때문이었다.

스타벅스 오디세이는 웹 3.0을 활용하여 스타벅스 리워즈Starbucks Rewards 회원과 스타벅스 직원들이 디지털 수집품을 획득·구매할 수 있도록 하는 로열티 프로그램이다. 스타벅스는 폴리곤Polygon과 협력해 웹 3.0 기반 리워즈 프로그램 '스타벅스 오디세이'를 개발했는데, 폴

자료: 스타벅스 홈페이지

리곤이란 이더리움(퍼블릭 블록체인 플랫폼이자 암호화폐) 블록체인 네트워크에 연계하여 동작하는 사이드 체인sidechain(블록체인의 메인 체인 옆에 붙어서 작동하는 하위 체인. 기존 메인 체인의 노드에 사이드 체인의 노드가 추가되는 방식)이다. 이더리움을 기반으로 하는 여러 프로젝트에 맞춤형 이더리움 확장 솔루션을 제공하고 있는데, 폴리곤 SDKSoftware Development Kit(소프트웨어 개발 키트)라는 모듈식 프레임워크를 사용하여 이더리움의 단점인 느린 속도나 블록체인의 확장성 및 네트워크 성능 이슈 등의 문제를 해결하기 위해 설계되었다. 스타벅스가 웹 3.0 리워즈 프로그램을 출시하기 위해 폴리곤을 선택한 이유도 빠른 속도와 저렴한 비용 때문으로, 현재 많은 웹 3.0 프로젝트들이 폴리곤 기반으로 생성되고 있을 정도로 인기가 높다.

스타벅스가 발표한 웹 3.0 리워즈 '오디세이'는 그동안 실체가 없고 막연했던 웹 3.0의 개념을 현실 세계로 끌고 와 어떻게 서비스로 구현해 소비자에게 제공할 수 있는지를 실제로 보여주었다는 점에서 의미가 크다. 무엇보다 완전히 새로운 프로그램이 아닌 스타벅스의 충성 고객들이 경험해왔던 기존의 리워즈와 웹 3.0을 결합시켜 '익숙함 속에서의 혁신'을 이끌어냈다는 점에서 성공의 확률이 높을 것으로 예상된다.

⋮ 웹 3.0과 커피 여행을 떠나요 ⋮

스타벅스 오디세이는 스타벅스 브랜드와 커피를 향한 고객 여정을 설계하고, 여정을 완수한 고객에게 보상을 지급한다. 고객은 보상을 획득하기 위해 스타벅스 및 커피에 관한 지식을 확인하는 인터랙티브 게임 등 '여행journey'이라고 하는 활동에 참여해야 한다. 미션을 완수한 고객은 여행 스탬프Journey Stamp NFT를 지급받게 된다. 'NFT'라는 용어 대신 여행과 관련한 친숙한 명칭을 사용해 블록체인 기술을 잘 알지 못하는 고객도 쉽게 프로그램에 참여할 수 있도록 하였다. 블록체인 네트워크 이용 시 발생하는 수수료gas fees도 고객 입장에서는 생소할 수 있기에 겉으로 드러나지 않게 설계할 예정이다. 사실 이 여행 스탬프 프로그램은 이전부터 있었던 리워즈 프로그램이다. 국내에서도 전국의 12개 매장을 돌아다녀 그곳에 가서 음료를 주문하고 스탬프를 1개씩 받아 모두 모으면 스페셜 굿즈로 교환해주는 프로그램을 실시한 적이 있었다.

NFT를 이용한 한정판 여행 스탬프는 전용 웹 애플리케이션을 통해

스타벅스가 실시했던 여행 스탬프(Journey Stamp)

자료: 스타벅스 홈페이지

구매할 수 있는데, 여행 스탬프 소유권 이전 내역은 블록체인에 기록하지만, 암호화폐 지갑이 없는 고객들이 이용할 수 있도록 신용카드로도 결제할 수 있도록 하여 고객 편의를 높일 계획이다. 또한 한정판 여행 스탬프 판매에 대한 수익금의 일부는 스타벅스 직원과 리워즈 회원이 선택한 곳에 기부된다. 마켓플레이스를 통해 회원 간 여행 스탬프 거래도 가능하다.

여행 스탬프는 희소성에 따라 각기 다른 포인트 가치를 갖게 되는데, 여행 스탬프 적립에 따라 고객 포인트가 증가하고 이 포인트를 통해 고객은 기존 멤버십 서비스와 차별화된 혜택을 경험할 수 있다. 예를 들면 가상 에스프레소 마티니 제조 클래스 참여나 한정 상품 및 예술가 협업 제품 체험, 커피 로스팅을 진행하는 스타벅스 리저브 로스터리Starbucks Reserve Roasteries 매장에서의 특별 이벤트 초대, 코스타리카의 스타벅스 하시엔다 알사시아Starbucks Hacienda Alsacia 농장 견학 등으로 여행 스탬프의 유형에 따라 제공되는 혜택·체험의 등급도 달라진다.

스타벅스의 오디세이 리워즈 프로그램은 기존에 운영 중이던 스타 벅스 리워즈 모델의 확장판이라 할 수 있는데, 두 프로그램 간의 회원 계정 공유뿐만 아니라 긴밀한 상호 연결로 시너지를 창출한다. 예를 들어 현재 스타벅스 리워즈 프로그램에서 음료 주문 등으로 제공되는 '별star' 보상을 오디세이와 연동하거나 스타벅스 오디세이 미션에 '이벤 트 음료 3가지 마시기'가 포함되는 등 스타벅스 오디세이가 기존 시스 템에 자연스럽게 녹아들 수 있도록 한다.

또 하나 오디세이 프로그램은 ESG 측면에서 친환경 요소를 고려 했다는 점에서도 눈길을 끈다. 오디세이 개발에 사용된 폴리곤 블록 체인은 탄소 배출 등 환경적 요인을 고려하여 작업증명PoW: Proof-of-Work 방식을 사용하는 1세대 블록체인과는 달리 에너지를 적게 사용하는 지분증명PoS: Proof-of-Stake 알고리즘을 적용하고 있다. 폴리곤은 탄소 네 거티브carbon negative를 달성하겠다고 선언하는 등 환경친화적인 행보를 보이고 있는데, 네트워크의 누적 이산화탄소 부채를 이미 상쇄하였 으며 지분증명 합의 알고리즘으로 바뀐 이더리움 2.0 적용 이후에는 99.91%까지 탄소 발자국이 감소할 것으로 예상된다.

⋮ 스타벅스가 그리는 웹 3.0 커뮤니티 세상 ⋮

스타벅스가 오디세이를 통해 구현하려는 웹 3.0의 미래 모습은 어떤 것일까?

스타벅스 오디세이 프로그램은 제3의 공간을 디지털 세계로 확장하려 한다. 제3의 공간The Third Place은 미국의 도시 사회학자 레이 올든버그Ray Oldenburg의 1989년 저서 《정말 좋은 공간The Great Good Place》에 나왔던 개념이다. 제3의 공간은 제1의 공간인 집 및 제2의 공간인 직장과 구분되는 비공식적 공공장소로서, 다른 사람들과 모여 부담 없이 이야기를 나누고 시간을 보낼 수 있는 공간을 의미한다. 스타벅스는 현대인에게 제3의 공간이 필요하다는 사실을 알고, 고객에게 커피만이 아닌 편안한 휴식의 '공간'을 제공했다. 매장에서 커피를 마시고 즐겼던 경험을 이번에는 온라인 세계로 가져와 디지털 커뮤니티 장소를 만들려고 하는 것이다.

특히 기존 스타벅스 리워즈 프로그램이 회원과 스타벅스 간의 관계 형성에 초점을 두었다면, 스타벅스 오디세이는 회원 간 여행 스탬프를 거래하는 등 다른 회원들과의 소통에 중점을 두고 있다. 기업이 중심이 아닌, 개인이 주체가 되는 웹 3.0의 핵심을 이해하여 디지털 커뮤니티를 구현하는 것이 오디세이의 미래 방향이다.

스타벅스는 앱을 통한 주문(스마트 오더)이나 결제를 발 빠르게 도입하는 등 디지털 혁신에 적극적인 기업으로 유명하다. 2015년부터 모바일 주문 시스템을 적용했고, 모바일 기반 자체 결제 시스템도 확보했다. 2021년 이용자 수 기준 스타벅스 애플리케이션(약 3120만 명)은 애플페이(약 4390만 명)에 이어 미국에서 두 번째로 가장 많이 사용되는 모바일 결제 플랫폼으로 자리 잡았다.

한발 빠른 디지털 전환 행보를 보여온 스타벅스가 웹 3.0 기반의 스타벅스 오디세이를 선보이면서, 기존 기술로는 구현이 어려웠던 회원 중심의 소유권 관리와 경험의 확대를 이끄는 동시에 실질적으로 사업을 확장할 수 있는 방향으로 웹 3.0 기술이 적용되면서 사람들은 그동안 막연했던 웹 3.0이 조금씩 구체화되는 모습에 기대감을 갖기 시작했다.

스타벅스는 2009년부터 9년간 스타벅스에서 최고디지털책임자CDO: Chief Digital Officer로 스타벅스 모바일 주문 & 결제Mobile Order & Pay 시스템을 설계했던 아담 브롯맨Adam Brotman을 웹 3.0 고문으로 초빙했다. 브롯맨은 2021년에는 웹 3.0 로열티 스타트업인 포럼3Forum3를 공동 설립하기도 했는데, 이 포럼3은 스타벅스의 창업자이자 명예회장인 하워드 슐츠Howard Schultz와도 오랜 기간 인연을 맺어온 기업이다. 포럼3는 향후 스타벅스의 웹 3.0 비즈니스 전개에 긴밀하게 관여할 것으로 예상된다.

〈오디세이Odyssey〉는 호메로스가 기원전 8세기에 지은 고대 그리스의 장편 서사시로, 트로이 원정에 성공한 영웅 오디세우스가 겪은 표류담과 아내 페넬로페와의 재회담 등 흥미롭고 신기한 이야기들로 가득하다. 즉 오디세이는 '경험이 가득한 긴 여정'을 의미하는 것으로 커피의 세계를 항해하는 고객의 경험을 강화하겠다는 스타벅스의 의지가 잘 나타나 있다. 웹 3.0을 향한 스타벅스의 여정에 또 얼마나 많은 사람이 동참하고 즐거워할지 출항을 앞둔 모험가처럼 가슴이 설레지 않을 수 없다.

3장

Big Tech

3

일상의 영역으로 들어선
로봇

CES 2023
BE IN IT

Robot: 체코어로 '고된 노동', '강제 노역'을 뜻하는 '로보타(robota)'에서 유래. 테슬라의 휴머노이드를 비롯해 협동 로봇, 웨어러블 로봇 등 다양한 형태의 로봇이 등장하면서 로봇 대중화 시대가 도래하고 있다.

인간처럼 일할 수 있는
인간형 로봇 '휴머노이드'

섬세한 손동작을 강조한
테슬라의 휴머노이드 로봇

2022년 9월 30일은 아마도 로봇, IT 업계를 비롯한 산업계 전반에 있어 충격적인 날이었을 것이다. 테슬라는 이날 미국 캘리포니아주 팰로앨토 본사에서 'AI 데이 2022'를 개최했다. 무엇보다 이 행사는 많은 사람이 기다려온 '옵티머스Optimus'라는 휴머노이드 로봇humanoid robot의 실물이 공개되는 자리였다. 일론 머스크는 2021년 8월 AI 데이에서 테슬라가 '옵티머스' 휴머노이드 로봇을 만들고 있다고 발표했다. 옵티머스는 "위험하고 반복적이며 지루한 작업을 제거"하기 위한 로봇으로, 자연어로 표현된 명령을 따를 수 있다고 해 눈길을 끌었다. 하지만 당시에는 로봇 프로토타입이 등장하지 않았다. 대신 피부에 꼭

테슬라 2022 AI 데이 시작을 알리는 휴머노이드 손

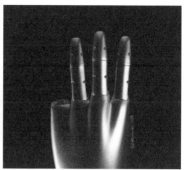

자료: 테슬라 홈페이지, 언론 종합

맞는 보디 슈트를 착용하고 '테슬라 봇Tesla Bot'으로 가장한 사람이 무대에서 춤을 추었을 뿐이다. 그리고 마침내 2022 AI 데이에서 머스크는 약속을 지켰다. 오프닝 영상에서 휴머노이드의 손이 등장하더니 5, 4, 3, 2, 1 카운트다운을 하며 2022 AI 데이가 시작되었다.

스크린이 열리면서 걸어 나오는 휴머노이드 프로토타입 로봇. 어떠한 외부 와이어링도 없이 무대로 걸어 나와 팔을 들고 관중들에게 조심스럽게 손을 흔들었다. 그런데 이 로봇은 옵티머스가 아닌 '범블C'라고 이름 붙여진 휴머노이드 로봇이었다. 범블C는 옵티머스로 진화시키기 위한 프로토타입 로봇이다. 범블C는 뼈대와 전선이 노출돼 완성되지 않은 모습이었지만, 스스로 걸어 나와서 손을 들어 인사를 하고 두 팔을 들어 간단한 춤동작을 흉내 냈다. 관중들에게 손을 흔들며 인사한 후 양손을 하늘로 쭉 뻗어 관객 호응을 유도했다. 이후 일론 머스크는 동영상을 통해 범블C가 무릎을 굽혀 상자를 들어 옮기

테슬라가 선보인 휴머노이드 '범블C'는 화분에 물을 줄 수 있고 상자도 들 수 있다.

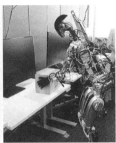

자료: 테슬라, 언론 종합

거나, 손가락을 구부려 물뿌리개를 잡아 화분에 물을 주는 장면, 손가락 힘으로 물건을 들어 옮기는 모습 등을 공개했다. 마치 사람처럼 손가락으로 할 수 있는 세밀한 작업을 구현한 것이다. 머스크는 "이 로봇은 방금 보여준 것보다 실제로는 더 많은 것을 할 수 있지만 무대에서 넘어지는 것을 보여주고 싶지는 않다"라는 농담을 하며 아직 개선할 점이 많음을 시인했다.

그렇다면 많은 사람이 기대한 옵티머스는 어떻게 되었을까? 범블C가 나가고 뒤이어 옵티머스도 무대 위에 올라왔다. 하지만 옵티머스는 아직 걷지를 못했다. 무대 앞으

범블C에 이어 등장한 휴머노이드 '옵티머스', 아직은 걷지를 못해 직원들이 들고 운반했다.

자료: 언론 종합

로 나오기 위해 직원들은 옵티머스를 들어야 했다. 범블C보다 멋있는 외관을 가지고 있었지만, 천천히 팔을 움직이는 수준에 그쳤다. 사실 범블C는 '움직이는 로봇'을 대중들에게 보여주기 위해 만든 중간 단계 로봇이다. 행사에 참석한 관중들은 스스로 무대에 걸어 나오는 휴머노이드 로봇의 모습에 열광했다. 만약 보행 기능을 갖추지 못한 옵티머스 프로토타입만을 선보였다면 대중의 반응은 싸늘했을 것이다.

전기차의 오토파일럿 기능으로
주변 사물을 스스로 인식하고 구분하다

테슬라가 주력으로 하고 있는 휴머노이드 로봇은 어디까지나 '옵티머스'이다. 일론 머스크는 향후 옵티머스는 20파운드(약 9kg) 가방을

휴머노이드 로봇이 실제로 인식하고 있는 이미지

자료: 언론 종합

들고 도구를 사용하며 소형 로봇을 위한 정밀한 그립을 가질 수 있을 것이라고 밝히며 "옵티머스를 다듬고 증명하려면 아직 할 일이 많다. 하지만 5~10년 안에 굉장해질 것"이라고 하였다. 실제 모델은 테슬라와 동일한 전기 장치로 이루어져 있고 보행 기능 개발도 거의 마무리되었다고 하였다. 옵티머스 로봇은 2.3kWh 배터리 팩이 탑재되고 52볼트로 작동하며 머리 부분에는 테슬라 통합칩을 적용한다. LTE 및 와이파이 등을 통해 통신도 가능하다. 또 관절 역할을 하는 액추에이터가 총 28개 탑재됐으며, 이 중 11개가 손에 집중됐다.

사물을 인식하는 방식은 테슬라 전기차에 탑재된 오토파일럿 기술을 그대로 사용했다. 휴머노이드 로봇이 카메라와 기타 센서들을 이용해 사물을 인식하고 그 인식한 사물을 사람처럼 잡고, 현재 자신이

테슬라 휴머노이드에는 전기차에 탑재된 오토파일럿 기술이 적용되었다.

Powertrain: Car vs Robot

자료: 언론 종합

잡고 있는 물체뿐만 아니라 자기 스스로 주변 사물까지 파악해 구분할 수 있다. 옵티머스에게 "화분에 물뿌리개로 물을 줘"라고 명령하면 책상 위에 놓인 물뿌리개를 인식해 물뿌리개를 들고, 다음에는 화분을 인식해 정확하게 화분 쪽에 물을 뿌리는 동작을 수행하게 된다.

또한 테슬라 자동차의 반자동 주행 장치도 탑재되어 인력이 부족한 산업 현장에 두 발 보행 로봇 '옵티머스'가 투입된다면 거대한 사회 변혁이 생겨 세계의 노동 및 빈곤 문제를 해결할 수도 있을 것이라고 머스크는 강조했다.

테슬라 휴머노이드의 진짜 경쟁력은 기술이 아닌 '가격'

전기차보다 저렴한 가격으로 로봇 대중화 시대를 연다

사실 테슬라가 공개한 휴머노이드 로봇의 움직임이나 기능만 본다면 엄청나고 혁신적인 로봇을 기대한 대중들의 실망이 이만저만이 아니었을 것이다. 그런데 진짜 충격은 로봇의 성능이나 외관이 아니었다. 바로 '가격'이었다.

일론 머스크는 AI 데이 2022에서 범블C와 개발 중인 옵티머스 로봇을 선보인 후 향후 3~5년 내 이 로봇을 수백만 대 대량생산하겠다고 선언했다. 그리고 내세운 가격이 2만 달러, 한화로 약 2800만 원이다. 부품 공용화와 양산화를 통해 가격을 지금 로봇의 5분의 1 수준까지 낮출 수 있다는 것이다. 이는 현재 테슬라가 판매하고 있는 전기차의 저가 모델보다도 더 저렴하다. 물론 2800만 원이 결코 적은 금액은 아니다. 아직까지는 아이들 장난감 정도로 치부되는 로봇에 2800만 원을 내기에는 부담이 만만치 않다. 하지만 미국의 로봇 회사 보스턴 다이내믹스가 만든 경찰견 모양의 4족 보행 로봇 '스팟'의 판매 가격이 7만 4500달러, 약 8000만 원임을 감안한다면 머스크가 선언한 옵티머스의 가격은 그야말로 '혁명'에 가까운 가격이다(보스턴 다이내믹스의 스팟 누적 판매량은 수백 대 수준이다). 또한 초기 타깃 시장이 공장이나 사무실 등이라고 한다면 기업 입장에서 2800만 원의 금액은 충분히 감내할 만한 수준이다.

일각에서는 일론 머스크의 2만 달러 가격 발표가 말도 안 되는 이야기라고 평가하기도 하였다. 먼저 대량생산이 되려면 테슬라 자동차가 생산되듯 자동화 공정까지 완벽히 갖춰져 옵티머스 제작과 판매도 이뤄져야 한다는 것인데, 지금은 자동차를 만들 공장조차 부족한 상황이다. 미국 휴스턴과 독일 베를린에 공장을 짓고, 지은 공장조차 아직 정상적으로 가동하지 못하는 상황에서 옵티머스의 대량생산은 아직 먼 훗날의 이야기다. 또한 수많은 반도체 칩과 핵심 전자부품이 수만 개 이상 필요한데, 반도체 공급란으로 인해 AI 로봇을 만들기가 여의치 않다는 점도 있다. 인플레이션 여파로 높아진 임금 역시 부담이다. 테슬라의 자율주행팀이 통째로 정리해고되고, 있던 직원들 일자리마저 줄어들고 있는 등 테슬라는 높아진 인건비를 줄이기에 고심 중이다. 이처럼 반도체 부족 대란에 공장도 부족하고 비용 인플레이션 문제까지 감당하지 못한다면 일론 머스크가 제시한 2만 달러 이하의 로봇 판매는 현실적으로 어렵다는 것이 전문가들의 얘기다.

3~5년 내에 상용화하겠다는 것도 기술적으로 쉽지 않다. AI 데이 2022에서 보여준 걷고, 화분에 물 주고, 박스 하나 드는 행동을 구현하는 데 1년의 기간이 걸렸다. 테슬라 옵티머스는 아직 다른 로봇 전문 업체들보다는 한참 못 미치는 수준이다. 보스턴 다이내믹스의 휴머노이드 로봇 '아틀라스'는 인간처럼 춤을 추고, 점프나 덤블링을 하고, 높은 곳에서 뛰어내리는 파쿠르를 할 수 있을 정도이다. 게다가 테슬라는 옵티머스의 가장 큰 특징으로 손을 강조했다(AI 데이의 홍보물에도 하트 모양의 로봇손이 눈에 띄게 표현될 정도였다). 사람의 손과 비슷한 기능을 구현할 수 있게 인체공학적인 설계와 개발에 집중하고 있는데, 사실 수많은 뉴런과 신경들이 연결돼 구현되는 손의 기능을 똑같이 구현한다는 것은 정말로 어려운 기술이다. 자율주행 기술조차 10년이 넘도록 여전히 개발 중인데, 제대로 걷고 뛰고 계단도 오르내리고, 판단도 하고 디테일한 손동작까지 구현시키려면 3~5년은 무리라는 것이다. 테슬라 자동차와 동일한 기술을 적용한다고 했지만, 자율주행은 사물을 인지하고 회피하기만 하면 된다. 그러나 로봇은 단순히 회피하는 수준을 넘어 사물을 인지하고 적당한 관절과 힘을 이용해 사물을 들거나 이동시킬 수 있어야 한다.

　옵티머스 로봇의 대량생산과 파격적인 가격 설정에 대해 부정적인 비판이 나오고 있음에도, 사람들이 일말의 희망을 갖고 기대하는 이유는 선언한 사람이 '일론 머스크'이기 때문이다.

일론 머스크라면
'2만 달러' 로봇도 가능하다

"지금까지 존재한 전기자동차는 모두 엉터리입니다."

2006년 7월, 일론 머스크는 미국 캘리포니아 산타클라라의 한 행 시장에서 몰려든 취재진을 향해 빨간색 2인승 전기차를 가리키며 이 것이야말로 '진짜 전기차'라고 말했다. 2004년에 일론 머스크가 전기 자동차 회사 테슬라 모터스를 인수해 전기차 시장에 발을 들여놓았 을 때 그의 성공을 예상하는 이는 아무도 없었다. GM, 도요타, 혼다 등 기존 자동차 업체들이 1990년대 말 전기차 시장에 진입했지만 실 패했기 때문이다. 하지만 테슬라를 인수한 지 2년 만에 '진짜 전기차' 인 '테슬라 로드스터'를 선보였고 2008년 3월에 대중에게 판매하기 시 작하면서 전기차 시대를 열었다. 그리고 4년 뒤인 2012년에 첫 번째 세단형 전기 자동차인 모델SModel S를 대량생산 및 출시하면서 오늘날 미국 전기 자동차 시장의 약 3분의 2를 장악하게 되었다.

아무도 전기차의 성공을 믿지 않았고, 머스크의 선언은 허풍으로 치부됐다. 머스크는 전기차 대량생산 시대를 약속했지만 당시엔 아무 도 곧이듣지 않았다. 하지만 머스크가 옳았다. 테슬라의 전기차는 자 동차 업계의 판도를 바꾸었다. 전기차 대량생산 시대가 열렸고 경쟁 자동차 기업들도 내연기관에서 전기차로 사업을 전환하기 시작했다. 전기차로 세상을 바꾼 머스크가 또 한 번 미래를 바꾼다고 하면 대중 은 귀를 기울일 수밖에 없다. 다른 사람이라면 몰라도 전기차라는 새 로운 시장을 개척한 일론 머스크라면 휴머노이드 로봇 역시 상용화가 가능하지 않을까 하는 희망을 갖게 된다. 전기자동차의 대중화나 로켓 발사처럼 말도 안 된다고 생각했던 일들을 조금씩 현실화시켜온 인물이기 때문이다. 투자자들도 화성을 가겠다는 허무맹랑한 소리조차 일런 머스크가 한 말이라면 믿고 투자한다.

테슬라 휴머노이드 로봇 옵티머스의 대량생산과 2만 달러라는 가격이 현실화된다면 산업계와 시장에는 엄청난 파장이 예상된다. 테슬라의 자율주행 기술이 옵티머스에 탑재되면 로봇 스스로 인지하고 판단해서 움직이는 것이 가능하게 될 것이다. 옵티머스의 관절에는 액추에이터라고 불리는 전동 모터가 붙어 있는데 액추에이터의 파워는 500kg을 번쩍 들어 올릴 수 있다. 옵티머스엔 이런 액추에이터가 28개 달려 있다. 특히 로봇의 손에는 6개의 전용 액추에이터를 통해 11개의 자유도가 구현된다. 우리가 팔과 손을 써서 할 수 있는 거의 모든 동작이 가능하다. 손가락까지도 움직일 수 있어서 물건을 집거나 들 수 있다.

일각에서는 휴머노이드 로봇이 정말로 필요한지에 대해 의문을 제기하기도 한다. 대다수의 자동차 공장에는 이미 6축 로봇, 협동 로봇, 스카라 로봇 등 많은 로봇이 사용되고 있다. 이 로봇들은 용접, 페인팅, 조립, 머신텐딩 등의 업무를 하고 있다. 사람이 하기엔 위험하거나 생산성이 낮은 일, 지루하고 반복적인 일을 '기계 로봇'이 대체하고 있는 상황에서 굳이 '사람처럼 생긴 로봇'이 필요하냐는 것이다.

하지만 머스크는 한 칼럼에서 "로봇이 인간이 하는 일을 대신할 수 있으려면 인간과 크기, 모양, 기능이 거의 같아야 한다"라고 주장한다. 테슬라가 성인과 비슷한 키와 무게를 지닌 옵티머스를 개발하는 이유도 이 때문이다. 머스크는 100% 공장 자동화를 이루려고 수많은 기능 로봇들을 사용해 시도했지만 실패했다. 2016년 3월에 중형 전기 세단 모델3를 발표하고 공장 자동화로 양산화를 추진했지만 제대로 생산하지 못했다. 당시 일론 머스크는《월스트리트저널》기자와의 트위터 대화에서 "테슬라의 과도한 자동화는 실수였다. 정확히는 나의 실수다. 인간을 과소평가했다"라고 밝힌 바 있다. 이 사건을 계기로 머스크는 인간형 휴머노이드 로봇에 관심을 갖게 되었다. 일부 기능만 하는 로봇으로는 공장을 100% 자동화할 수 없고, 인간처럼 움직이는 로봇이 있어야만 100% 공장 자동화가 가능하다고 생각한 것이다.

요즘 프랜차이즈 레스토랑이나 공간이 넓은 식당에 가보면 음식을 테이블까지 운반해주는 서빙 로봇을 심심찮게 볼 수 있다. 전에는 손

식당 안을 돌아다니며 물이나 음식을 운반하는 서빙 로봇

자료: 언론 종합

님들의 눈길을 끄는 일종의 마케팅 차원에서 서빙 로봇을 도입했는데, 최근에는 로봇의 성능이 발전하면서 정말로 손님이 많은 바쁜 시간대에는 서빙 로봇이 큰 역할을 한다. 하루는 손님이 뜸한 오후 시간대에 레스토랑을 방문한 적이 있었는데, 손님이 없어서 그런지 서빙 로봇은 충전을 하면서 쉬고 있었다. 그런데 평소 로봇과 함께 서빙을 하던 직원은 서빙 업무가 없자 테이블 청소를 하거나 식기류를 정리하는 등 다른 일을 하고 있었다. '서빙만' 할 줄 아는 로봇은 손님이 조금씩 늘어나자 그제야 본래의 주어진 업무를 하기 시작했다. 만약 이 서빙 로봇이 음식만 운반할 줄 아는 로봇이 아니라 옵티머스 같은 인간형 로봇이었다면 손님이 없는 시간대에는 다른 일을 하면서 인간을 도왔을 것이다.

공장, 병원, 가정에서 원하는 용도로 사용할 수 있는 휴머노이드

사실 인간의 힘든 육체노동을 대신할 수 있는 산업용 로봇은 꼭 휴머노이드 로봇일 필요는 없다. 다만 서빙 로봇의 경우처럼 제한된 기능으로 주어진 업무만 가능하다면 상황이 변할 경우 아예 무용지물이 될 가능성도 있다. 인간과 유사한 행동을 할 수 있는 휴머노이드 로봇은 급변하는 산업 환경 변화에 빠르게 대응할 수 있는 높은 자유도를 지닌 것이 강점이다.

미국의 투자은행 골드만삭스는 옵티머스와 같은 휴머노이드 로봇 시장이 앞으로 15년 이내 연간 1500억 달러 규모의 대형 시장으로 성장할 것으로 내다봤다. 골드만삭스는 인간형 휴머노이드 로봇이 기존 산업용 로봇과는 다른 새로운 시장을 형성할 것으로 전망했다. 현재 자동차 공장의 로봇팔이나 물류 창고에 투입된 바퀴 달린 운송용 로봇과 달리, 인간의 신체와 행동 양식에 맞춰진 다양한 작업 환경에서 능력을 발휘할 수 있다는 점, 그리고 돌발 상황에 대한 유연한 대처가 가능하다는 점이 특정 목적용 산업 로봇과 다른 점이다. 이를 통해 기존 산업용 로봇과는 별도로 새로운 로봇 시장 개척이 가능하다. 골드만삭스는 휴머노이드 로봇 시장이 2035년까지 1540억 달러(약 214조 원) 규모의 가치가 있을 것으로 추정했는데, 이는 현재 전기차 시장과 맞먹는 규모의 신규 시장이다. 또한 2030년 초중반부터 미국 제조업, 서비스업 노동력 부족의 격차를 휴머노이드 로봇이 일부 채워줄 수 있을 것으로 전망했는데, 한 예로 전 세계 노인 간호 수요의 2~3%를 휴머노이드 로봇이 맡을 수 있을 것으로 분석했다. 미국 노동시장의 높은 인건비를 고려하면 대당 2만 달러의 다용도 휴머노이드 로봇은 매우 높은 경쟁력을 갖출 것으로 평가되고 있다.

한편 머스크는 이런 높은 자유도를 지닌 옵티머스를 산업 현장뿐만 아니라 가정용으로도 개발할 것이라고 밝혔다. 빨래나 청소, 설거지같이 불규칙하고 비정형적인 집안일을 하기 위해서는 고도의 두뇌 활동과 정교한 운동 능력이 필요하다. 냉장고와 청소기, 식기세척기는 요리와 청소와 설거지를 쉽게 해주었지만 완전히 해방시켜주지는 못했다. 하지만 테슬라의 옵티머스가 실용화되면 인간을 대신해서 가사 노동을 해결해주는 노동 혁명을 일으킬 수 있다. 로봇 1대가 청소,

빨래, 방범, 장보기, 심지어는 요리까지 모두 해결해주는 시대가 올 수도 있다. 이 모든 것을 해결해주는 로봇이 2800만 원이라면 결코 비싼 가격이 아닐 수 있다. 대당 2800만 원으로 모든 가사 노동을 대신할 수만 있다면 소비자들도 환영할 수밖에 없다. 다음 AI 데이

공장에서 인간처럼 작업하는 휴머노이드 로봇

자료: 언론 종합

때 옵티머스가 빨래를 널고 설거지를 하고 장을 보는 모습을 시연한다면 각 가정에서 너도나도 옵티머스 주문 예약 버튼을 클릭할 것이다.

일론 머스크는 옵티머스 로봇에 대해 "우리가 알고 있는 문명이 근본적인 변화를 맞이할 것이다. 전기차 이상으로 로봇은 충분한 시장 잠재력을 지닌 분야"라고 자신했다. 전기차 기업을 넘어 하나의 '산업 Industry'으로까지 자리 잡은 테슬라는 이제 '휴머노이드 로봇' 분야에서 새로운 기회를 만들어내려고 하고 있다.

궂은일은 제가 할게요,
파트너로서 같이 일하는 협동 로봇

> ## 저는 커피를 내릴 테니
> ## 휴먼은 손님을 상대하세요

    성수동의 한 카페를 방문하면 그곳에서는 사람이 아닌 로봇이 커피를 내려준다. 카페를 방문한 고객은 원하는 원두를 선택해 주문하고, 드립봇Dripbot이라고 하는 로봇팔이 각 원두에 맞는 핸드드립 기법을 이용하여 커피를 추출한다. 메뉴를 선정하는 데 고민이 있었던 고객은 직원과의 대화를 통해 메뉴를 선택하고, 로봇 동료 덕분에 카페 매니저는 고객과의 소통에 더 신경을 쓸 수 있다. 매장 내 직원이 1~2명 있는 커피숍의 경우, 갑자기 손님이 많이 몰리면 음료를 만들면서 고객 응대도 해야 하고 계산까지 하느라 정신이 없다. 주문이 밀려 있는 상황에서 메뉴에 적힌 원두가 어떤 것인지 고객에게 친절하게 설명할

드립커피를 제조하는 드립봇

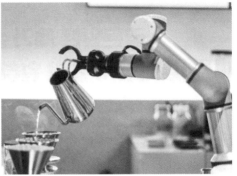

자료: 언론 종합

여유 따위는 없다.

 이 카페에서는 드립봇이 커피를 추출하고, 직원은 고객이 선택한 원두에 대한 추가적인 설명을 해주어 만족도를 높인다. 드립봇은 정량과 정온도를 맞출 수 있도록 설정된 드립 알고리즘을 통해 한결같은 퀄리티를 고객에게 제공한다. 이 카페에는 커피를 내리는 드립봇 외에도 디저트에 드로잉을 하는 디저트봇, 칵테일을 제조하는 칵테일봇이 쉬지 않고 돌아간다. 반복적인 작업은 로봇이 맡고 직원들은 고객과 좀 더 많이 소통하거나 새로운 레시피를 개발하는 등 창의력이 필요한 일에 집중한다. 로봇 덕분에 고객 서비스 품질은 높아지고 직원들의 근무 환경까지 개선됐다.

 프랑스의 스타트업 회사 EKIM은 로봇과 함께 피자를 만든다. 500만 개의 레시피를 활용해 피자를 만들며 최대 10개의 피자를 동시에 준비할 수 있다. 고객은 각자 원하는 다양한 레시피의 피자를 맛

볼 수 있고 직원들은 수십 가지의 재료를 일일이 기억할 필요 없이 새로운 레시피 개발 등 보다 가치 있는 일에 몰두할 수 있다. 로봇은 더 이상 '공장'에서만 일하지 않는다. 제조업을 벗어나 커피를 만들거나 사진을 촬영하고 악기를 연주한다. 로봇은 이제 단순한 '기계'가 아닌 사람의 곁에서 함께 일하는 '동료'로 자리 잡고 있다.

같은 공간에서 사람과 함께 작업하는 협동 로봇

로봇robot의 어원은 체코어로 '고된 노동', '강제 노역'을 뜻하는 '로보타robota'에서 유래했다. 1921년 체코슬로바키아 소설가 차페크가 발간한 〈로섬의 인조인간〉이라는 희곡에서 처음 등장했다. 최초의 산업용 로봇은 1954년 미국 발명가 조지 데볼이 특허출원한 '프로그램이 가능한 장치'였다. 그리고 1961년에 세계 최초로 GM에서 공작물을 옮기는 작업에 산업용 로봇 '유니메이트'를 사용하였는데, 유니메이트는 수력으로 움직이는 팔을 가진 로봇으로 금속을 녹여 주형에 붓는 단계에 쓰였다. 미국 뉴저지주 트렌턴의 GM 공장에 강철 팔을 가진 1.2톤 무게의 산업용 로봇 '유니메이트 #001'이 처음 나타났을 때 노동자들은 기겁했다. 그러나 로봇이 강철 팔로 형틀에서 무거운 부품을 꺼내 옮기자 노동자들은 환호성을 질렀다. 로봇의 등장으로 위험한 노동으로부터 해방되었기 때문이다.

로봇의 어원에서 알 수 있듯이, 로봇은 인간의 노동을 대신하고 인간이 하는 여러 일을 돕도록 설계되었다. 로봇은 이제 산업 현장뿐 아니라 일상에서도 없어서는 안 될 존재가 됐다. 기존에는 공장에 사용되는 게 대부분이었다면, 이제는 공공장소나 일반 식당에서도 로봇이 돌아다니는 모습을 볼 수 있다. 로봇이 음식을 나르거나, 커피를 만들고, 환자를 돌보는 일 등은 더 이상 신기한 모습이 아니다. 인간을 도와 그림을 그리거나 시를 쓰고 작곡을 하기도 한다. 특히 의료나 물류, 국방, 우주항공 분야에서는 인간의 한계를 뛰어넘는 활약을 하고 있다. 지구로부터 4억 7000만 km 떨어진 화성에서 탐사 임무를 수행 중인 '퍼시비어런스'와 '인저뉴어티', 2011년 동일본 대지진 때 원전 건물 잔해와 계단을 옮겨 다니며 내부 모습을 보여주던 '티호크', '팩봇', 불치병을 파헤치는 '나노봇' 등의 활약은 로봇이 '필요한' 존재로 진화하고 있음을 잘 보여준 사례이다. 게다가 국내에서는 인구 감소까지 급격히 진행되며 일손이 부족한 곳에서 로봇을 찾고 있다.

이처럼 사람과 함께 협동하며 작업하는 로봇을 '협동 로봇'이라 하는데, 쓰임새에 따라 작은 가게나 일상에서도 사용할 수 있어 로봇 시장에서 많은 주목을 받고 있다.

국제로봇연맹IFR 기준에 따르면 크게 산업용과 서비스용으로 구분되는데, 산업용 로봇은 공장과 같은 산업 현장에서 사람을 대신해 단순 반복되는 작업을 담당한다. 용접, 이송 등 사람의 힘으로는 어려운 일을 수행하며 제조 로봇이라고도 불린다. 전통적 로봇의 형태에 해당하며, 현재 글로벌 로봇 시장에서 대부분을 차지하고 있다. 서비스용 로봇은 특정 산업군에서 목적을 가지고 전문적인 작업을 하거나 가정에서 많이 사용된다. 로봇 청소기가 가장 대표적이다.

반면 협동 로봇은 산업용이나 서비스용 로봇과는 별개의 개념으로 새롭게 떠오른 분야이다. 영어로는 'Cobot'으로, 함께한다는 의미의 접두사 'Co'가 붙은 것에서 알 수 있듯 사람과 함께 협동하며 작업하는 로봇을 의미한다. 큰 개념에서는 산업용 로봇이지만 서비스용 로봇의 성격도 있다. 협동 로봇은 인간과 직접적으로 협업하도록 설계되었는데, 최근 들어 푸드테크 분야에서의 도입이 빠르게 늘어나고 있다.

무엇보다 협동 로봇은 작업자와 같은 공간에서 일할 수 있다는 점이 특징이다. 의사가 필요한 도구를 받는다든가, 안경테를 맞춰준다든가, 천체 관측 사진을 촬영하는 등 다양한 방식으로 활용할 수 있다. 건설이나 화학, 군사 현장 등 사람이 들어가기 위험한 장소에도 활용할 수 있다. 특히 산업용 로봇은 각종 규제가 많아 중소·중견 기업은 거의 사용할 수 없는 반면, 협동 로봇은 중소·중견 기업이 사용하기에 가격과 규제 부분에서 비교적 허들이 낮다(국내에서는 한국로봇산업진흥원이 '협동 로봇 설치 작업장 안전인증제도'를 운영하고 있다). 또한 저렴한 제품도 많이 생기고, 렌털이나 할부 등 결제 방식도 다양해져 접근성도 높아졌다.

IFR가 발표한 〈2022 세계 로봇 연례 보고서〉에 따르면 2021년 산업용 로봇은 51만 7000대, 서비스용 로봇은 12만 1000대, 협동 로봇은 3만 9000대이다. 협동 로봇은 전체 로봇 시장에서 8%의 비중을 차지하고 있지만 2021년에는 전년 대비 50% 늘어난 대수를 기록했다. 글로벌 1위 협동 로봇 기업은 덴마크의 유니버설 로봇이다. 유니버설 로봇은 협동 로봇 시장에서 50~60% 점유율을 차지한다. 유럽에서는 저출산으로 노동인구가 적어 일찍부터 협동 로봇을 다양한 산업군에서 사용해왔다.

장소에 따라 다양하게 활용할 수 있는 협동 로봇의 범용성

협동 로봇의 시초는 제조업 분야이다. 네덜란드에 최초로 협동 로봇을 도입한 고정밀 부품 제조업체 힘스커크Heemskerk는 10년 이상 고정밀 부품의 생산에 협동 로봇을 이용 중이다. 공급해야 하는 제품의 크기가 다양해짐에 따라 매번 기계를 재프로그래밍해야 했던 힘스커크는 이를 해결하기 위해 협동 로봇을 도입했고, 그 결과 제품의 다양

힘스커크가 도입한 협동로봇

자료: 언론 종합

화와 근로자의 효율성 및 창의성이라는 성과를 얻었다. 특히 쉬운 프로그래밍이라는 장점 덕분에 로봇 공학에 대한 경험이 없는 직원들도 빠르고 쉽게 협동 로봇을 프로그래밍할 수 있었다.

협동 로봇은 사람이 작업하는 것을 대체할 수 있는 로봇으로 산업용 로봇과 달리 가볍고 안전하며, 조작이 쉽다는 특징이 있다. 산업용 로봇은 일정하게 정해진 공간에서 일을 해야 하므로 펜스를 쳐야 하지만, 협동 로봇은 이동이 수월하므로 언제 어디서든 사람이 하는 작업을 대신할 수 있다. 두산로보틱스의 협동 로봇은 무게가 약 70kg이고, 팔 길이가 170cm 정도로 규격이 사람과 거의 비슷하다. 그 때문에 사람이 할 수 있는 동작은 전부 다 할 수 있어 응용 범위가 상당히 넓다. 특정 단순 반복 작업만 하는 산업용 로봇과는 차별되는 대목이다. 실제로 두산로보틱스의 협동 로봇의 적용 분야는 다양하다. 치킨

치킨집에서 사람을 도와 닭을 튀기고 있는 두산로보틱스의 협동 로봇

자료: 언론 종합

푸드트럭에서 사용되기도 하고 놀이공원의 아이스크림 전문점에도 도입되었다. 대규모 급식이 필요한 곳이나 패밀리 레스토랑에서 이용되기도 하였고, 해외의 명품샵에서는 고객에게 꽃을 선물하는 퍼포먼스 등에 활용되기도 하였다.

세월의 흐름에 발맞춰 변하고 있는 다채로운 산업 시대의 현장에서, 협동 로봇은 또 하나의 혁신이 되어 새로운 산업 시대를 열어가고 있다. 협동 로봇 제조의 선두주자 유니버설 로봇은 '휴먼터치의 귀환Return of Human Touch'이라는 트렌드를 말한다. 소비자의 기본적인 욕구를 만족시키는 동시에 로봇이 인간의 재능과 능력에 맞춰 협력하는 효율적인 현장을 만들게 되었다. 휴먼터치의 귀환은 이러한 현상을 일컫는다.

아이언맨처럼 로봇을 입는다, 웨어러블 로봇

현실에서 구현된 아이언맨 슈트와 같은
웨어러블 로봇

영화 〈아이언맨〉에서 주인공 토니 스타크는 자신이 직접 개발한 전투 슈트를 입고 히어로가 되어 적들과 싸운다. 첨단 기술로 무장한 전투 슈트는 각종 무기와 함께 착용자의 신체 능력을 증강시키고 하늘을 자유롭게 날아다닐 수 있는 비행 기능도 탑재돼 있다. 평범한 사람도 이 '아이언맨 슈트'만 입으면 슈퍼 히어로가 될 수 있다. 영화 〈엣지 오브 투모로우〉에도 이와 비슷한 강화 외골격 슈트, EXO 슈트EXO suit가 등장한다. 신체적인 능력을 강화시켜줄 뿐만 아니라 강력한 무기까지 장착하고 있어 '1인용 탱크one-man tank'라고 불리기까지 한다. 그런데 이런 슈트가 이제 영화 속이 아닌 일상에서도 등장해 관심을 보이

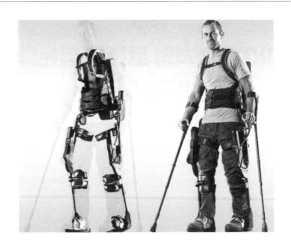

자료: 전자신문

고 있다. 입는 로봇, '웨어러블 로봇'의 시대가 도래한 것이다.

웨어러블 로봇이란 '옷처럼 입을 수 있는 로봇'을 말한다. 일반적으로 인간의 운동 능력 및 근력을 증강시키기 위해 인체에 착용시켜 인간과 함께 동작하는 모든 로봇을 총칭한다. 최초의 웨어러블 로봇은 미국 제너럴일렉트릭GE에서 1965년 개발한 '하디맨'이 시초이다. 이후 2000년대 초반 일본의 쓰쿠바대학, 미국의 캘리포니아 주립대학 등을 중심으로 하지 보행보조 로봇이 본격적으로 연구되었고, 2010년 중반 이후 웨어러블 로봇 연구는 본격적인 전성기를 맞이하였다. 국내에서도 기관 및 기업들이 산업용 근로 현장에 즉시 투입 가능한 웨어러블 로봇들을 개발하는 등 실전 투입에 박차를 가하고 있다.

산업 현장에서 작업자들의
건강과 안전을 지키는 웨어러블 로봇

제조 공정에서 작업자들이 팔을 사용하는 평균적인 횟수는 하루 평균 4600회, 1년에 수백만 회이다. 장시간의 반복 업무는 누적된 피로나 부상으로 연결돼 자칫 사고로 이어질 수 있다. 산업 현장에서 근골격계 질환을 예방하기 위한 기계 설비가 증가함에도 불구하고 아직도 많은 작업 공정에서 수작업으로 중량물을 반복적으로 취급하고 있다. 과도한 중량물을 취급하고 몸통을 반복적으로 굽히거나 펴는 동작들은 요통을 일으키는 주요 원인이 된다. 허리를 이용해 중량물을 취급하는 들기, 내리기 작업으로 인해 발생하는 요통 등의 근골격계 질환은 매년 증가하고 있고 그로 인한 경제적 손실도 늘어나고 있다. 이러한 작업 현장에서의 사고를 막고 작업자들의 업무를 돕기 위해 최근 제조 공정에 웨어러블 로봇이 속속 도입돼 공정을 혁신하고 있다. 웨어러블 로봇은 착용형 로봇, 외골격계 로봇이라고도 불리는데 인간의 운동 능력과 근력을 보조하거나 증강시켜준다. 사람의 팔·허리·다리 등의 신체 일부 또는 전신에 착용, 착용자의 근력과 지구력을 돕는 데 착용 부위와 적용 분야 등에 따라 세분화된다. 웨어러블 로봇 산업을 주도하고 있는 미국에서는 타 분야보다 노동자의 작업을 지원하는 용도인 산업 분야 웨어러블 로봇 시장의 성장세를 매우 높게 전망하고 있다. 한국에서도 현대차, LG 등 대기업을 비롯해 스타트업까지 웨어러블 로봇 시장에 진출하고 있을 정도로 유망한 산업 분야이다.

현대차가 개발한 웨어러블 로봇. 무거운 물체도 작은 힘으로 쉽게 들 수 있다.

자료: 중앙일보

현대차는 장시간 일하는 노동자를 보조하는 웨어러블 로봇인 벡스
VEX를 개발했다. 벡스는 구명조끼처럼 간편하게 착용해 즉시 사용할
수 있고 중량도 2.5kg으로 가벼워 노동자에게 부담을 주지 않는다.
산업 현장의 특성을 고려해 전기 공급이 필요 없는 무동력으로 작동
한다. 동작 자유도가 높고 근력 지원 기능이 뛰어나 건설, 물류, 유통
등 다양한 산업 분야에 활용할 수 있다.

허리 근력을 보조하는 웨어러블 로봇 'LG 클로이 슈트봇'은 착용하
는 사람의 하체를 지지하고 근력을 향상시키는 기능을 갖추고 있어
산업 현장에서부터 일상생활에 이르기까지 다양한 분야에서 활용할
수 있다. 제조업, 건설업 등 산업 현장에서는 훨씬 적은 힘으로 무거
운 짐을 손쉽게 옮길 수 있게 돼 업무 효율을 높일 수 있고 일상생활
에서는 보행이 불편한 사용자가 쉽게 움직일 수 있도록 도와준다. 실

제로 타이어 교체 작업 시 노동자들은 웨어러블 로봇을 입고 타이어를 교체하는데, 노동자들의 허리와 다리 근력을 보조해 20kg 내외의 무거운 타이어를 자동차에 장착하는 작업을 돕는다. 무엇보다 가격이 저렴한데, 품목에 따라 대당 500만~700만 원 정도로 생산 규모를 늘리고 공정을 개선하면 100만 원 이하까지 낮출 수 있다. 작업 현장마다 꼭 필요한 기능만 담은 웨어러블 로봇을 값싸게 만들어 제공한다면 웨어러블 로봇의 일상화도 머지않아 실현될 것이다.

허리 근력을 강화해주는 LG 클로이 슈트봇

자료: 언론 종합

웨어러블 로봇,
고령화 시대의 필수품이 되다

제조업 현장에서의 웨어러블 로봇 산업의 경쟁은 점점 치열해질 것으로 보인다. 산업용 웨어러블 로봇 시장의 전 세계적 성장 추세는 노동 환경 개선뿐만 아니라 인구 감소와 고령화로 인한 노동 인력 감소를 극복하기 위해서도 필요하다.

웨어러블 로봇 시장은 성장성이 돋보이는 미래 산업이다. 전 세계적으로 고령화가 진행되고 작업자들 사이에서 근력을 보조하는 기구에 대한 관심이 높아지면서 웨어러블 로봇은 인류의 삶에 필수불가결한 로봇 기술 중 하나가 될 것이다. 데이터브리지 마켓리서치와 산업연구원에 따르면 글로벌 웨어러블 로봇 시장은 2017년 5억 2800만 달러(약 6252억 원)에서 2025년 83억 달러(약 9조 8000억 원)로 연평균 41% 고성장이 예상된다. 시장조사기관인 마켓앤드마켓도 글로벌 웨어러블 로봇 시장이 2021년 4억 9900만 달러(약 5580억 원)에서 2026년 33억 4000만 달러(약 3조 7358억 원)로 급성장할 것으로 전망했다.

2023년 이후에는 의료 헬스케어 및 제조업 분야뿐만 아니라 군수·건설 분야를 아우르는 산업 전반에 걸쳐 산업 현장 노동자의 작업을 돕는 웨어러블 로봇이 확산될 것이다. 의료 현장에 웨어러블 로봇이 즉시 투입되기 위해서는 건강보험 수가 지정과 연관이 있는데, 아직 웨어러블 로봇은 비급여 항목으로 지정돼 있다 보니 이용에 제한이 있다. 웨어러블 로봇이 급여 항목으로 지정되려면 재활에 대한 유효성이 입증돼야 하는데 연구개발, 실증 사례가 많지 않다 보니 실질적 유효성에 대한 데이터가 아직은 부족하다. 이러한 이유로 향후 웨어러블 로봇은 국방·소방 등 기업과 정부B2G, 제조·건설 물류, 간병·요양 등 기업과 기업B2B을 넘어 농업·요식업 등 기업과 개인B2C 시장까지 확대될 것으로 전망된다.

피부처럼 몸에 착 붙는
소프트 웨어러블 로봇

편하게 탈착이 가능한
소프트 웨어러블 로봇

　영화 〈어벤져스: 인피니티 워〉에서 〈아이언맨〉의 주인공 토니 스타크는 적들과의 전투를 위해 아이언맨 슈트를 장착하게 되는데 이전처럼 슈트 파트들을 호출해서 입는 것이 아니라 나노 테크놀로지가 탑재된 새로운 슈트를 선보였다. 가슴의 장치를 누르자 아이언맨 슈트가 피부처럼 생성되면서 몸에 장착된 것이다. 웨어러블 로봇도 아이언맨의 새로운 슈트처럼 가볍고 간편한 형태, 소프트 웨어러블 로봇으로 진화하고 있다.

　의료기기 스타트업인 리워크 로보틱스는 2019년 미국 식품의약국 FDA으로부터 뇌졸중 환자의 보행을 돕는 재활용 소프트 웨어러블 로

리워크 로보틱스가 개발한 소프트 웨어러블 로봇 '리스토어'

자료: 리워크 로보틱스

바이오 디자인랩의 소프트 엑소슈트

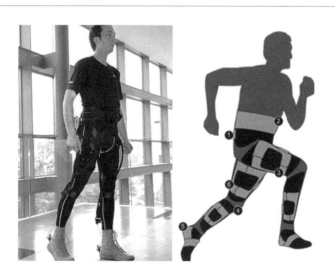

자료: 바이오 디자인랩

봇인 '리스토어ReStore'의 판매 허가를 받았다. 소프트 웨어러블 로봇이 FDA의 허가를 받은 건 리스토어가 최초로, 종아리를 감싸는 토시 형태여서 물리치료사의 도움 없이 환자 스스로 착용하고 재활 운동을 할 수 있다. 리스토어는 미국 하버드대학 바이오 디자인랩과 공동 개발했는데, 바이오 디자인랩은 2014년에 레깅스처럼 다리에 달라붙는 '소프트 엑소슈트Soft Exosuit'를 처음 공개하였고, 이후 2019년에는 반바지 형태로 만들어 걷거나 달릴 때 와이어 길이가 자동으로 조절되면서 힘을 덜어주는 엑소슈트를 선보였다. 엑소슈트 무게는 약 5kg으로, 엑소슈트를 입고 걸을 때는 대사량을 9.3%, 달릴 때는 대사량을 4% 줄일 수 있는 것으로 나타났다. 소프트 엑소슈트의 핵심은 첨단 기술이 가미된 섬유로, 섬유가 로봇의 센서이자 구동기 역할까지 맡는다.

근육 옷감으로 슈퍼 히어로가 되다

한국기계연구원은 인간의 근육을 모방한 '근육 옷감'을 개발했다. 형상기억 합금으로 만든 인공근육 옷감으로, 근육 옷감의 소재는 니켈과 티타늄 합금이다. 머리카락 두께보다 가는 40μm(마이크로미터, 1μm는 100만 분의 1m) 굵기의 형상기억 합금을 스프링 형태의 실로 만든 뒤 이 실을 엮어 근육 옷감을 짰다. 손바닥 크기만 한 근육 옷감의 무게는 6.6g 수준이지만 1500배가 넘는 10kg을 들어 올릴 수 있다. 몸의 근육이 수축과 이완을 반복하면서 운동하듯이 근육 옷감

형상기억 합금으로 만든 근육 옷감

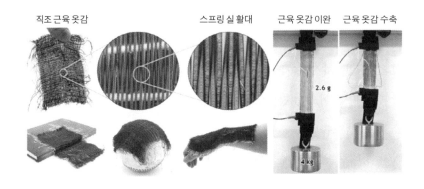

직조 근육 옷감   스프링 실 활대   근육 옷감 이완   근육 옷감 수축

자료: 언론 종합

도 형상기억 합금에 전류가 흐르면 근육처럼 수축하며 힘을 낸다. 소프트 웨어러블 로봇의 소재로 형상기억 합금을 사용한 건 한국기계연구원이 세계 최초이다. 관건은 근육 옷감의 두께인데, 개발 초기에는 500μm 두께의 형상기억 합금으로 근육 옷감을 만들어 수축했다가 원래 상태로 돌아오는 데 25초가 걸렸다. 수많은 노력 끝에 결국 40μm까지 두께를 줄여서 근육 실을 2000가닥쯤 사용해 2초 정도로 원복 시간을 줄여 지금의 근육 옷감을 완성시켰다.

　근육 옷감을 다리나 팔의 근육 부위에 부착하고 앉았다 일어서기, 계단 오르기, 무거운 짐 들기 등의 동작을 한 결과, 평소 사용하던 근력의 50%만으로도 같은 동작이 가능했다. 일반인도 이 근육 옷감으로 된 옷만 입으면 정말로 아이언맨, 스파이더맨 같은 슈퍼 히어로가 될 수 있는 것이다. 근육 옷감은 180g의 휴대용 리튬폴리머 배터리를 달고 1시간에 3.3암페어A의 전기를 흘릴 수 있는 수준까지 개발이 진행되었는데, 앞으로 근육 실의 두께를 10μm까지 줄여 수축과 이완 속도를 더 높일 계획이다. 이 정도 수준이면 신속하게 화재 현장을 진압해야 하는 소방관들이 입는 옷에 적용해 화재 진압, 인명 구조 등에 많은 도움이 될 것이다.

4장

Big Tech
4

이동수단의 새로운 패러다임,
미래형 모빌리티

Vehicle Technology: 도심항공모빌리티(UAM: Urban Air Mobility)를 중심으로 호버바이크, 제트슈트 등 미래형 모빌리티 등장으로 이동수단의 새로운 패러다임을 제시한다.

네옴시티,
UAM으로 하늘 길을 열다

미스터 에브리씽이 만드는
꿈의 미래 도시

2022년 11월, 사우디아라비아의 무함마드 빈 살만 왕세자가 한국을 방문해 재계는 물론 대통령까지 직접 나서 국빈급으로 대접하는 등 큰 화제가 되었다. '미스터 에브리씽(뭐든지 할 수 있는 사람)'이라고까지 불리는 빈 살만 왕세자가 하루도 채 되지 않은 짧은 시간임에도 한국을 방문한 이유는 2030년을 목표로 한 대규모 신도시 건설 사업 '네옴시티NEOM CITY'를 건설하는 데 있어 관련 기술을 가진 한국 기업들과 협력을 강화하기 위해서이다. 원유 중심의 사우디 경제를 미래형 제조업으로 전환하려는 '비전 2030' 정책을 추진하는 데 있어 한국 기업이 최적의 파트너라고 생각했기 때문이다. 빈 살만 왕세자는 에너빈 살만 왕세자가 구상하는 네옴시티. 2030년 완공을 목표로 한다.

자료: 언론 종합

지·방산·인프라 등 3개 분야에서 한국과 협력을 강화하고 체계적인 추진을 위해 '전략 파트너십 위원회'를 신설하기로 합의했다.

네옴시티는 사우디아라비아 서북부 사막에 건설될 신도시로, 규모(2만 6500㎢)는 서울시의 44배, 총사업비는 약 5000억 달러(약 650조 원)에서 최대 1조 달러로 예상되는 초대형 프로젝트이다. 크게 주거지구(더 라인), 산업지구(옥사곤), 관광지구(트로제나)로 구성되는데, 1차 완공은 2025년, 최종 완공은 2030년을 목표로 하고 있다. 스케일 못지 않게 놀라운 것은 이 도시를 '탄소 제로' 도시로 만든다는 구상이다. 태양광·풍력·그린수소(신재생에너지를 이용해 만든 수소) 등의 신재생에너지로 전기를 생산할 뿐 아니라, 주거지구엔 아예 자동차가 다니지 않도록 할 계획이다. 그렇다면 물류나 이동은 어떤 수단을 이용하는 것일까?

네옴시티의 이동수단은
하늘로 날아다니는 UAM

900만 명이 살게 될 네옴시티의 주거지구, 더 라인The Line은 홍해 해안에서 사막을 거쳐 산을 향해 무려 170km에 걸쳐 높이 500m짜리 고층건물 2개가 200m의 폭으로 평행하게 일직선으로 뻗어가는 형태이다. 높이는 롯데월드타워(550m)에 맞먹고, 길이는 서울에서 강릉까지 거리와 비슷하다. 수직도시 설계 디자인은 자연보호와 인간의 거주성 향상을 위한 모델로, 수직으로 도시를 쌓아 올려 개발하는 면적을 줄이고 주변 자연환경을 보존하는 데 초점을 맞춘다.

특히 더 라인 설계를 보면 땅 위에 차도가 없어 자동차가 아예 다닐 수가 없다. 대신 지하에 터널을 뚫어 고속철도가 최대 20분 만에 도

유리장벽이 사막을 가로지르는 듯한 모습의 '더 라인' 조감도. 평행한 두 건물이 일자로 배치된다.

자료: NEOM 홈페이지

시를 관통한다. 지하 터널을 먼저 파고 이후 그 위에 도시를 건설하는 프로세스이다(현대건설과 삼성물산이 이미 이 터널 공사에 착수했다). 그리고 구역별로는 사무실·상점·병원·학교·영화관·경찰서 등을 적절하게 배치해서 수평으로 이동하는 엘리베이터를 이용하거나 '모든 곳을 걸어서 5분 거리 안에 있게' 만든다는 계획이다.

또 하나 주목받는 이동수단이 바로 '도심항공모빌리티UAM'이다. 즉 하늘을 나는 에어택시Air Taix를 대중교통수단으로 도입할 계획이다. 이를 위해 네옴시티는 UAM 기업인 독일의 볼로콥터Volocopter와 계약을 맺고 15대의 수직이착륙 항공기를 도입하기로 했는데 5대는 화물, 10대는 승객 수송에 활용할 예정이다. UAM 상용화를 위해 볼로콥터에 1억 7500만 달러를 투자하기도 했는데, 한국을 방문한 목적도 UAM 프로젝트를 추진하고 있는 국내 기업들과 협력을 맺기 위해서이다. 네옴시티는 건설 단계부터 에어택시가 이착륙할 수 있게 하고, 더 라인과 옥사곤, 트로제나를 모두 오가도록 설계된다.

UAM이 상용화되려면 통신도 필요한데 네옴시티는 이를 위해 우주 인터넷 기업인 영국의 원웹Oneweb과 2억 달러 규모의 합작투자 계약을 맺었다. 우주 인터넷은 기지국을 지상에 따로 깔 필요 없이 위성을 쏘아 올려 위성에서 바로 신호를 받아 이용하는 인터넷 서비스로, 원웹은 이 분야의 선도주자이다. 원웹은 네옴시티에서 와이파이 및 5G 통신도 지원할 계획이다.

상상 초월의 스케일과 상식 파괴의 디자인, 5000억 달러 프로젝트로 한국에는 '40조 원+α' 규모의 '제2의 중동 특수'가 기대되는 네옴시티 프로젝트. 모든 것을 가능하게 만드는 '미스터 에브리씽'의 말처

네옴시티의 주요 이동수단이 될 UAM

자료: 언론 종합

럼 네옴시티가 현실화된다면 UAM, 전기차와 같은 미래지향적인 모빌리티 산업은 엄청난 기회를 맞이하게 될 것이다.

⋮ 에어택시 타고 한라산과 성산 일출봉을 본다 ⋮

네옴시티급 규모는 아니지만 국내에서는 2025년에 제주도에서 UAM을 타고 관광을 할 수 있을 것으로 기대된다. 제주도 인구는 2022년 8월 기준 70만 명을 돌파했고 관광객은 1000만 명을 넘어섰다. 상주인구와 유동인구가 가파르게 증가하면서 도심권 교통 혼잡도는 갈수록 극심해지고 있는 가운데, 자동차 전용도로 부재와 도시계획도로의 한계 등으로 신교통수단 도입 등이 논의되고 있지만 경제성

'제주형 도심항공교통(J-UAM)' 시연 행사에서 선보인 UAM 드론택시

자료: 제주도, 언론 종합

이 떨어진다는 이유로 현실화되지 않고 있다. 또한 새로운 관광수단 도입 필요성도 커지고 있어 한라산 케이블카를 대체할 친환경 관광수단으로 UAM이 제시되고 있다.

제주도는 2025년 관광 분야부터 제주형 도심항공교통J-UAM의 상용화를 계획하고 있다. 2023년 도입 단계 및 2024년 실증 단계를 거쳐 3년 뒤에는 에어택시가 제주 하늘을 날아다닐 수 있게 한다는 것이다. 관광형은 코스를 제주 동부와 서부, 중부로 나누고 4~6인승의 에어택시를 띄워 바다와 한라산을 관람할 수 있게 한다. '동부-해양 관광형'은 성산 일출봉과 우도를 오가는데 연간 170만 명이 해당 관광지를 찾는다는 점에서 0.5%만 에어택시를 이용해도 연간 8500명을 태울 수 있다.

2023년까지 민간기업과의 협업을 통한 현장 실증을 준비하고 관광과 공공, 여객, 화물 등에 J-UAM이 적용될 수 있도록 민관 협력 모

델을 마련한다. 에어택시가 뜨고 내릴 수 있는 이착륙장인 '버티포트 VertiPort'는 제주공항을 활용한다. 응급·관광·교통에 필요한 버티포트 개설로 한라산이나 부속섬에서 응급환자가 발생해도 신속히 이송할 수 있고, 제주의 산과 바다 관광이 가능해지며 새로운 교통수단으로도 활용할 수 있게 된다. 이후에는 제주도민과 관광객이 이용 가능한 교통수단으로 UAM을 상용화하고 관련 산업 확대를 위한 기반도 마련한다.

UAM 시대의 도래

복잡한 도로 대신 하늘로 다니는 UAM의 등장

현재 모빌리티 산업에서 가장 주목받는 미래 유망 분야인 UAM은 상용화 단계에 진입해 모빌리티 산업의 성장을 주도하고 있다. UAM은 Urban Air Mobility의 약자로 도심항공 모빌리티를 뜻하는데 저소음, 친환경 동력 기반의 수직이착륙 교통수단 및 이를 지원하기 위한 이착륙 인프라 등을 포함하는 최첨단 교통 시스템이다. 플라잉카, 에어택시, 드론택시라고도 하며 도심 환경 속에서 사람과 화물을 지상도로가 아닌 항공으로 운송하는 모빌리티다. UAM은 미국 항공우주국NASA에서 제시된 개념이었는데, 뉴욕 및 도쿄 등 세계 주요 도시의 메가시티화로 인해 이동 시간이 증가하고 교통 체증이 심화되는 등 이동 편의성이 저하되는 문제를 극복하기 위해 제안됐다.

UAM은 기존 항공기 대비 낮은 300~600m의 고도에서 비행하며, 소음 역시 63dB 이하로 낮아 소음 공해가 심각한 헬리콥터 대비 도심 내에서 활용도가 높다. 낮은 소음 및 높은 안전성으로 인해 UAM이 이착륙하는 버티포트를 도심 내 낮은 빌딩 옥상 등에 설치할 수 있다. 이 때문에 헬리콥터 등 다른 도심 항공 모빌리티 대비 이동 편의성이 극대화된다.

UAM 등장 배경

(1) 급격한 도시화: 세계적으로 도시화가 빠르게 진행되면서 교통 혼잡 및 환경오염, 소음 공해 등의 도시 문제가 대두되었다. UN은 전 세계 도시화율(도시거주 인구 비중)이 2010년 51.7%에서 2035년 62.5%에 이를 것으로 전망하고 있다. 또한 인구 1000만 명 이상이 거주하는 메가시티 Megacity는 2010년 25개에서 2035년 48개로 2배 가까이 증가할 것으로 예상된다.

(2) 운송 효율성 저하: 도시 집중화 현상으로 도시 거주자들의 이동 속도가 급격이 저하 되고, 물류·운송 비용이 증가하고 있다. 주요 도시들의 도심 내 평균 주행속도는 30km 미만에 불과하며, 교통 체증으로 시간 낭비와 경제적 손실이 커지고 있다. 세계 주요 도시들은 밀집도가 높아 추가적인 도로 건설에 한계가 있고, 자동차 보급률도 높아 도로 혼잡은 해결하기 힘든 문제가 되었다.

(3) 친환경 교통수단 관심 증가: 전기동력 기반의 도심항공 교통은 차세대 친환경 교통수단 중 하나로 인식되고 있다. 친환경 도시를 지향하는

네옴시티가 이동수단으로 UAM에 주목한 것도 전기동력에 기반하기 때문이다. 세계 전체 이산화탄소 배출량의 1/4을 교통수단이 차지하고 있는 가운데, 친환경 교통수단에 대한 대안 제시 필요성이 커지고 있다.

(4) 항공기술 발달: 도심 항공교통의 기술 발달로 수직이착륙이 가능해지면서 활주로 확보가 필요 없어졌으며, 저소음(60데시벨 이하) 기술로 도심에서도 운행이 가능해졌다. 또한 탄소 경량화 소재 개발, 배터리 효율성 개선, 5G 및 6G 통신, AI(항공관제, 자율주행) 등 UAM 제반 기술의 성숙과 더불어 글로벌 기업 및 스타트업들의 투자 확대로 조기 상용화가 가능해졌다.

(자료: 한국금융분석원, 〈2022년 메가테크, 도심항공 산업〉, 2022.4)

UAM의 시작은 우버Uber로부터 출발한다. 2016년 우버는 〈주문형 도시 항공운송의 미래로 첫 출발First Forwarding to a Future of On-Demand Urban Air Transportation〉이라는 보고서를 발표하면서 UAM의 가이드라인을 제시했다. eVTOLelectric Vertical Take Off & Landing(전기 수직이착륙기)을 이용한 도심 항공운송 사업 플랫폼 운용 계획이 지금의 UAM으로 발전한 것이다. 이동수단의 공유화로 기존 모빌리티 산업에 혁신을 불러일으킨 우버가 다음 혁신으로 도심 항공운송 서비스를 내세운 것이다.

우버는 UAM이 기존 버스, 택시, 철도, PMPersonal Mobility이 혼합된 끊김 없는 연계 형태의 MaasMobility as a Service 교통 서비스로 진화할 것으로 내다봤다. 도시권 중장거리(30~50km)를 20여 분에 이동할 수 있는데 초기에는 공항-도심 간 운행부터 시작되어 점차 도심 내 그리고 도심·광역·지역 간 항공 모빌리티로 발전할 것으로 전망했다. 기존 교통과 UAM의 연계는 도시 교통의 새로운 변화를 불러일으켜 시간과 비용, 접근성, 교통시스템, 환경 등 다방면 측면에서 효율성이 높아질 것이다.

UAM의 구성과 종류

UAM은 크게 기체, 인프라 시스템 및 서비스로 구성된다. 기체는 수직이착륙이 가능한 eVTOLelectric Vertical Take Off & Landing(전기 수직이착륙기)로, eVTOL에 적합한 고밀도, 고출력 배터리 팩과 연료전지 시스템 등 동력원 개발을 위한 노력이 계속되고 있다. UAM은 eVTOL 기체가 양산되는 2025년부터 본격적으로 서비스가 시작될 예정이다. 현재까지 상장된 eVTOL 기체 제작 기업은 조비Joby, 릴리움Lilium, 아처Archer, 블레이드Blade, 이항Ehang 등이 있다. 국내 기업으로는 한화시스템, 현대차 및 베셀에어로스페이스가 eVTOL 개발에 참여하고 있다.

eVTOL은 일반적으로 추진 방식에 따라 3가지 형태로 구분되는데, 수직비행협회VFS에 따르면 글로벌 eVTOL 프로젝트 총 460개 중 백터드 트러스트가 약 44.6%, 멀티콥터 33.9%, 리프트 앤 크루즈가 21.5%를 차지하고 있다.

백터드 트러스트Vectored Thrust는 날개에 달린 로터들이 방향을 바꾸면서 수직으로 이륙할 때와 수평으로 비행할 때 필요한 에너지를 발생시킨다. 백터드 트러스트 방식은 한 종류의 추진체가 서로 성격이 다른 두 종류의 에너지, 즉 양력과 추력을 동시에 발생시키기 때문에

유럽 최대의 항공기 제작사인 에어버스에서 개발하는 UAM 시티에어버스

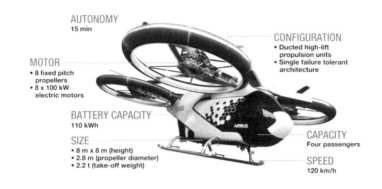

자료: 에어버스 홈페이지

eVTOL 중에서 가장 빠르고 비행거리가 길다. 최고 속도 약 300km/h, 250km/h 비행이 가능한 것으로 알려져 있다. 미국 조비의 'S-4', 한화시스템과 미국 오버에어의 '버터플라이', 미국 아처 에비에이션의 '메이커', 릴리움 '제트' 등이 대표적이다.

멀티콥터Multicopter 형태는 기존 드론처럼 회전축이 고정된 여러 개의 로터 또는 프로펠러를 장착하여 추력을 분산시켜 이착륙 및 비행하는 시스템이다. 기술적 난이도가 낮아 빠른 양산이 가능하나 최대 속도가 시속 100km 수준이어서 상대적으로 느리고 운항거리가 30~50km로 짧다. 중국 이항의 '이항 216', 독일 볼로콥터의 '볼로시티' 등이 제조하고 있다.

리프트 앤 크루즈 방식은 날개와 로터가 모두 달려 있는 비행기(고정익)와 헬리콥터(회전익)의 혼합된 형태이다. 이륙 시에는 지면과 수직 방향의 로터를 사용해 양력으로 위로 올라가고, 순항 시에는 수평 방

eVTOL 추진 형태별 분류 체계

구분	Multiretor (멀티로터)	Life+Cruise (리프트 앤 크루즈)	Vectored Thrust (백터드 트러스트)
형상			
형상적 특징	- 회전익으로 구성 - 단일 비행 모드 (회전익) - 높은 제자리 비행 효율 - 상대적으로 높은 안전성 - 낮은 직진 비행 효율	- 독립적 고정식 추진부 구성 - 3가지 비행 모드(고정익, 회전익, 천이비행) - 백터드 트러스트보도 수직이착륙 용이 - 높은 전진 비행 효율	- 탈트 기능 탑재(동일 추진부) - 3가지 비행 모드(고정익, 회전익, 천이비행) - 높은 직진비행 효율 - 낮은 제자리 비행 효율
운항 속도	70~120km/h	150~200km/h	150~300km/h
기술 수준	상대적으로 낮음	중간	가장 높음
운항 거리	도시 내 운항에 적합	도시 간 운항 가능	도시 간 운항 가능
탑재 총량	1~2인승에 적합	탑재 총량 멀티로터와 비슷	탑재 총량 가장 높음
기종 (기업)	Enang216(이항) Volocity(볼로콥터) CityAirbus(에어버스)	Cora(위스크) VT-30(이항) VoloConnect(볼로콥터) CityAirbus Next Gen(에어버스) Alia-250(베타테크놀로지)	S4(조비에비에이션) Maker(아처에비이이션) Lilium Jet(릴리움) VX4(버티컬) Butterfly(오버에어)

자료: 언론 종합

향의 로터로 추력(앞으로 나아가려는 힘)을 이용한다. 비행의 안정성을 높이는 날개와 양력, 추력 추진체가 독립적으로 작동하기 때문에 멀티콥터보다 더 많은 무게를 견딜 수 있다. 최고 속도 시속 200km, 비행거리는 100km 정도이다. 이항과 볼로콥터는 기존 멀티콥터 모델의 한계를 극복하기 위해 각각 'VT-30', '볼로커넥트'라는 모델을 개발하고 있다. 유럽 최대 항공기 제조사 에어버스_{AirBus}도 '시티에어버스 넥스트젠'을 공개했다.

⋮ 에어택시 타러 옥상으로 올라가요 ⋮

UAM에서 중요한 인프라 중 하나는 버티포트_{Vertiport}이다. eVTOL 기체들이 이착륙하고, 승객이 승하차하는 버티포트는 핵심 인프라 시설 중 하나로 도심 주요 교통 요충지에 위치하는 신규 인프라 공간이다. 버티포트는 기체 정비 및 유지 보수, 그리고 충전 등 eVTOL 기체 운용의 핵심 거점이 될 전망이다.

도시당 버티포트는 30여 개, 300여 대의 기체가 비행 가능할 것으로 전망하며 화물운송용 드론 포함 시 1000여 대 비행도 가능할 것으로 예상된다. 고도별 레이어 층이 형성되고 레이어 층별로 항로(회랑) 설정이 가능하기 때문에 각 레이어 층에는 비행거리, 속도, 기종 특성에 맞는 수많은 모빌리티가 비행할 것이다. 국토교통부에서 발표한 한국형 도심항공교통_{K-UAM} 운용 로드맵에 따르면 2025년부터는 수도권 중심의 버티포트를 설치해 인천공항과 김포공항, 여의도, 잠실 등에서 UAM 상용화 서비스가 시작된다. 2030년이 되면 수도권 및 광역권 중심에 버티포트를 설치해 UAM 운행을 전국으로 확대해서 택시와 버스처럼 어디서든지 UAM을 이용할 수 있게 된다.

미국 플라잉카 제조사 아처 에이비에이션은 리프와 제휴하여 미국 전역에 소유하고 있는 주차장 옥상 위에 버티포트를 건설하고 있다.

자료: 아처 홈페이지

　기존 빌딩의 헬리포트는 개인 소유의 eVTOL 버티포트로, 초대형 빌딩의 옥상은 상업용 버티포트로 개발될 수도 있다. UAM이 상용화되면 이제 사람들은 자가용이나 지하철, 버스를 타러 지하나 1층으로 가는 것이 아니라 UAM을 타러 옥상으로 이동하게 될 것이다. 향후 버티포트는 신규 교통 인프라로서의 역할뿐만 아니라 금융, 병원, 주택, 상점 등 주요 상업 시설과 연계될 것이다. 접근성과 편의성이 중요하므로 버티포트를 기반으로 다양한 부동산 개발 시너지 창출도 기대된다. 미래에는 역세권이 아닌 'U세권(UAM+역세권)'이 뜨는 시대가 될지도 모르겠다.

비싼 요금이 허들,
대중화에 따른 요금 인하가 관건

포르쉐컨설팅에 따르면, 현재 글로벌 모빌리티 시장 규모(하드웨어+서비스 등)는 약 7.5조~7.8조 달러로 추정된다. 이 중 UAM은 2021~2040년 동안 연평균 약 30%씩 성장해 2040년에는 전 세계 UAM 시장 규모가 약 1.5조 달러 수준으로 커질 것으로 전망된다. 글로벌 모빌리티 시장에서 UAM은 최대 13%를 차지하게 되는 것이다. 이는 같은 기간 글로벌 전기차 판매량의 연평균 약 20% 성장 전망치 대비 더 빠른 속도이다. 컨설팅 기관 롤랜드 버거Roland Berger는 승객용 eVTOL가 2040년 4만 7000대, 2050년 16만 1000대까지 급증할 것으로 추정했다. 포르쉐 컨설팅 역시 2035년 기준 약 1만 5000대의 여객용 eVTOL 수요와 200억 달러 규모의 여객 서비스 시장 등 UAM의 고성장을 예견하고 있다.

국내 UAM 시장의 경우, 국토교통부 발표에 따르면 에어택시 일일 이용객 수는 2025년 29명에서 2030년 8445명, 2035년 14만 5953명으로 늘어나고, 2040년 기준 국내 UAM 시장 규모는 약 13조 원이 될 것으로 전망했다. 또한 한국항공우주연구원KARI에 따르면 UAM의 서울시내 평균 이동시간은 자동차 대비 약 76% 단축될 것이며, 이를 사회적 비용으로 환산하면 서울에서만 연간 429억 원, 국내 대도시 전체로는 2735억 원 절감이 가능하다. 특히 UAM 실현 유망도시 글로벌 75개 도시 가운데 서울은 헬리포트 1위, 인구 밀집도 5위, 소득수준 4위 등 높은 수준의 경쟁력으로 평가받기도 하였다.

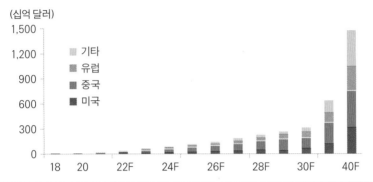

연도	세계	미국	중국	유럽	그외
2018	3.7	1.1	1.1	0.69	0.76
2020^e	7.4	2.0	2.4	1.4	1.5
2025^e	122.3	21.1	62.7	18.3	20.2
2030^e	322.1	56.4	149.4	56.0	60.3
2035^e	640.9	131.3	239.3	121.3	149.0
2040^e	1,473.9	328.1	431.1	292.4	422.3
연평균 증가(2021~40)	30.3	29.1	29.7	30.4	32.4

자료: 언론 종합

UAM이 상용화되고 대중에게 확산되기 위해서는 합리적인 요금 설정이 매우 중요하다. 아무리 편리하고 좋아도 요금이 터무니없이 비싸면 대중화되기 어렵다. 우버 등 주요 기업이 예상한 미국 기준 운임(1km당)은 상용화 초기 3~4달러, 자율비행 실현 시에는 0.6달러 수준이 적당하다고 분석했다. 운임의 구성은 기체 구매, 유지 보수, 인프라 구축, 사용료, 전력 사용, 인건비 등이다. 국내 UAM의 경우, K-UAM 로드맵에 따르면 초기 운임은 1km당 3000원, 자율비행 시 1300원 수준이다. 주요 구간인 40km 비행(인천공항-여의도) 시 상용화 초기 12만 원(헬기 대비 65%), 자율비행(2035년 이후) 시 5만 2000원(헬기 대비 25%) 수준이다.

UAM은 궁극적으로 자율비행이 목표이지만 기술적 진화를 고려하면 첫 상용화 이후 10여 년간은 유인조종, 반자율주행 및 원격조종 등을 거친 후 2035~2040년경에야 완전 자율비행이 가능할 것으로 예상된다. 그리고 완전한 자율비행이 가능해지면 운용 초기 대비 요금은 훨씬 저렴해질 것이다.

스마트 시티에서의 UAM의 역할

앞으로의 미래 도시에서 UAM은 단순한 이동수단 그 이상의 역할이 기대된다. UAM 생태계 구축을 위해서는 이착륙 및 버티포트, 충전 시설, 관제소, 통신, 저궤도 위성 등의 제반 인프라 시설이 필수적이다. 경제성을 바탕으로 한 기체 개발, 기술, 법과 제도, 사회적 합의 등의 뒷받침은 기본이다. UAM 상용화가 확산되면 공유, 리스, 렌탈, 보험, 그리고 자율차·택시·지하철 등 타 교통과 연결된 복합 모빌리티 플랫폼 시장이 형성될 것이다. 5G와 6G 통신망, 수소 사회까지 도래하면 친환경 스마트 시티가 구축되고 패러다임 변화에 맞추어 기존 도로, 교통 시스템 및 도시 구조 등 도시 생태계의 전반적인 변화가 일어날 것이다.

미래의 주요 도심 도로는 자율주행 전용 차선과 내연기관 차선 등으로 구분되고 교통 상황에 따라 AI가 교통 시스템을 체계적으로 관리한다. 자율주행차(전기차, 수소 전기차), 수소 버스, 수소 트럭 등 친환경차가 도로를 달리게 되고 사람들은 친환경 자율주행차를 타고 UAM 버티포트로 이동해 환승하여 원하는 목적지까지 빠르게 이동할 수 있다. 버티포트 주변에는 핵심 상업, 업무지구가 형성되면서 새로운 산업과 정보통신 기술이 융복합된 모빌

스마트 시티에서 UAM은 이동수단을 넘어 새로운 체험 공간으로 자리매김할 전망이다.

자료: 현대자동차

리티 혁명이 사회 전반으로 확산될 것이다. 어쩌면 빈 살만 왕세자가 그리는 네옴시티의 미래 모습도 이와 비슷할 것이다.

하늘을 나는 오토바이,
호버바이크

호버바이크 타고
서울에서 인천까지 단숨에

하늘을 나는 건 UAM만이 아니다. 일본의 스타트업 기업 에어윈스는 미국 디트로이트 오토쇼에서 하늘을 나는 오토바이, 호버바이크 '엑스투리스모'를 선보였다. 사람을 태운 오토바이가 수직으로 날아오르거나 공중에서 방향을 틀기도 하고 안정적인 자세로 부드럽게 날아간다. 2016년에 설립된 에어윈스AERWINS는 당시 'A.L.I 테크놀로지'라는 사명으로 창립했는데 2022년 사명을 에어윈스로 변경하면서 미국으로 본사를 이전했다. 에어윈스는 드론 및 공중 모빌리티 플랫폼을 개발하는 회사로, 엑스투리스모는 가와사키의 하이브리드 엔진을 기반으로 작동한다. 2025년까지는 완전 전동화(구동 방식이 내연기관에서 전

자료: 언론 종합

기모터로 전환하는 것)를 목표로 하고 있다.

　엑스투리스모는 탄소섬유 소재를 활용해 동체 무게가 약 300kg 정도로 가볍고, 적재량은 100kg 정도, 길이 약 3.7m, 폭 2.4m, 높이 1.4m의 컴팩트한 사이즈이다. 엑스투리스모는 완충 시 40분 동안 비행이 가능하며 최대 80~100km 속도를 낼 수 있다. 최대 이동 가능 거리는 40km로 서울시청에서 인천을 포함한 대부분 경기도 지역까지 갈 수 있는 수준이다. 엑스투리스모는 일본에서 이미 판매 중인데 가격은 77만 7000달러(약 10억 8003만 원)이다. 에어윈스는 오는 2025년까지 가격을 5만 달러(약 7000만 원) 수준으로 낮춰 출시할 계획이라고 밝혔다. 아직 일본 정부는 호버바이크를 항공기로 구분하지 않고 있어서 별도의 조종 면허가 필요하지는 않다. 물론 공공 도로에서의 주행은 금지돼 있고 레이스 트랙에서만 운전이 가능하다.

높은 성장성이 예상되는
호버바이크 시장

미국의 제트팩항공Jetpack Aviation은 2021년 7월에 시속 480km의 플라잉 바이크 '스피더Speeder'의 첫 비행시험을 했다. 제트팩항공은 배낭 모형의 추진체를 등에 착용하고 하늘을 날 수 있는 제트백을 개발해 유명해진 회사로, 테슬라와 스페이스X의 초기 투자자인 팀 드레이퍼가 투자하기도 하였다. 스피더는 제트터빈을 동력으로 사용하는 1인승 수직이착륙 비행체로, 비행 시험을 진행해 이륙과 상승, 호버링(공중 부양), 좌우 회전, 저속 이동 등 기술 점검을 마쳤다.

스피더는 고도 1만 5000피트(약 4500m)까지 도달할 수 있으며, 최대 1200파운드(약 544kg)의 추력을 낼 수 있다. 기술적으로 사람 몸무게에 해당하는 화물을 싣고도 최대 시속 480km 이상의 속도가 가능한데, 실제 판매 모델은 탑승자의 안전을 고려해 최고 시속 240km로 제한한다. 스피더는 레저용뿐만 아니라 소방·구조 작업이나 의료 지원 등 특수 임무에도 활용할 수 있고, 고객 요구에 맞춰 다양한 유형의 프레임과 추진 장치가 접목될 수 있다. 300마일을 비행하기를 원하는 미 해병대가 사용하기 원한다면 15~17피트의 큰 날개를 부착할 수 있다. 가격은 38만 달러(약 4억 3700만 원) 이상으로 일반 대중이 사용하기엔 다소 부담스러운데, 그보다도 미국 규제기관이 안정성 측면

제트팩항공의 스피더(왼쪽), 베트남 스타트업 에어리오스가 개발한 페가수스(오른쪽)

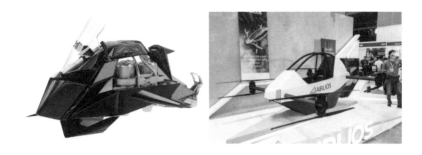

자료: 인사이드비나, 언론 종합

에서 스피더를 교통수단으로 인정하고 운항을 허가할지가 미지수라 상용화까지는 다소 시간이 걸릴 것으로 보인다.

러시아의 호버바이크 전문 기업 호버서프Hoversurf도 플라잉 오토바이를 개발해 2018년에 두바이 경찰에게 판매하였는데, 두바이 경찰이 현장 적용을 위한 시험 비행 중 공중에서 추락하는 사고가 나기도 했다.

베트남 스타트업 에어리오스Airlios가 제작한 비행 오토바이 '페가수스Pegasus'의 시제품은 이미 하노이시와 서부 지역 일대에서 누적 비행거리 1000km, 비행시간 1000시간 등 안전검증 테스트를 마쳤다. 페가수스는 알루미늄 합금, 탄소섬유, 목재로 프로펠러를 만들었고, 동력 체계는 리튬이온 배터리로 작동하는 8개의 브러시리스 모터 Brushless motor이다. 배터리는 이중 배터리 시스템으로 구성돼 엔진 고장이나 메인 배터리에 문제가 생겨도 백업 전력을 사용해 착륙 시까지 정상적인 비행을 유지하도록 했다. 탑승 정원은 1인이며 최대 비행 속도 100km로 20분간 날 수 있다. 페가수스는 탑승자가 기체를 직접 조종하거나 자율비행이 가능하며, 조종사는 에어리오스가 자체적으로 실시하는 비행안전 교육을 이수해야 한다. 에어리오스는 페가수스와 함께 에어원Air One, 미노타우르Minotaur, 커스텀Custom 등 총 4종의 비행 오토바이를 2027년부터 판매할 계획으로 예상 출고가는 20억 동(약 8만 520달러) 이상이 될 전망이다.

국내에서도 2020년부터 사람이 직접 운전할 수 있는 호버바이크 연구개발이 본격적으로 시작됐다. 국방과학연구소 주관 미래도전기술개발 사업의 일환으로 카이스트, 동아대학교, 한서대학교 및 관련 산업체가 함께 호버바이크 개발에 나섰는데, 2021년에 호버바이크 축소 모델 및 시뮬레이터를 공개한 바 있다. 연구진은 향후 100kg의 중량을 견디며, 기존 상용화된 드론보다 2~3배 이상의 비행시간을 확보하는 호버바이크를 목표로 기술 개발을 진행 중이다.

'플라잉 오토바이'로도 불리는 호버바이크는 아직 대부분의 국가에서는 일반 도로에 공중 모빌리티가 접근할 수 없고, 호버바이크에 대한 명확한 정의와 관련 법 제도도 마련되지 않았다(현재 도로교통법상 도로 위를 합법적으로 주행할 수 있는 이동수단은 자동차, 건설기계, 원동기장치 자전거, 자전거, 사람이나 소와 말 등의 가축 및 그 밖의 동력으로 도로에서 운전되는 것으로 명시돼 있다. 호버바이크의 경우 별도의 법 제정이 없다면 공공도로에서 주행은 불가능한 실정이다).

하지만 호버바이크에 대한 가능성은 높은 편이다. 글로벌 시장조사 기관인 얼라이드 마켓 리서치Allied Market Research에 따르면, 글로벌 호버바이크 시장 규모는 2021년 5220만 달러(약 733억 원)로, 향후 매년

21.7%씩 성장하면서 2030년에는 3억 610만 달러(약 4296억 원)에 달할 것으로 전망된다. 상용화가 이루어지면 공공, 재난 안전, 인명 구조 측면에서 먼저 활용될 가능성이 높다. 새로운 레저 스포츠 산업으로도 확대될 수도 있고, 범죄자 도주, 건물 붕괴, 물놀이 사고 시 인명 구조, 국방 등 일상의 긴급 상황에서 교통 체증, 불법 주차, 도로 인프라 파손 등에 영향을 받지 않고 빠른 대응이 가능할 것이다. 만약 호버바이크가 지금의 오토바이처럼 대중화되면 라이더들이 오토바이 대신 호버바이크를 타고 인천에서 서울까지 음식을 배달해주는 그런 미래 시대가 올 것으로 기대된다.

모든 곳이 길이 된다,
신기한 차세대 미래형 모빌리티

하늘만 길이 아니다,
물 위로 달리는 수상 자전거

교통 체증으로 꽉 막힌 올림픽대로에서 꼼짝달싹못하고 있을 때 고개를 돌려 유유히 흐르는 한강을 바라보며 저 강 위를 쏜살같이 달려갈 수 있다면 얼마나 좋을까 하는 상상을 해보곤 한다. 그런데 그런 상상을 가능하게 해주는 자전거가 등장했다. 뉴질랜드의 디자인 회사 만타5(Manta5)가 수상자전거 '하이드로포일러 SL3'를 선보였는데, 위쪽은 자전거를, 아래쪽 날개는 마치 비행기를 떠올리게 하는 독특한 디자인이다. 시속 20km로 물 위를 달릴 수 있는 전기자전거로 가격은 약 9000달러(약 1294만 원)이다. 최대 승차시간은 4시간 30분이다. 앞뒤에 있는 수중 날개는 물 위에서도 균형을 잡을 수 있게 해주는데

만타5가 제작한 수상자전거 '하이드로포일러 SL3'

자료: 만타5 홈페이지

탄소섬유로 만들어져 가벼우면서도 튼튼하다.

뒤쪽 날개에는 전기모터와 연결된 프로펠러가 달려 있다. 탑승자가 페달을 밟아 뒤쪽 프로펠러를 회전시키고, 2500와트 전기모터가 속도를 올려준다. 하이드로 포일이라고 불리는 물속에 잠긴 날개는 탑승자의 몸무게를 분산시켜 수면 위에 있게 한다. 앞으로 페달을 밟을 때 날개처럼 움직여서 자전거를 물 밖으로 밀어낸다. 속도를 빠르게 끌어올려 자전거를 똑바로 띄우기 위해 400와트짜리 전기모터가 힘을 더한다.

하이드로포일러 SL3의 이전 모델인 하이드로포일러 XE-1은 2020년 CES에서 처음 소개되어 많은 이들의 관심을 끌었는데, 하이드로포일러 SL3에서는 페달을 굴리기 어려울 땐 스스로 주행할 수 있는 스로틀 전용 모드가 탑재되었다.

수면 위를 비행하는 느낌의 수상자전거는 레저용이나 스포츠용 외에도 출퇴근용 및 긴급 재난 구조용 등으로도 사용할 수 있을 것으로 기대된다.

양손에 끼우고 순식간에 날아올라 인명을 구조하는 '제트 슈트'

UAM, 호버바이크, 수상자전거 등 모빌리티의 진화는 끝이 없다. '타는 모빌리티'에서 이제는 '입는 모빌리티'까지 등장했다. 영국의 스타트업 그래비티 인더스트리Gravity Industries 출신 발명가 리차드 브라우닝은 1만 2000피트(3657m) 이상을 날아올라 시속 85마일(136km)까지 속도를 낼 수 있는 '제트 슈트Jet suit'를 개발했는데, 재미있는 것은 이 제트 슈트는 양손과 백팩에 장착해 날아오른다. 양손에 2개, 백팩에 1개, 총 5개의 소형 제트엔진을 장착하면 최대 10분 동안 비행할 수 있다.

10분밖에 안 되는 짧은 비행시간임에도 이 제트 슈트가 관심을 모은 이유는 차량이나 헬기 접근이 어려운 곳에 응급요원들이 빠르게 접근할 수 있도록 돕는다는 것이다. 악천후 속에서도 비행이 가능해 빠른 시간 내에 응급구조를 해야 하는 상황에 매우 적합하다. 실제로 영국 구조 단체인 그레이트 에어 앰뷸런스 서비스GNAAS 팀은 최초로 제트 슈트를 입고 언덕 위로 날아오르는 데 성공했다. 응급요원들은

제트 슈트를 입고 응급구조 훈련을 하는 영국 구조 단체

자료: 언론 종합

제트 슈트를 착용하고 시속 30마일(약 48km)의 강풍과 폭우 속에 하늘로 날아올랐는데, 이번 비행 훈련은 응급요원들이 제트 슈트를 착용하고 오지의 환자를 찾아가 구조하는 것이 목표였다. 응급구조사가 응급조치가 필요한 위급한 환자를 찾아가는 시간을 단축하는 것이다.

훈련이 진행된 영국 북서부의 레이크 디스트릭트는 언덕이 많고 가파르기 때문에 구조 작업을 벌이기 어려운 곳이다. GNAAS의 응급요원 제이미 월시는 약 10일간 훈련을 받은 뒤 악천후 속에서도 가파른 경사지 위로 날아올라 시험 비행을 성공적으로 마쳤다. 헬기가 뜰 수 없는 악조건 속에서도 2km 거리의 환자에게 단 3분 40초 만에 도달하는 데 성공했다. 2022년 5월에는 헬리콥터로 이동할 경우 24분 걸리는 950m 높이의 헬벨린 산 정상까지 제트 슈트를 입은 파일럿이 8분 만에 도착하기도 했고, 2021년에는 영국 해군 해병이 영국해협에서 선박과 선박 사이를 점프하는 데 제트 슈트를 사용했다.

특히 추락, 실족, 조난 등의 산악 사고는 일반 사고와 달리 구조대원이 신속하게 현장에 접근하기 어려워 구조 골든타임을 놓치는 안타까

운 상황이 발생하기도 한다. 모빌리티의 환상적인 진보를 보여준 제트 슈트의 등장에 인터넷상에서는 "우리가 정말로 필요했던 것이 등장했다", "응급대원들을 위한 최고의 기술이다" 등의 호의적인 댓글들이 쏟아졌다. 제트 슈트야말로 '인간 안보를 위한 기술'이라는 말에 가장 적합한 발명품이 아닐까 싶다.

달리는 속도로 걷는다, '세계에서 가장 빠른 신발'

신고 걷기만 하면 보행 속도를 최대 250%까지 높여 축지법을 가능하게 하는 신발이 있다. 미국의 스타트업 시프트 로보틱스가 개발한 '문워커스Moonwalkers'는 롤러스케이트를 닮은 신발이지만 롤러스케이트와 달리 정상적으로 걸을 수 있도록 만들어졌다.

신발 아래에는 최첨단 브러실리스 DC 모터로 구동되는 휠 8개가 장착되어 최고 속도는 시간당 11km, 1번 충전 시 약 10.5km를 걸을 수 있다. 충전에 걸리는 시간은 1시간 30분 정도이고 신발 무게는 각각 1.9kg이다. 사람의 평균 보행 속도가 4.8km/h인데 문워커스를 착용하면 시속 11km/h까지 빨라질 수 있다. 시속 10~11km/h라 하면 헬스장 런닝머신에서 10이나 11로 숫자를 고정해서 달리는 수준으로, 숨이 꽤 찰 정도로 빠르게 달리기를 하면 나오는 속도이다. 작동 모드를 시작하려면 오른쪽 발뒤꿈치를 공중으로 든 채 왼쪽 다리를 향해 시계방향으로 돌리면 되고 잠금 모드는 오른쪽 발뒤꿈치를 살짝 들어

세계에서 가장 빠른 신발
시속 11km '문워커스'

자료: 언론 종합

올렸다 내리면 된다.

　이 신발의 특징은 보행자의 움직임에 적응하는 AI 기계학습 알고리즘이다. AI 알고리즘이 사용자의 걸음걸이를 학습해 모터의 전력을 자동으로 조정하고, 내리막에서는 사고를 예방하기 위해 이를 감지하는 센서도 있다. 보행자는 문워커스를 신고 평범하게 도로를 걷지만 주변 사람들과 비교하면 꽤 차이가 나는 속도감이 느껴진다.

　전기 스쿠터나 자전거와 비교하면 부피가 훨씬 작기 때문에 보관이 용이하고, 안전사고의 위험성도 상대적으로 낮다. 신발 한 쌍의 가격은 약 1199달러(약 158만 원)로 다소 비싼 편이지만, 나이키 에어조던 한정판 가격이 150만 원 이상이라는 것을 생각한다면 스쿠터나 자전거 대용으로 구매해도 좋을 듯하다.

5장

Big Tech
5

가상·증강 현실 기술이 만드는 일하는 방식의 혁명, 메타버스 오피스

Metaverse Office: 오프라인 사무실을 대체하는 가상공간으로서 업무에 특화된 메타버스 환경을 의미. 워크테크(Work Tech)의 하나로, 혁신적 업무 환경 제공과 더불어 오프라인 업무 환경을 유지하며 공간 제약을 없애 일상 업무 공간을 메타버스로 확장한 개념이다.

코로나가 끝나도
회사로 복귀하지 않는다

CES 2023의 핫트렌드,
메타버스와 원격근무 기술

CES에서는 매년 산업의 성장을 리딩하고 사회적으로 이슈가 되는 기술 트렌드를 선정해 새로운 전시 주제로 추가하는데, CES 2023에서는 메타버스와 원격근무 기술Remote Work Tech이 새로운 전시 주제로 추가되었다. 메타버스는 CES 2022에서 가상 및 증강 현실VR/AR 카테고리로 전시된 바 있었는데, 전 세계적인 이슈가 되면서 명칭을 바꿔 독립적인 카테고리로 등장하게 되었다. 흥미로운 점은 메타버스를 활용한 원격근무 기술의 신규 추가인데, 코로나 팬데믹으로 급부상한 원격근무 기술이 코로나가 끝나가는 엔데믹 시기에도 여전히 주목받고 있다는 점이다.

코로나가 엔데믹으로 접어들면서 재택근무가 끝나고 회식 등 각종 사내 모임이 부활하자 20~30대 직장인들은 스트레스를 호소하고 있다. 온라인에는 퇴사를 고민하는 글도 잇따른다. "회사에서 코로나 끝났다고 이제 다시 워크숍을 간다고 하더라. 1박 2일 워크숍이라니 생각만 해도 너무 끔찍하다", "코로나 거의 끝나니까 회사에서 야유회 가자고 하는데 이게 맞느냐", "회사에 합격 통보받고 오늘 인사하러 갔는데 이사가 이제 코로나 덜해질 테니 이전처럼 회사 행사를 다시 진행할 거라고 하더라. 대체 등산은 무슨 말이냐" 등 블라인드(직장인 익명 게시판 앱)에는 코로나 이전으로 회귀하는 직장 문화에 불만을 토로하는 글들이 빗발치고 있다.

개발자 채용 플랫폼 '프로그래머스'를 운영하는 스타트업 그렙은 지난 5일 전국 개발자(5362명)를 대상으로 현재 근무 형태를 물은 결과, '재택·출근을 병행한다'는 응답이 38.3%였고 12.2%는 '풀타임 재택근무를 한다'고 답했다고 밝혔다. 이미 개발자 과반(50.5%)이 재택에 익숙해진 셈이다.

반면 국내 주요 기업들은 최근 '코로나 이전'으로 돌아갈 준비를 하고 있다. 한국경영자총협회가 매출 100대 기업을 조사한 결과, '코로나 상황이 해소되면 예전 근무 형태로 돌아갈 것'이라는 답변이 56.4%로 나타났다. 업무 효율성을 높여야 하는 기업과 재택을 원하는 직원들 사이의 시각 차이가 드러난 대목이다.

특히 전통산업 대비 근무 형태가 비교적 자유로웠던 ICT 업계에선 출근에 반감이 더 큰 상황이다. 미국의 경우 마이크로스프트와 애플, 구글 등이 직원들을 다시 사무실로 불러들이고 있지만 직원들의 반감이 상당하다. CNBC 보도에 따르면, 최근 기록적인 퇴직률이 이 같은 저항의 증거라며 "IT 업계의 출근 요구는 직원들을 붙잡아두려는 기업들에 추가적인 위험 요소가 될 수 있다"라고 평가했다.

오피스 빅뱅, MZ 세대들의 일하는 방식이 달라진다

코로나로 일상의 많은 부분이 변화했는데, 그중에서 가장 크게 변화한 것은 일하는 방식이었다. 김난도 교수의 저서 《트렌드 코리아 2023》에서도 코로나에 따른 조직 문화의 변화, 즉 '오피스 빅뱅'을 가장 중요한 트렌드 중 하나로 꼽았다. 오피스 빅뱅 중에서 가장 주목할 현상은 퇴직 열풍이다. 오피스 빅뱅의 원인은 코로나 기간 동안 많은 MZ 세대들이 새로운 업무 방식에 적응을 했고 편리함을 느꼈기 때문이다. 또한 부동산, 주식, 코인, 미술품 등 코로나 팬데믹 시기에 재테크로 성공한 소수의 직장인들, 디지털 플랫폼에서 자신의 콘텐츠로 영향력을 행사하는 MZ 사원들은 목을 매고 직장에서 근무할 필요성을 느끼지 않는다. 나노 사회로 인해 조직의 성장보다 나의 성장을 중요시하는 개인주의적 가치관의 변화까지 맞물리면서 재택근무가 초래한 충격은 조직에 영향을 미치고, 노동 시스템 전반에 대한 사회적 전환으로까지 이어졌다.

MZ 세대에게 급여는 더 이상 매력적인 선택지가 아니다. 일한 만큼 월급 받는 것은 당연하고, 여기에 더해서 디테일한 복지 혜택을 직업

선택의 기준으로 삼고 있다. 집은 사무실처럼, 회사에서는 내 집처럼 편안한 사무실을 조성하는 레지머셜resimercial(주거공간을 뜻하는 레지던스 residence와 상업공간을 뜻하는 커머셜commercial의 신조어. 사무실을 마치 집처럼 꾸미는 사무실의 인테리어화를 의미)이 트렌드가 되고 있다.

코로나 팬데믹으로 새로운 근무 방식에 적응을 마친 직장인들은 효율성이 담보되지 않는 오피스 근무에 의문을 제기하게 되었다. 코로나로 근무 방식이 변화한 이후 직장인의 절반 이상은 업무 생산성이 늘었다고 생각한다. EY한영이 22개국 1500개 기업 임원과 직장인 등 1만 7000명을 대상으로 실시한 '2022 일자리의 현재와 미래' 설문조사에 따르면, 직장인의 64%는 코로나 이후 생산성이 향상했다고 응답했다. 반면 임원과 관리자 응답자의 41%는 코로나로 직원들의 퇴사가 증가하며 생산성이 오히려 떨어졌다고 답해 기업과 근로자 간 시각차이가 있음을 알 수 있다. 기업의 72%는 새로운 업무 방식으로 인해 조직원들의 경쟁력이 저하될 것으로 우려했지만, 이에 동의하는 직장인은 56%였다. 또한 직장인들의 80%는 '최소 주 2일 이상 재택근무를 하는 하이브리드 근무 형태를 선호한다'고 응답했다. IT 개발자들역시 '재택·출근을 병행한다'는 응답이 38.3%였고, 12.2%는 '풀타임 재택근무를 한다'고 답했다. 개발자들의 절반 이상(50.5%)이 재택에 익숙해진 셈이다.

미국도 상황은 비슷하다. 마이크로스프트와 애플, 구글 등에서 직원들을 다시 사무실로 불러들이고 있지만 직원들의 반감은 상당하다. 애플은 코로나가 완화되면서 주3일 출근을 알리자, 직원들로 구성된 '애플투게더'가 공개적으로 반발했고 AI 머신러닝 디렉터를 비롯한 직

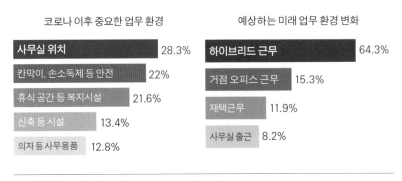

코로나 이후 중요한 업무 환경		예상하는 미래 업무 환경 변화	
사무실 위치	28.3%	하이브리드 근무	64.3%
칸막이, 손소독제 등 안전	22%	거점 오피스 근무	15.3%
휴식 공간 등 복지시설	21.6%	재택근무	11.9%
신축 등 시설	13.4%	사무실 출근	8.2%
의자 등 사무용품	12.8%		

자료: 사람인

원 퇴사가 이어졌다.

구직 플랫폼 '사람인'의 업무 환경 인식 조사에 따르면, 응답자의 64.3%는 향후 재택근무와 사무실 근무를 병행한 '하이브리드 근무'가 대세가 될 것으로 전망했다. 사무실 출근을 대세로 꼽은 비율은 8.2%로 가장 낮았다. 재택근무와 오프라인 근무의 병행을 코로나 확산으로 인한 일시적 현상이 아니라 변화하는 시대 흐름으로 여기고 있는 것이다.

재택근무 도입할 테니 퇴직만은 제발

그러다 보니 국내의 IT 기업 및 대기업들은 젊은 직원들의 퇴사, 이직을 막기 위해 사회적 거리두기 해제 이후에도 재택근무 시스템을 유지하기로 했다. 네이버는 타입 R(전면 재택)과 타입 O(주3회 이상 출근)

로 이뤄진 새로운 근무제 '커넥티드 워크Connected Work'를 도입한다. 카카오 역시 네이버와 비슷한 수준의 주3회 수준의 재택근무제를 시행한다. 당근마켓 직원들은 스스로 재택근무 혹은 사무실 출근을 자유롭게 정하고, 업무 시작 시간을 오전 7시부터 11시까지 자유롭게 선택할 수 있다. 부동산 플랫폼 업체인 직방은 대표와 임원을 포함해 전 직원이 메타버스 협업 툴인 메타폴리스로 출근한다. 본사로 사용하던 사무실을 폐쇄하고 전면 원격근무 제도를 도입했다. 이처럼 엔데믹 전환에도 사무실 출근을 강요하지 않는 건 원격근무의 효율성을 체감했기 때문이다. 치열한 인재 구하기 경쟁에서 원격근무는 매력적인 복리후생 혜택으로 작용할 수도 있다.

아예 워케이션Workcation(일Work과 휴가Vacation의 합성어로, 원하는 곳에서 업무와 휴가를 동시에 할 수 있는 새로운 근무제도)을 도입한 기업들도 있다. 휴가지에서의 업무를 인정함으로써 업무의 능률성을 꾀할 수 있다는 것이다. 카카오스타일은 휴가지에 머물면서 일과 여행을 즐기는 워케이션 제도를 도입해 직원들 사이에서는 '한 달 제주살이'가 인기가 높다. 라인은 하이브리드 워크 근무제를 공식 도입했다. 하이브리드 워크는 시차 4시간 이내 해외에서도 일을 할 수 있는 자율 원격근무 제도이다. 온라인 여행사 플랫폼 회사인 야놀자와 마이리얼트립, 모바일 뷰티 플랫폼 회사 버드뷰 등도 자율 원격근무를 전사로 확대했는데, 원격근무자 중 10~20%는 휴가와 함께 업무를 보고 있다.

코로나가 끝나도 재택근무를 도입하려는 기업이 늘어나면서 재택근무 솔루션 시장도 급성장하고 있다. KT는 지방자치단체와 국가·공공기관을 겨냥한 '공공 전용 클라우드G-Cloud 기반 재택근무 시스템'을 개

자료: BBC

발, 제주도를 시작으로 관련 시장 공략에 본격 나섰다. LG유플러스
는 재택근무와 메타버스를 접목시킨 'U+가상오피스'를 선보였다. 출
근부터 퇴근까지 실제 사무실 업무 과정과 동일한 사용자 경험을 메
타버스로 제공하는 솔루션이다. 채팅·음성·영상대화·화상회의 등
통합 업무 솔루션은 물론 실시간 자막과 회의록을 작성해주는 'AI 회
의록', 포스트잇을 이용한 메모, 동시 첨삭이 가능한 '협업 툴', 감정 표
현 기능으로 현실감을 높인 '아바타' 등을 통해 몰입도를 높였다.

물론 코로나 팬데믹으로 흐트러졌던 사업 체계를 다시 정비하기 위
해서는 대면근무가 불가피하다고 말하는 기업도 적지 않다. 특히 빠
른 성장이 요구되는 스타트업이나 인력이 부족한 중소·중견 기업의
경우가 그렇다. 엔데믹으로 전환되면 오프라인 출근 비중을 늘리려던
이들 기업은 직원들이 퇴사할까 봐 섣불리 전환을 못 하고 있는 실정

이다.

　'대사직 시대', '대퇴사 시대'라고 불리는 요즘, 재택근무가 익숙해지고 효율성을 경험한 우수 인력들의 이탈을 막기 위해서라도 기업들은 기존 근무 형태에 대한 재고가 불가피해졌다. 코로나 팬데믹이 끝나도 재택근무와 사무실 출근을 병행하는 하이브리드 근무 형태는 계속 유지될 가능성이 매우 높아 이를 지원하는 다양한 기술, 즉 워크테크 worktech의 적절한 활용이 요구된다. 이러한 추세는 국내뿐 아니라 전 세계적인 흐름이다. 쿠시먼앤드웨이크필드 조사에 따르면, 미국 직원 5분의 1은 오피스에 가끔 출근하기를 선호하고 5분의 1은 전면 재택근무를 선호하는 것으로 나타났는데, 이런 현상은 스페인, 멕시코, 일본 등에서도 유사하게 나타났다.

　최근 기업들은 문화·협업·혁신에 초점을 맞추면서, 협업을 위한 개별적인 전용 공간과 특수 목적을 위한 프라이빗 오피스 공간을 확장하고 있다. 즉 직원이 출근하고 싶은 오피스 공간으로 만들어야 할 필요성이 있다. 단순히 '출근해서 업무만 하는 공간'이었던 오피스가 이제는 '직원 업무 교류를 위한 장소', '직원 재충전과 자기계발의 니즈를 채워줄 수 있는 공간'으로 변화해야 한다. 그리고 사무실 공간의 개념은 오프라인에 국한되지 않는다. 메타버스에 기반한 온라인 영역으로까지 확장되어 온·오프라인 상관없이 언제 어디서든 자유롭게 일할 수 있는 공간을 제공할 수 있어야 한다. 이것이 바로 '메타버스 오피스 빅뱅'이다. 앞으로의 사무실은 '온·오프라인 구분 없이 비대면과 대면 업무를 혼합한 하이브리드 업무 체제를 유연하게 지원할 수 있는 플랫폼 공간'으로 재정의될 것이다.

메타버스 오피스에서
자유롭게 근무하다

온라인상에서의 새로운 업무 공간, 메타버스 오피스

2021년 대중 앞에 등장한 '메타버스'는 2022년에도 메가 트렌드로서 그 영향력을 발휘하며 국내는 물론 전 세계 시장을 휩쓸었다. 지금까지는 로블록스, 제페토 등 게임과 엔터테인먼트 중심으로 메타버스가 활용되었다. 소비자기술협회CTA에 따르면, 미국 청소년 및 성인 인구 2억 2400만 명 중 73%가 게임 인구로 예상되는 가운데 이 중 37%가 메타버스에 흥미를 가지고 있다고 밝혔다. 그런데 재택근무의 일상화로 메타버스가 근무 공간으로서 각광을 받으면서 기업들이 직원들의 작업 공간으로 활용하는 이른바 '메타버스 오피스'가 새로운 트렌드로 급부상할 전망이다. 빌 게이츠 역시 "3년 내 모든 회사의 회의는

아바타를 활용한 메타버스 오피스 모습

자료: 언론 종합

메타버스로 이뤄지게 될 것"이라고 발언한 바 있다.

메타버스 오피스는 오프라인 사무실을 대체하는 가상공간으로서 업무에 특화된 메타버스 환경을 의미한다. 혁신적 업무 환경 제공과 더불어 오프라인 업무 환경을 유지하며 공간 제약을 없애 일상 업무 공간을 메타버스로 확장하는 것이 메타버스 오피스의 개념이다. 3D 게임 플랫폼으로 유명한 유니티는 자사의 게임 엔진을 이용한 플랫폼으로 가상화한 사무실에 이메일, 일정 관리 등 기존 회사 업무 시스템과 연계해 메타버스 오피스를 구현하였다. 메타버스 오피스에 접속하면 일대일 영상 채팅은 물론 다자간 영상회의, 1000명 이상 수용 가능한 영상 콘퍼런스 등 다양한 기능을 이용할 수 있다.

'실물 연동형 메타버스 오피스'도 있다. 온·오프라인 오피스를 연동, 메타버스로 제공하는 방식으로 메타버스 기술에 영상 미팅·채팅 등 협업 도구 툴을 구현하고 출퇴근 인식, 회의실 예약, 주차 등 오프라인 서비스를 연동함으로써 재택근무의 효율성을 높인다. 실물 연동형 메타버스 오피스 서비스를 통해 메타버스 오피스 내의 모든 활동을 데이터화하고 이를 분석해 업무 효율성을 높일 수도 있다.

메타버스 오피스의 핵심은 '함께 일할 수 있는 공간성의 확보'이다. 따라서 어떤 디바이스나 OS 사양에서도 작동해야 하고 기존 회사 업무 프로세스 및 인사·결재 시스템과의 연동도 쉬워야 한다.

국내의 경우 부동산 플랫폼 기업 직방이 가상 오피스 '메타폴리스'로 원격근무를 하고 있다. 메타폴리스가 직원들의 호응을 얻으면서 현재는 20개 기업의 2500명이 메타폴리스 기반의 근무 체제를 도입했다. 게임사 컴투스도 메타버스 전문 조인트 벤처인 컴투버스를 통해 메타버스 오피스를 준비하고 있다.

고도화되어가는 메타버스 오피스 솔루션

마이크로소프트는 협업 툴인 '팀즈'의 아바타 기반 가상공간 내 화상회의 기능인 '메시 아바타'를 선보였는데, 메시 아바타는 기기 카메라를 켜지 않고도 사용자가 직접 설정한 아바타로 화상회의를 할 수 있는 기능이다. '아바타' 앱을 사용해 아바타의 신체적 속성과 액세서리 등 수백 가지 옵션을 취사선택해 아바타를 최대 3개까지 설계할 수 있다. 회의에 참여하는 동안 보여줄 수 있는 제스처들도 다양하게 지원되어 실제 회의에 참석한 듯한 체험이 가능하다.

팀즈에 고급 기능을 내장한 '팀즈 프리미엄'은 일대일 미팅, 가상 미팅, 타운홀 미팅, 웨비나 등 모든 일정을 관리하는 기능이 지원된다.

고객 상담, 브레인스토밍, 기술지원센터 등 일정 유형에 따른 가이드를 제공해 이용자의 고민과 시간 낭비를 줄여주는 기능도 있다. 회의 중 중요 정보를 정리해주는 '인텔리전트 요약'이나 작업 항목을 회의에서 자동으로 할당할 수 있는 'AI 생성 작업', 자동으로 회의 챕터를 생성해 녹화본을 쉽게 탐색하게 해주는 '인텔리전트 플레이백', 이용자의 참석이나 이탈 등 회의에서 중요한 순간을 찾아주는 '개인화 인사이트', 40개 언어를 지원하는 '캡션 실시간 번역' 등 오프라인 업무보다 더 효율적이고 편리한 기능을 제공하기도 한다.

또한 하이브리드 작업을 위한 공간을 최적화하는 새로운 작업 공간 앱으로는 '마이크로소프트 플레이스'가 있다. 가상 및 물리적 공간에 걸쳐 이뤄지는 직원 업무 상황을 통합적으로 관리하고 최적화해주는 앱으로, 팀 또는 협업 네트워크에 있는 사용자가 사무실에 있는 날을 확인하도록 해준다. 사용자의 실제 위치와 업무 공간 예약 기능 및 예약 상황 조회, 직원 통근 시간에 대한 조회, 사무실 내 경로 탐색 등의 기능도 지원하고, 관리자 대상으로 하이브리드 근무 공간에 대한 통찰력과 지침도 제공하여 하이브리드 업무 효율성을 극대화한다. '투게더 모드'라는 기능은 가상 회의를 하는 동안 미팅 참여자들이 같은 방에 있는 것처럼 느낄 수 있게 해준다. 주최자와 발표자는 미팅 참여자에게 좌석을 할당해 투게더 모드를 사용할 수 있다.

흥미로운 부분은 타사 서비스와의 협력을 통한 다양한 부가 기능 제공이다. 3M과 협업해 팀즈 앱스토어에서 3M '포스트잇' 앱을 지원하여 손으로 쓴 노트를 디지털화할 수 있는 기능을 제공한다. 음악 앱 '아이하트라디오' 관련 기능도 추가해 업무를 하면서 음악을 듣거

팀즈의 메시 아바타를 이용한 메타버스 내에서의 업무 모습

자료: 언론 종합

나, 좋아하는 음악 방송 채널을 추천하는 기능도 사용할 수 있다.

　메타버스 오피스답게 팀즈는 메타의 VR 헤드셋 '퀘스트'와 연계되어 이용자는 가상공간에서 이뤄지는 회의에서 아바타로 실제 자신의 움직임을 구현할 수 있다. 마이크로소프트는 '팀즈' 외에도 '오피스', '윈도우', '엑스박스' 등의 서비스를 메타의 퀘스트 시리즈로 제공할 예정이다. 메타의 CEO 마크 저커버그는 "메타버스의 생생한 경험이 미래의 가상 사무실의 기반이 될 것으로 기대한다"라고 메타버스 오피스의 미래를 밝게 전망했다.

작업 현장의 메타버스화로
안전을 지키다

⋮　　**공장, 건설 현장에 메타버스를 도입하다**　　⋮

일하는 곳은 오피스만 있는 것이 아니다. 공장이나 건설 현장도 일하는 공간이고, 이러한 공간의 메타버스화가 주목을 끌고 있다.

화학물질을 다루는 공장의 경우 유해 화학물질 유출사고에 대한 빠른 대응이 중요하다. 울산의 한 공장에서는 메타버스 증강 현실AR 기술을 유해 화학물질 유출사고 대응 재난 대비 훈련에 사용하고 있다. 메타버스 테크 기업 스코넥이 개발한 '화학사고 누출 훈련' 시뮬레이션은 실전을 방불케 한다. 사이렌과 함께 비상 안내 방송이 울리면 요원들은 즉시 방호복을 갈아입고 출동한다. 현장에서 염산 누출을 확인한 요원들은 기계장치로 이를 막고 추가 누출까지 차단한다. 이 훈련은 대형 공장이 아닌 49㎡의 좁은 공간에서 이루어지는데 가상

스코넥의 메타버스 화학훈련 모습

자료: 언론 종합

현실 기술 덕분에 사고 상황을 그대로 재현한 공간을 자유롭게 이동하며 현실감 있는 훈련을 할 수 있다.

훈련은 재난 상황 접수, 상황 판단 회의, 재난안전대책본부 가동 및 종료 등의 내용으로 진행되는데, 참여자들은 3D 그래픽으로 실제처럼 구현된 가상의 재난대응 상황을 마주하고 지자체 상황실, 재난현장본부 등 주어진 역할에 맞춰 게임처럼 가상의 미션을 수행한다. 가상 시뮬레이터는 화학물질 자체의 위험성과 유해성으로 현실에서 구현 불가능한 상황을 제공하는데, 1인용 염소 누출 대응 훈련을 비롯해 1~5인용 대공간 기반 염소 및 불산 누출 대응 훈련 등 다양한 훈련 상황을 체험할 수 있다. 화학물질 유출사고에 대한 교통 통제, 주민 대피 등 훈련 참여자들이 어떤 판단을 내리는지에 따라 피해 상황은 실시간으로 변한다. 만약 잘못된 판단을 내리게 되면 사상자 수외 피해액이 늘어난다. 현장 상황은 독립형 AR 디바이스를 통해 지휘부에 회의 안건으로 공유되고, 이를 통해 이동 중에도 홀로렌즈를 통해 상황을 보고 받고 지시할 수 있다. 훈련 종료 후에는 미션 수행 결과를 점수로 확인할 수 있고, 점수가 기준에 미치지 못하는 경우 재훈련을 통해 미흡한 점을 개선한다.

실제로 하기에는 위험도가 높은 유해 화학물질 유출사고 대응 훈련에 메타버스 기반 기술을 도입함으로써 참여자의 위험 부담을 낮추는 동시에 다양한 가상 상황을 연출해 업무 숙련도를 높일 수 있다는 점이 특징이다. 여기에 게임 요소까지 가미해 훈련을 여러 명이 함께 수행할 수도 있다. 훈련은 시나리오에 따라 기초, 초급, 중급, 고급 단계로 진행되며, 고급 단계에서는 1~5인이 여러 사고 상황을 협업해 해결하는 방식으로 진행된다. 개별 훈련 후에는 훈련 과정에 대한 평가지표를 제공해 훈련자가 과정상에서 문제된 부분을 확인하고 상황 대처 능력을 키울 수 있다.

현장감을 극대화한
가상화재 현장에서 소방훈련

소방훈련에도 메타버스가 활용되고 있다. 최대 10명까지 함께 할 수 있는 가상화재 현장에 소방관들이 열감 슈트와 관창, 소화기 등 장비를 갖추고 지휘관의 명령에 따라 일사불란하게 움직이며 화재 진압을 훈련할 수 있다. 실제 화재 현장에서 불규칙적으로 발생하는 백

가상·증강 현실(XR)로 구현한 실감 소방훈련 시뮬레이터

자료: 테크월드

드래프트(산소가 부족한 공간에 갑자기 다량의 산소가 공급될 때 연소가스가 순간적으로 발화하는 현상) 및 플래시 오버(일정 공간에 축적된 다량의 가연성 가스가 발화점을 넘어서며 순식간에 화염에 휩싸이는 현상) 등 물리적인 한계로 현실 세계에서 경험할 수 없는 치명적인 특수 상황을 가상·증강 현실XR로 구현해내 현장감을 극대화한다. 소방훈련 플랫폼과 콘텐츠는 실제 소방관의 피드백을 바탕으로 개발돼 실질적인 소방 역량 개선에 도움을 준다. 훈련자는 열감 슈트를 착용하고 실제 화재 현장과 유사한 환경에서 교육·훈련 목적에 맞게 다양한 교육·훈련이 가능하다. 실제 현장감을 극대화하는 XR 환경뿐만 아니라 훈련 종료 후 물 사용량, 화점 명중률 등 훈련 결과를 분석해 제공한다.

이러한 메타버스 훈련은 비용을 최소화할 수 있을 뿐만 아니라, 시간과 장소의 제약 없이 반복적인 훈련이 가능하다는 것이 특징이다. 특히 2022년부터 중대재해처벌법이 시행되면서 메타버스 훈련을 통해 산업재해를 해결할 수 있을 것으로 기대가 모아지고 있다. 정보통신산업진흥원이 발표한 〈가상·증강 현실XR을 활용한 교육·훈련 분야 용도 분석〉 보고서에 따르면, 위험도나 정밀도가 높을수록 비용 절감 효과가 크며 소방관 훈련, 화학사고 대응, 경찰 테러 훈련 등 현실 체험이 불가하거나 상당한 준비 기간이 소요되는 훈련에서 XR 교육·훈련의 활용성이 높을 것으로 분석됐다. 회사 사무실뿐만 아니라 재난 현장 및 산업 현장의 메타버스 오피스화로 비용을 최소화하면서 작업 환경의 안전도도 높일 수 있다는 점에서 응용 분야는 점점 더 확대될 전망이다.

가상공간 안에서 재해재난 상황을 가정해 시뮬레이션하거나 오프라인 공간의 한계를 가상공간이 보완, 대체하는 실용적 메타버스는 생활의 편리함을 넘어 산업과 재해 현장에서 안전을 지키는 기술로 활용되고 있다. 게임과 엔터테인먼트 중심으로만 이용되어 활용성이 떨어진다는 비판을 받았던 메타버스 서비스가 현실의 문제점을 해결하는 수단으로 다시금 각광받고 있는 것이다.

디지털 트윈으로
안전한 사회를 만들자

현실과 똑같은 또 하나의
가상공간을 만드는 디지털 트윈

메타버스가 지닌 가장 큰 강점은 현실공간과 똑같은 쌍둥이 가상공간, 즉 디지털 트윈을 구축할 수 있다는 것이다.

디지털 트윈Digital Twin은 2002년 미국 미시간대학의 마이클 그리브스Michael Grieves 박사가 산업 환경에서 제품의 전체 수명주기 관리를 최적화하기 위한 도구로서 처음 제안한 개념이다. 이후 NASA의 로드맵 보고서 및 GE 등에서 언급해 대중에게 알려지게 되었다. 디지털 트윈을 간단하게 설명하면 컴퓨터에 현실 속 사물의 쌍둥이를 만들고, 현실에서 발생할 수 있는 상황을 컴퓨터로 시뮬레이션함으로써 결과를 미리 예측하는 기술이다.

가트너는 '디지털 트윈은 현실 세계의 엔티티Entity(구조, 상태를 의미) 또는 시스템에 대한 디지털 표현'이라 하였고, 딜로이트는 '사업 실적의 최적화에 도움을 주는 물리적 물체나 프로세스의 과거와 현재 활동이 기록된 진화하는 디지털 프로필'이라고 정의하기도 하였다. 핵심은 현실 세계와 똑같은 상황 혹은 상태를 온라인 공간에 구현해 시뮬레이션할 수 있다는 것인데, 디지털 트윈이 작동하려면 물리적 시스템으로부터 많은 양의 데이터와 정보가 필요하다. 자동차 산업에서는 가상 모델을 통해 차량의 성능을 사전에 분석하여 고객에게 맞춤형 경험 제공이 가능하고, 스마트 시티에서는 교통, 에너지, 환경 등의 새로운 정책을 가상의 도시를 통해 사전 검증할 수 있다. 제조, 전력, 의료, 항공, 자동차, 스마트 시티 등 다양한 산업 분야에도 활용될 수 있다. 제품 설계부터 플랜트 운영 감시, 작업량 예측, 생산 손실 예측, 고장 진단 및 예측이 가능하며, 항공 및 전력 분야에서는 프로펠러, 터빈 등 기계의 고장 진단 및 예측이 가능하다.

특히 전국 먹통 사태를 유발한 데이터센터 화재나 폭우에 따른 침수 피해, 대규모 군중이 순간적으로 밀집해 발생하는 사고 등 각종 재난재해를 미리 가정하고 훈련하는 데에도 디지털트윈 기술이 활용될 수 있다. 디지털 트윈 기술을 통해 데이터센터를 3차원3D으로 가상화한다면 화재, 누수, 온습도 상태 등을 모니터링할 수 있다. 디지털 트윈으로 구현된 가상 데이터센터는 화재 발생 여부와 스토리지, 네트워크, 애플리케이션 사용 현황과 과부하 상태를 체크할 수 있다. 서울시가 3D로 구축한 '에스맵'은 서울 지역의 고도 등을 가상화된 공간 안에 복제해 침수 등 재난 우려 지역을 확인할 수 있다. 디지털 트윈

ETRI가 만든 기술발전지도 2035에서 표현하고 있는 미래의 디지털 트윈 사회

자료: 월간전기

에 화재 데이터나 물리 엔진이 추가된다면 다양한 재해재난에 대비한 시뮬레이션도 가능하다. 실제로 2017년에 발생한 인천 해저터널 침수 사고의 원인이 인근 석유화학단지의 외부 빗물 유입을 고려하지 않은 설계 때문이라는 것이 디지털 트윈을 통해 밝혀지기도 했고, 서울 우면산 산사태, 태풍으로 인한 부산 해운대구 침수 등도 디지털 트윈 기술을 통해 원인이 규명된 바 있다.

디지털 트윈을 통한 시뮬레이션으로 재난재해에 대비하다

다수의 군중이 밀집된 상황에서의 시뮬레이션을 통해 사고 대응력

을 높이는 '인파 관리 시스템'에서도 디지털 트윈은 이용될 수 있다. 현재의 인파 관리 시스템은 핸드폰 위치정보CPS나 지능형 CCTV·드론 등을 이용해 실시간으로 다중 밀집도를 분석하는 방식인데, 디지털 트윈 기술을 적용하면 가상공간에서 대규모 군중 시뮬레이션이 가능해 보다 빠른 예방 체계를 마련할 수 있다. 디지털 트윈은 다수의 군중이 밀집한 상황에서 사람이나 차량 등 다양한 동적 객체의 집단행동과 현상 해석을 통한 가상 시뮬레이션이 가능해 혼잡도 분석이나 시간대별 추적, 연령과 성별 분석 등 다양한 환경에 적합한 알고리즘을 적용하여 돌발 상황에 실시간 대응은 물론 이후 상황 전개까지 예측할 수 있다.

보행자가 많은 이면도로와 골목뿐만 아니라 초고층 빌딩, 지하철, 대규모 군중이 이용하는 다양한 시설물에서 발생하는 화재나 사고로부터 군중이 빠르게 대피할 수 있는 경로도 미리 파악할 수 있다. 디지털 트윈 기반의 인파 관리 시스템 적용을 통해 위협 여부가 사전에 발견되면 빠르게 인파를 분산시킬 수 있다.

실제로 도시 전체에 디지털 트윈을 적용해 각종 재난재해에 사전 대비한 국가가 있다. 바로 싱가포르이다. 2015년부터 3년에 걸쳐 약 1000억 원에 가까운 자금을 투입해 추진된 버추얼 싱가포르 프로젝트는 디지털 트윈 기술로 도시 전체를 그대로 복제해 가상의 싱가포르Virtual Singapore를 그대로 구현했다. 실제 도시의 도로, 빌딩, 주택, 아파트 등 주요 시설을 가상공간에 그대로 옮겼을 뿐만 아니라 가로수, 육교, 공원 벤치, 가로등을 비롯해 도시를 구성하는 모든 구조물에 아이디를 부여하고 상세한 정보를 축적했다. 전 국토를 디지털 트윈으로 구현한 버추얼 싱가포르 프로젝트는 인공지능, 사물인터넷, 빅데이터와 같은 디지털 기술을 통해 도시 계획부터 교통, 환경 등 다양한 분야에서 도시 문제를 해결하고 있다. 실제 도시 데이터를 실시간으로 모니터링하고 시뮬레이션을 통해 분석, 예측, 통제한다.

풍향의 흐름을 살펴 도심 전체의 대기 질을 향상시켰고, 건물 그림자를 분석해 충분한 일조권을 확보하는 등 도시 계획의 완성도를 높였다. 개발 지역의 모든 구조물을 디지털 트윈 기술로 실제 완공된 것처럼 가상공간에 배치하여 시뮬레이션을 진행했기 때문이다. 도심 내에서 일어날 수 있는 변수를 예측해 구조물의 배치를 조정하여 도시 외곽에서 불어오는 바람이 건물 사이사이를 잘 지나가도록 길을 만들고, 데이터를 토대로 모든 주거 시설의 일조권을 확보하였다. 시민들이 쾌적한 야외 생활을 즐길 수 있도록 공원, 커뮤니티 센터, 식당가, 쇼핑몰 등의 공동 공간을 조성하기도 하였다. 건물 옥상에 태양광 패

버추얼 싱가포르의 시뮬레이션 활용 사례

자료: 다쏘시스템코리아

널을 설치함에 있어서도 디지털 트윈 기술을 통해 태양광 패널의 규모, 설치 방향, 에너지 생산량 등을 정확하게 파악해 필요한 인력과 시간, 비용 등을 절약하였다.

비상사태가 발생할 경우 국민의 생명을 책임지는 안전 도우미 역할도 한다. 갑작스러운 사고가 발생하면 시민들이 당황해 우왕좌왕하면서 안전한 대피로를 찾지 못해 인명 피해가 더 늘어날 수 있다. 아파트와 같은 대규모 공동 시설에서의 유독가스 유출 사태에 대비해 버추얼 싱가포르 프로젝트에서는 3D 시뮬레이션을 통해 특정 지역이나 건물 주변에서 가스가 유출되는 방향과 범위를 사전에 정확하게 파악한 후 주민들이 안전하게 대피할 수 있는 경로를 미리 확보할 수 있다. 싱가포르 정부는 지속적인 데이터 업데이트를 통해 버추얼 싱가포르

버추얼 싱가포르의 유독 가스 유출 시뮬레이션 사례

자료: 버추얼 싱가포르 홈페이지

를 스마트 국가 건설의 핵심 플랫폼으로 활용하고, 스마트 시티 및 부동산, 운송, 물류, 의료, 교육, 안전 및 보안 분야에 디지털 트윈과 AI를 적극 도입할 계획이다.

국내 연간 사회재난사고 건수(도로 교통사고, 자연재해 포함, 행정안전부 출처)는 약 30만 건에 이른다. 국민 생활과 밀접한 기반 시설의 노후화 및 이상기후로 인해 언제 어디서 갑작스럽게 사고를 당할 수도 있는 것이 현실이다. 사고가 발생한 후의 빠른 조치도 중요하지만 발생 가능 사고들에 대한 선제적 안전 관리 역시 중요하다. 버추얼 싱가포르 사례와 같이 디지털 트윈을 활용해 사고 발생 위험 지역에 대한 실시간 관제·예측이 가능하다면 조기 대응도 불가능한 일만은 아닐 것이다. 국민은 안전하게 살 권리가 있다. 메타버스 기반의 안전 사회가 구현된다면 사고 발생에 따른 인적·경제적 피해를 줄일 수 있을 뿐만 아니라 사회적 불안도도 낮아져 경제·사회적 편익 또한 높아질 것이다.

6장

Big Tech
6

IT로 치료하며 인류의 건강을 지키는
디지털 헬스케어

Digital Healthcare: 비대면 원격 진단이나 치료를 비롯해 디지털 치료제, 슬립테크(Sleep Tech) 등 수술과 약물이 아닌 IT 기술을 통한 치료 및 회복이 주목적이다.

코로나 팬데믹 이후
심각하게 위협받고 있는 인류의 건강

CES 2023의 테마이기도 한 인간 안보와 관련하여 2022년 2월에 유엔개발계획UNDP이 발표한 〈인류세 시대의 인류 안보에 대한 새로운 위협New threats to human security in the Anthropocene〉에 따르면, 건강은 '모든 인간 삶의 중요한 핵심이자 인간 안보의 기본'이라고 설명하고 있다. 자유를 행사할 수 있는 사람들의 능력은 건강에 달려 있다. 다시 말해 건강은 사람들의 복지를 직접적으로 구성하며 사람들이 선택 의지(삶에서 가치 있게 여기는 것을 추구할 수 있는 능력)를 행사할 수 있게 한다. 반대로 건강이 좋지 않으면 삶의 질이 저하될 뿐만 아니라 사람들의 선택 의지까지 제한된다. 건강에 대한 위협은 인간 안보에서 가장 중 코로나 팬데믹 이후 국민총소득(GNI)은 상승했으나 기대수명은 여전히 하락세다.

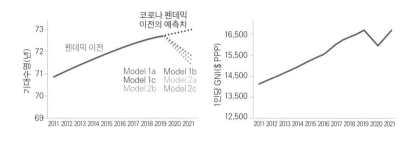

자료: UNDP

요한 도전 과제 중 하나라고 UNDP는 강조한다. 건강해야 무슨 일이든 할 수 있고, 몸이 튼튼해야 미래도 설계하고 발전적인 일도 할 수 있다는 얘기다. 돈은 잃으면 다시 벌 수 있지만, 건강은 잃으면 다시 회복되기 어렵다는 뻔하지만 가장 중요한 진리를 UNDP는 다시금 상기시켜주고 있다.

지난 수십 년 동안 세계의 보건 상태는 크게 개선되었다. 아동 사망률은 1990년에서 2019년 사이에 절반 이상 감소했고, 기대수명은 크게 향상되었다. 말라리아나 설사 질환 등의 병으로 인한 사망률도 크게 감소했다. 개발도상국과 선진국 간의 의료 격차도 시간이 지나면서 많이 좁혀졌다.

그러나 코로나 팬데믹으로 인류의 건강은 심각한 위기 상황을 맞이했다. 전 세계 코로나 누적 확진자 수는 6억 3500만 명을 넘었고 총 사망자 수는 660만 명에 이른다(2022년 11월 기준). 이로 인해 계속 상승했던 인류의 기대수명은 처음으로 하락하게 되었다. 코로나가 잦아들면서 경제가 회복하고 국민총소득GNI은 다시 상승했지만 기대수명은 회복하지 못했다. 기대수명의 하락은 인간개발지수HDI에도 막대한 영향을 끼쳤다. 코로나 팬데믹은 최근 수십 년 사이 인류 건강에 있어 가장 심각한 위협 중 하나였는데, 이러한 유형의 대유행은 앞으로 더 자주 나타날 것으로 예상되고 있다.

그런데 문제는 앞으로 코로나와 같은 전염병에 의한 사망자 수보다 암, 폐질환 등 비전염성 질병에 따른 사망자 수가 더 많아질 것이라는 점이다. 특히 인간개발지수 상위 국가와 하위 국가 간의 의료 시스템 격차는 점점 더 커지고 있다. 1995년과 2017년을 기준으로 인간개발 지수 상위 국가의 의료 성과 불평등 지수는 거의 변동이 없지만(0.17→0.18), 중하위 국가의 불평등 지수는 크게 증가했음을 알 수 있다(0.25→0.30, 0.34→0.38). 의료 시스템이 충분히 갖춰지지 않은 국가는 안 그래도 보편적인 의료 서비스를 받기가 쉽지 않은데, 코로나와 같은 전 세계적 전염병이 강타하면 속수무책이다. 게다가 의료 시스템은 단시간에 구축하기도 쉽지 않은 분야이다. 기술과 자본, 인력도 많

인간개발지수(HDI) 상위 국가와 하위 국가의 의료 성과 불평등 지수

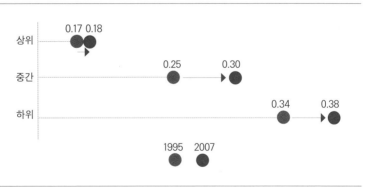

자료: UNDP

이 들고 관련 규제 및 정책 등 풀어야 할 이슈도 많다.

코로나 팬데믹의 장기화로 찾아든 코로나 블루

또 하나, 코로나 팬데믹으로 코로나 블루(코로나와 우울감blue이 합쳐진 신조어로, 코로나에 따른 일상의 변화에서 생긴 우울감이나 무기력증을 의미)가 확산되면서 정신건강의 중요성이 대두되었다. 실제로 코로나 영향 등으로 2021년 정신건강의학과 진료비는 전년 대비 20% 넘게 증가한 것으로 나타났다. 미국의 질병관리예방센터CDC와 국립보건통계센터NCHS가 공동으로 실시한 가계동향조사에서 응답자의 34%는 코로나로 인한 우울증과 불안감을 보였으며, 감염자가 많은 주州일수록 우울증과 불안감이 높은 것으로 나타났다. 일본에서는 '코로나로 인해 우울함을 느낀다'는 사람이 52.3%로 코로나 사태 이전 우울증 검사 결과인 20%를 크게 웃돌았다. 영국도 성인의 19%, 기존 정신질환이 있는 환자의 경우 31%가 우울하다고 응답했다.

코로나 팬데믹과 같은 부정적인 삶의 경험은 불안, 우울증, 스트레스 및 수면 장애를 유발하고, 이는 정신건강에 영향을 미쳐 결국에는 분쟁, 전쟁까지 야기시킬 수 있는 심각한 위협 요인이 될 수 있다. 저소득 국가에서의 잦은 분쟁의 원인으로 사회 전반적인 정신건강의 불안정도 주요 요인으로 꼽히고 있다.

정신건강 문제 해결은 인간 안보 증진과 직접적인 관련이 있다. 정신 장애는 인간 삶의 모든 측면(관계 형성, 학교, 직장 및 공동체 참여 포함)에 막대한 부담을 준다. 전 세계 인구의 약 10%는 정신 장애를 앓고 있는데, 특히 영유아, 청소년의 경우 환경적 스트레스 요인에 직면하면 장기적인 신체건강 문제와 뇌 손상이 발생할 수 있다. 실제로 전 세계 영유아 및 청소년의 약 20%가 정신 장애 문제를 가지고 있다. 하지만 대다수 국가에서 정신건강 의료 서비스에 대한 접근은 너무나 제한적이고 많은 사람이 정신적 치료를 받기에는 한계가 있다. 정신건강 문제를 해결하지 못하면 인간 안보를 지키기 위한 여타의 노력들은 무효화될 가능성이 높다. 최근에는 정신건강을 지원하기 위한 앱이나 프로그램 개발 등 디지털 헬스케어가 해결책으로 주목을 받고 있고, 보험업체들도 정신건강을 적시에 관리할 수 있도록 도와주는 서비스 제공업체와 파트너십 관계를 맺어 고객들의 정신건강을 관리하고 있다.

코로나 팬데믹으로 우리는 이전보다 더 철저히 개인의 위생수칙을 준수하고 면역력 관리에 많은 관심을 갖게 되었다. 면역력 저하는 코로나 감염뿐 아니라 확진 후 합병증에 영향을 미칠 뿐 아니라 세포 기능을 떨어뜨리고 성장 호르몬을 감소시켜 노화를 가속화시킨다. 코로나의 감염이 면역 체계와 깊은 관련이 있음이 밝혀지면서 면역력 증강을 위한 헬스케어는 선택이 아닌 필수가 됐다. 면역력을 강화시키기 위해서는 균형 잡힌 영양소 섭취와 꾸준한 운동, 규칙적인 수면 패턴을 유지하는 것이 중요하다. 동시에 24시간 나의 몸 상태를 체크하고 이상이 있는지를 파악해 병에 걸리지 않도록 하는 사전적 예방이 더욱 중요해지고 있다. 헬스테크 분야도 이전에는 아픈 곳을 진단하고

코로나 블루란?

코로나19   우울감(blue)

코로나19의 장기화로 일상에 큰 변화가 생기면서
우울감이나 무기력증을 뜻하는 신조어

코로나 블루 자가진단

☑ 불면증이나 과수면 증상이 나타난다.
☑ 하루 중에 대부분이 우울한 기분이다.
☐ 흥미나 즐거움이 계속해서 저하된다.
☐ 이유 없이 체중이 줄거나 늘어난다.
☐ 죽음에 관한 극단적 생각이 든다.
☐ 활력이 상실됨을 느낀다.
※ 4문제 이상 해당되면 전문가 도움 필요

자료: 교육청

원인을 찾거나 병을 고치는 치료 쪽에 초점을 맞췄으나, 코로나 팬데믹 이후에는 몸의 면역력을 높이고 노화를 방지하는 사전 예방과 상시 케어 분야가 성장세를 보이고 있다. 기대수명이 늘어나는 만큼 질병 없이 건강한 신체를 가지는 것이 삶의 질을 영위하는 데 가장 중요한 부분으로, 면역력 관리를 위해 노력하는 것이 그 어느 때보다 중요해졌다.

인간 안보와 건강을 지키는
디지털 헬스케어

CES, 인간 안보의 해법으로
디지털 헬스케어에 주목하다

코로나 팬데믹은 의료 접근성의 불평등이 개인의 건강 및 사회 전체에 심각한 위협이 될 수 있음을 상기시켜주었다. 아직도 많은 국가에서는 충분한 의료 시스템이 구축돼 있지 못하고 있고, 선진국에서도 의료의 사각지대에 놓은 사람들이 상당하다. UNDP의 조사에 따르면, 보편적인 의료 시스템을 갖춘 국가의 경우 기대수명의 불평등은 물론 분쟁 가능성도 더 낮은 것으로 나타났다. 이러한 의료 접근의 격차를 줄일 수 있는 해결책으로 CES가 내세운 것은 디지털 헬스케어이다.

지난 몇 년간 헬스케어 산업은 코로나 팬데믹으로 인해 병상과 인력 부족, 의료용품 수급 문제 등의 어려움을 겪었다. 이러한 어려움은 헬스케어 산업의 디지털 트랜스포메이션을 촉진시키는 계기가 되었다. 2021년 글로벌 KPMG는 미국, 영국, 호주, 중국 등의 헬스케어 산업 리더 200명을 대상으로 설문조사를 실시했는데, 응답자의 80%는 기존 의료 서비스 제공 방식에 변화가 필요하다고 답했다. 또한 65%는 디지털 기반의 의료 서비스로 변화가 나타나고 있다고 응답했고, 투자 우선순위에서도 의료 서비스의 디지털화(66%)가 가장 높은 비중을 차지했다. 국내 환자 10명 중 8명도 디지털 헬스케어의 도입이 필요하다고 밝힐 정도로 긍정적인 입장을 보인 가운데, 디지털 헬스케어를 통해 효과적으로 관리할 수 있는 질병은 '만성질환'이 65.2%로 가장 높았다. 또한 우선적으로 도입할 필요가 있는 디지털 헬스케어 서비스로는 '건강정보 수집 및 건강상태 모니터링'(42.0%)이 가장 많았고, '챗봇 상담 등 내원 전 상담 및 사전과 사후관리'(16.2%), '원격진료 및 원격협진'(13.1%) 등의 요구도 많았다.

이러한 인식의 변화와 디지털 기술의 폭발적인 발전이 접목되면서 의료 서비스 유형은 빠르게 변화하고 있다. 사물인터넷, 빅데이터, 인공지능 등 첨단 기술을 접목한 다양한 디지털 헬스케어 제품들이 출시되며 질병 예방 및 관리가 가능한 환경이 구축된다. 과거 의료기관과 환자 중심으로 이뤄졌던 의료 시장은 디지털로 무게중심이 옮겨가고 있다. 기존 의료 시스템이 환자의 치료에만 초점을 맞춘 대응적·사후적 관리였다면, 디지털 헬스케어는 IT 기술과의 융합을 통해 치료뿐 아니라 미래 예측 등 질병 예방 영역까지 넓혀가고 있다. CES 2022의 4대 핵심 기술 중 하나로 꼽힌 디지털 헬스케어는 CES

2023에서도 여전히 존재감을 드러냈다.

코로나로 대중화된 비대면 원격진료

디지털 헬스케어는 의료 영역에 IT 기술을 융합해 개인 건강과 질병에 맞춰 필요한 의료 및 건강관리 서비스를 제공하는 산업 또는 기술을 가리킨다. 일반적으로 ① 모바일 헬스케어, ② 원격의료, ③ 보건의료분석학, ④ 디지털보건의료시스템 등 크게 4가지로 분류한다. 한국과학기술정보연구원KISTI에 따르면, 디지털 헬스케어 산업은 소비자로부터 발생하는 데이터를 관련 전문 기업이 획득·분석해 의료기관 및 건강관리 기업에 제공해 의료 의사결정 지원 및 관련 제품·서비스를 공급하는 구조를 갖게 된다. 인공지능, 빅데이터, 블록체인, 메타버스, 사물인터넷 등 미래 IT 기술과 건강관리 데이터를 연계해 다양한 서비스를 만들어낼 수 있다. 이 과정에서 디지털 헬스케어를 통해 효과적인 건강관리는 물론 사회적 비용과 오진율 감소 등의 효과를 얻을 수 있다.

한국무역협회에 따르면, 디지털 헬스케어 시장 규모는 2019년 1063억 달러(약 125조 원)에서 연평균 29.5%씩 성장해 2026년 6394억 달러(약 750조 원)에 이를 것으로 추정된다. 시장조사기관 GIA도 디지털 헬스케어 시장이 2020년 1525억 달러에서 연평균 18.8%씩 성장해 2027년 5088억 달러에 달할 것으로 예상했다. 글로벌 리서치 전문 기관 스태티스타가 분석한 글로벌 디지털 헬스케어 시장 규모는

2019년 1750억 달러(약 250조 원)에서 2020년 2160억 달러(약 308조 원), 2021년에는 2680억 달러(약 383조 원)를 기록했다. 특히 2025년 디지털 헬스케어 시장 규모는 6570억 달러, 약 939조 원에 이를 것으로 전망해 6년 만에 3.7배 이상 늘어날 것이라고 분석했다.

디지털 헬스케어의 성장 배경은 IT의 발전과 사회적 구조에 기인한다. 인구 고령화와 만성질환자의 증가로 건강에 대한 인식이 변했고 나의 건강을 24시간 관리할 수 있는 스마트 기기 대중화 등이 성장 요인으로 작용한다. 여기에 코로나 팬데믹으로 '비대면, 언택트'라는 새로운 문화가 등장하면서 이를 기반으로 한 원격진료도 급물살을 타게 되었다.

특히 국내에서는 의료법상 의사와의 대면진료만이 요구되었는데, 코로나 사태를 맞아 비대면 진료를 한시적으로 허용하는 환경이 조성됐다. 보건복지부 집계 기준으로 2020년부터 2022년 7월까지 비대면 진료 누적 이용자 수는 약 2300만 명으로 나타났다. 국민 절반이 디지털 헬스케어인 비대면 진료를 경험한 것이다

코로나로 인한 디지털 헬스케어의 확산으로 ① 구성원 개별의 안전 확보를 위한 케어 장소 변화, ② 환자와 의료진 간의 가상 진료 도입, ③ 경쟁 체제가 아닌 민관 파트너십을 통한 협력 체제 구축, ④ 성공한 IT, 디지털 기업들이 새롭게 헬스케어 시장에 진출, ⑤ 보편적이고 공평한 의료 서비스로 인종과 사회 경제적 지위 간의 건강·의료 격차 해소 등의 사회 전반적인 변화도 이루어졌다.

의료업체와 IT 기업 간의 이종 결합

디지털 헬스케어 시장의 급성장으로 의료업체와 IT 기업 간의 협력과 같은 이종 기업 간 협업도 활발해졌다.

휴스턴 감리교 병원에서는 메디컬 인포매틱스Medical Informatics Corp.의 '식베이Sickbay' 플랫폼을 활용해 환자를 실시간 모니터링하는데, 이 플랫폼은 인텔의 기술 이니셔티브의 지원을 받았다. 인텔의 헬스케어 사업은 2005년부터 시작되어 2022년 현재 의료 영상이나 로봇 공학, 원격의료 및 인공지능, 빅데이터 기반 예측 분석 등 인프라는 물론 정밀의학 및 유전체학, 디지털 병리학까지 전방위적인 분야에서 진행되고 있다. 2020년 4월, 전염병 대응 기술 이니셔티브PRTI: Pandemic Response Technology Initiative에 5000만 달러를 지원했는데, 당시 인텔은 코로나 테스트 및 코로나 바이러스 염기서열 해독을 위한 인텔 클라이

인텔의 지원을 받아 개발한 메디컬 인포매틱스의 '식베이' 플랫폼

자료: 언론 종합

언트 및 서버 솔루션을 배포하기 위해 인도과학산업연구위원회 및 국제정보기술연구소와 협력했고, 일반 침대를 임상적 거리두기 및 치료 모니터링 용도로 변환하는 플랫폼의 제작을 지원하기도 했다. 인텔은 PRTI의 경험을 바탕으로 2021년에도 2000만 달러 규모의 인텔 라이즈 테크놀로지 이니셔티브를 통해 의료 및 교육, 경제 회복 등 사회문제 해결에 기여하였다.

의료 인공지능 기업 루닛Lunit은 GE 헬스케어와 협력해 인공지능 기반 흉부 엑스레이 분석 솔루션 '흉부 케어 스위트'를 구축했다. GE 엑스레이 장비와 연동하는 과정에서 인텔 오픈비노OpenVINO 기술을 활용해 솔루션을 연동했고, 그 결과 성능을 약 4배까지 향상시켰다. 오픈비노는 데이터 분석 및 인공지능 서비스 개발을 목적으로 인텔이 개발한 툴킷으로, 다양한 성능의 프로세서에 적용돼 인공지능 알고리즘을 최적화하는 기술이다. 2021년 8월에는 폐 질환 진단 보조 인공

폐 질환 진단 소프트웨어 '루닛 인사이트 CXR'로 발견한 이상 징후

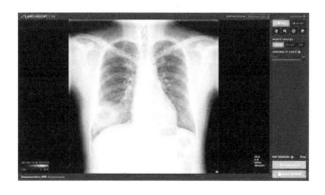

자료: Sectra

지능 소프트웨어인 '루닛 인사이트 CXR'을 개발했는데, 루닛 인사이트 CXR은 흉부 엑스레이에서 가장 흔하게 발견되는 10가지 비정상 소견을 97~99% 정확도로 검출하는 인공지능 기술이다. 폐암 조기 진단은 물론 세계보건기구wHo가 전문의를 대신할 수 있는 결핵 진단 소프트웨어로 소개하는 등 전 세계적으로 주목을 받고 있다.

이처럼 전 세계적으로 디지털 헬스케어에 대한 관심이 높아지고 있지만, 아직 국내 디지털 헬스케어 산업은 의료와 비의료 간 구분, 원격진료 금지, 보건의료 데이터의 민감성 등으로 인해 다양한 규제 적용이 불가피해 본격적인 도입에는 시간이 걸릴 듯하다.

게임으로 병을 치료한다?
디지털 치료제

포케몬 고 게임은
최고의 디지털 치료제

디지털 치료제는 IT, 디지털 기술을 활용해 질병이나 장애를 예방하고 관리, 치료하는 소프트웨어 의료기기를 의미한다. 알약이나 캡슐 형태가 1세대, 항체와 세포 형태가 2세대 치료제였다면 디지털 치료제는 3세대 치료제로 주목을 모으고 있다. 의약품처럼 질병을 치료하고 건강을 증진시키는 게임이나 가상현실VR, 앱 등을 모두 디지털 치료제라고 할 수 있다. 쉬운 예로 2017년 세계적 열풍을 일으킨 증강 현실AR 게임 '포켓몬 고GO'가 디지털 치료제의 한 종류라 할 수 있다. 미국 듀크대학의 분석 결과에 따르면, 하루 평균 5678보를 걸었던 이용자들이 포케몬 고 게임 이용 후 7654보를 걸은 것으로 나타났다.

증강 현실 게임 '포케몬 고'는 게이머들을 밖으로 나가게 해 운동량을 늘리게 한 디지털 치료제이다.

자료: Verdict

증강 현실 게임을 통해 평소 운동량이 적은 게이머들의 운동량을 늘려 건강을 증진시킴으로써 치료제 역할을 한 것이다.

한덕현 중앙대학교 정신건강의학과 교수에 따르면, 디지털 치료제는 그 자체로 질병을 치료하도록 설계된 '독립형', 다른 치료법과 병용할 때 치료 효과를 극대화해주는 '증강형', 기존 치료법을 보완하도록 설계된 '보완형'으로 구분할 수 있다. 집중력을 높여 ADHD(주의력결핍 과잉행동장애)를 치료하는 기능성 게임은 독립형 치료제이고, 항암 치료 정보를 근거로 어떤 약을 언제 먹어야 하는지, 어떤 활동을 하면 좋은지 등을 알려주는 앱은 증강형에 해당한다. 포켓몬 고는 그 자체로 질병을 고치지는 않지만, 걸음 수를 늘려 병 극복에 도움이 되는 보완형으로 볼 수 있다.

디지털 치료제 종류와 세계 시장 규모

디지털 치료제의 종류	
독립형	독립적으로도 질병을 치료하도록 설계된 치료제
증강형	다른 치료법과 병용할 때 치료효과를 극대화시켜주는 치료제
보완형	기존 치료법을 보완하도록 설계된 치료제

세계 디지털 치료제 시장 규모

(단위: 달러)

- 36억 2000만 (2020)
- 43억 9000만 (2021)
- 53억 1000만 (2022)
- 64억 2000만 (2023년)

자료: 얼라이드마켓리서치, 언론 종합

디지털 치료제는 스마트폰만 있으면 언제 어디서든 접근할 수 있다는 게 가장 큰 장점이다. 병원에 가기 어려운 고령 환자나 장애인, 병원에서 먼 곳에 사는 이들에게 특히 유용하다. 일단 개발만 해두면 수요가 늘어도 추가 생산비가 거의 들지 않고, 일반 의약품과 달리 독성이나 부작용도 사실상 없으며, 환자가 의사에게 말로 자기 상태를 설명하는 것보다 상태 모니터링을 더 객관적으로 할 수 있다. 환자의 이력이 소프트웨어에 그대로 남기 때문이다.

디지털 치료제는 다른 치료제와 마찬가지로 임상시험으로 효과를 확인하고 보건당국의 심사를 통과해야 하는 '진짜 치료제'이다. 미국에서는 이미 식품의약국의 승인을 받아 상용화된 디지털 치료제들이 20여 개 이상이다.

게임, 챗봇, 앱으로
약물중독, ADHD를 치료하다

디지털 치료제 시장을 선도하는 나라는 역시 미국이다. 첫 디지털 치료제도 미국에서 나왔는데, 페어 테라퓨틱스Pear Therapeutics가 약물 중독 치료를 위해 개발한 '리셋reSET'이다. 인지행동치료CBT(증상을 유발하는 잘못된 생각을 찾아내 교정하는 치료법)를 통해 약물중독 환자에게 도움을 주는 소프트웨어로, 2017년 미국 식품의약국에서 환자 치료용으로 판매 허가를 받은 '세계 최초 디지털 신약'이다. 리셋의 효과는 숫자로도 입증되었다. 399명을 대상으로 12주 동안 진행한 무작위 대조 임상시험을 실시한 결과, 리셋을 사용한 환자의 알코올과 코카인, 마리화나, 각성제 등 약물 사용 장애 환자의 금욕 준수율은 40.3%로 집계됐다. 사용하지 않은 환자의 17.6%에 비해 통계적으로 유의미하게 증가했다고 볼 수 있다. 디지털 치료제의 형태는 다양하다. 리셋처럼 스마트폰 애플리케이션이 될 수도 있고 게임이나 챗봇, 메타버스 등을 활용한 형태가 될 수도 있다. 리셋 외에도 FDA 승인을 받은 디지털 치료제는 63개에 이른다. 알코올의존증, 불면증 등 정신질환뿐 아니라, 당뇨병 근육통 등 신체질환에도 도움을 줄 수 있고, 암 환자 예후관리까지 가능하다.

미국 아킬리 인터랙티브Akili Interactive가 개발한 '인데버EndeaverRx'는 만 8~12세 어린이 대상의 ADHD(주의력결핍 과잉행동장애) 치료제로 승인을 받은 비디오 게임 치료제이다. 신경과학자와 게임 디자이너가 만든 치료제로, 처방을 받은 어린이는 최소 연속 4주 동안 1회에

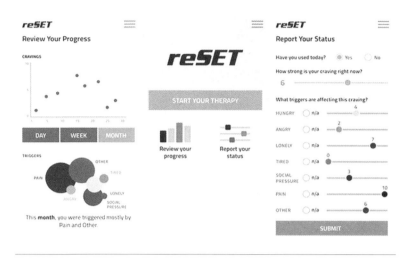

자료: 히트뉴스

25분 주 5일 동안 인데버RX를 이용해 코스를 탐색하고 장애물을 피하는 등 멀티태스킹에 도전한다. 인데버RX를 체험한 부모의 절반 이상은 자녀의 일상생활이 개선됐다고 답해 효과가 있음이 증명되었다.

기존의 치료제는 먹거나 주사를 맞아 치료 약물을 체내에 투약하여 치료 성분이 체내에서 작용해 치료 효과를 발생하는 방식이었다. 이 경우 의도하지 않았던 부작용과 내성 등이 발생할 수 있는 문제가 있는데, 특히 뇌질환 치료는 뇌혈액장벽Blood Brain Barrier이 혈액 안에 있는 물질을 뇌 속으로 들어오지 못하게 막고 있어 여러 방법이 강구됐지만 여전히 완벽하게 정복하지 못했다.

하지만 물리적인 방법으로 접근하지 않는 디지털 치료제는 독성이나 내성, 중독 등 부작용의 부담이 덜하다. 인데버RX 사례처럼 행동

ADHD(주의력결핍 과잉행동장애) 디지털 치료제 아킬리 인터랙티브의 인데버RX

자료: 아킬리 인터랙티브 홈페이지

교정으로 큰 치료 효과를 볼 수 있는 우울증과 알코올의존증, 인지장애 등 정신질환과 생활 습관이 중요한 당뇨, 고혈압 등 만성질환에서 디지털 치료제는 큰 도움이 될 것이다.

또한 지금까지는 24시간 케어가 어려웠는데, 디지털 치료제의 등장으로 실시간 관리와 모니터링이 가능해지면서 기존보다 더 높은 치료효과를 기대할 수 있게 되었다.

커지는 디지털 치료제 시장, 한국은 이제 시작

코로나 사태 이후, 디지털 치료제에 대한 관심은 비약적으로 커졌다. 시장조사 업체 얼라이드마켓리서치에 따르면, 세계 디지털 치료제 시장 규모는 지난해 43억 9000만 달러(약 5조 9920억 원)에서 2023년이면 64억 2000만 달러(약 8조 7630억 원)까지 성장할 전망이다.

미국에서는 전 세계에서 처음으로 디지털 치료제에 보험코드를 부여하기로 했다. 보험코드가 부여된 것은 페어 테라퓨틱스의 약물 사용 장애SUD, 오피오이드 사용 장애OUD, 만성 불면증 치료제 등 총 3개로, 일반 의약품처럼 의사 처방 후 약국에서 조제해 청구하는 시스템이 적용된다.

미국에 비하면 한국은 아직 디지털 치료제 관련 논의가 진행 중이다. 식약처는 디지털 치료제를 '디지털 치료기기'로 이름을 붙이면서 2020년에 허가 심사 가이드라인을 발표했다. 현재 5개 헬스케어 기업들이 임상 단계를 밟고 있어 국내에서도 디지털 치료제가 탄생할 것으로 보인다. KT와 한미약품은 디지털 치료제 및 전자약 개발 전문 기업 디지털팜에 합작 투자를 단행하고 사업화에 나섰는데, 첫 사업으로는 알코올·니코틴 등 중독 관련 디지털 치료제와 ADHD 분야 전자약 상용화를 추진한다. 한국전자통신연구원이 추산한 국내 디지털 치료제 시장 규모는 2500억 원 수준으로, 식약처 승인을 받고 처방까지 이뤄지게 된다면 시장 규모는 훨씬 커질 것으로 전망된다.

CES의 단골손님,
슬립테크

'수면은 과학입니다',
디지털 기술로 잠의 질을 높이다

수면과 IT가 만난 '슬립테크Sleep Tech'는 CES의 단골손님이다. 2017년부터 슬립테크관을 별도로 개관한 이후, 많은 기업이 슬립테크 제품과 서비스를 선보이며 불면증 해결을 넘어 수면의 질을 높이는 역할을 담당하고 있다. CES 2022에 참가한 슬립테크 연관 기업만도 약 30개에 달했다. 이전에는 스마트 워치, 웨어러블 밴드를 통해 수면 상태를 확인하는 모니터링 수준이었다면, 이제는 수면을 더 세밀하게 측정하고 숙면(딥슬립)할 수 있도록 돕는 방향으로 진화하고 있다. '잠이 보약'이라는 말처럼 건강에 있어 잠만큼 중요한 것이 없기 때문이다.

CES 2023 혁신상을 수상한 FRENZ의 슬립테크 웨어러블 브레인밴드(Brainband). 골전도 스피커를 통해 더 나은 수면을 도와준다.

자료: CES 홈페이지

　WHO는 수면 부족을 '선진국 유행병'이라고 선언했다. 선진국 성인 3명 중 2명은 수면 시간이 하루 8시간도 안 된다. 미국 성인의 약 75%는 수면 장애를 겪고 있다. 수면 부족은 알츠하이머나 불안, 치매, 우울증, 고혈압, 당뇨 같은 만성질환을 유발하며, 인지 기능과 주의력, 심지어 의사결정에도 영향을 미친다.

　심지어 수면 부족은 막대한 경제적 비용을 유발한다. 경제협력개발기구OECD 회원국 5개국(미국·캐나다·영국·독일·일본) 기준, 수면 부족에 따른 경제적 비용은 매년 약 6800억 달러(약 975조 원)에 이른다. 독일에서는 수면 부족에 따른 경제적 지출이 매년 600억 달러(약 86조 400억 원)에 이르고, 호주에서는 수면 장애로 발생하는 직간접 비용이 국내총생산GDP의 1%에 달하는 것으로·추정된다.

수면 부족은 생산성 저하로도 이어진다. 미국에서는 수면 장애로 인한 근로자의 결근 시간 합계가 연 1000만 시간, 일본은 480만 시간, 독일은 170만 시간으로 나타났다. 수면 부족은 업무 수행 능력을 악화시킬 뿐만 아니라 고용주가 직원 건강관리에 쓰는 비용도 증가시킨다. 미국 기업의 경우, 수면 부족에 따른 생산성 감소로 발생하는 손실이 근로자 1인당 연평균 1300~3000달러(약 180만~430만 원)인 것으로 나타났다.

국내도 수면 부족 환자가 급증하고 있다. 국민건강보험공단에 따르면, 국내 수면 장애 환자는 2016년부터 연평균 7.9%씩 증가해 2020년 기준 67만 명을 넘어섰다.

이렇게 심각해지는 수면 문제를 해결하기 위해 관련 기술이 계속 개발 중이다. 웨어러블 기기 같은 기술 솔루션은 전 세계 수면 부족 문제에 큰 도움을 주었고, 미국 슬립테크 특허 수는 연평균 12%씩 증가하고 있다.

시장조사 업체 글로벌마켓인사이트에 따르면 세계 슬립테크 시장 규모는 2026년 321억 달러(약 45조 원) 규모로 전망된다. 수면 장애 환자의 증가와 수면 부족으로 인한 경제적 손실 등을 고려하면 슬립테크 산업의 잠재력은 매우 크다. 특히 혁신적인 기술과 제품을 내세운 스타트업들의 경쟁이 치열하다.

소리, 침대, 베개, 향기에 IT를 도입해 꿀잠을 만들어내다

160억 원 규모의 시리즈B 투자를 받으며 900억 원의 기업 가치를 인정받은 '에이슬립'은 호흡 소리와 무선 인터넷 기술을 활용한 비접촉식 수면검사법을 개발했다. 웨어러블 기기 등을 몸에 착용하지 않고 스마트폰 음성만으로 AI 기술을 통해 접촉 방식보다 신뢰도 높은 수면 데이터를 확인할 수 있다. 이 데이터를 활용해 향후 수면에 적합한 조명이나 음악 등을 제공하는 수면 플랫폼 생태계로 확장할 계획이다.

무니스는 수면의 질을 높이는 소리를 만들어 들려주는 앱 '미라클 나잇'을 개발한 슬립테크 스타트업이다. 모노럴 비트monaural beat로 델타파를 활성화해 뇌파 동조를 일으키고 편안한 수면을 취할 수 있게 돕는 원리로, 이미 1만 2000명의 사용자를 확보했고 실제 수면 문제 해결에 도움을 주고 있다.

숙면을 도와주는 에이슬립과 무니스의 미라클나잇

자료: 각 사 홈페이지

베개에도 슬립테크가 적용되고 있다. 국내 스타트업 10마인즈 Tenminds의 '모션필로우3'는 사용자 머리 위치를 감지해 내부의 에어백을 팽창시켜 수면에 방해가 되지 않도록 베개의 높낮이를 조절해 코골이를 줄이거나 멈추게 만든다. 스타트업 메텔MAETEL도 AI를 활용해 숙면을 도와주는 스마트 베개를 개발했는데, 체압을 측정해 사용자에게 맞게 자동으로 편안한 베개 높이를 조정하며, AI가 코골이를 감지하면 이를 방지하도록 높이가 조절된다. 특별한 장치 없이도 베개에 눕기만 하면 수면 데이터가 저장되고, 앱을 통해 수면 점수와 상태를 확인할 수 있다.

미국 기업 슬립넘버Sleep Number가 개발한 스마트 침대는 130억 시간이 넘는 수면 데이터를 분석해 심박수, 호흡수, 수면 상태를 측정하고 매트리스 온도와 각도 조절이 가능한 스마트 매트리스이다. 사용자가 수면 중 코골이를 감지하면 침대 각도를 조절해 코골이를 줄일 수 있다. 또한 사용자에 따라 자동으로 온도 조절을 해서 최적의 수면 온도를 맞춰주는 한편, 24시간 일주기 생체 리듬을 지원하는 조명과 함

CES에 출품한 모션필로우3와 슬립넘버의 스마트 침대

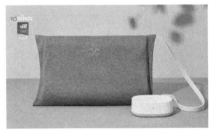 

자료: 언론 종합

께 소음을 차단하는 소음 감소 기능도 제공한다.

미국의 슬립스코어랩스SleepScore labs는 숙면을 위한 향기 솔루션을 개발했다. 비접촉 측정 기술을 통한 호흡 신호와 신체 움직임을 감지해 수면 주기 단계를 결정하고 그 결과에 따라 적절한 향기를 발산한다.

다른 헬스케어 기술과 비교하면 슬립테크는 이제 시작 단계이다. 하지만 CES가 주목하고 있는 분야인 만큼 성장 잠재력이 큰 시장임에는 분명하다. 슬립테크가 안정적으로 성장하기 위해서는 더 많은 임상시험을 통해 슬립테크 기기 및 솔루션의 신뢰성을 확보해야 한다. 또한 수면 개선을 위한 행동 변화를 유도하는 슬립테크는 디지털 치료제 분야에서도 중요한 역할을 할 수 있다. 사람들이 더 나은 수면, 영양, 스트레스 관리를 위해 자신의 행동을 바꿀 수 있다면 건강과 복지에도 긍정적인 영향을 미칠 수 있다.

7장

Big Tech

7

식량 대위기의 해법,
애그테크

Ag Tech: 농업을 의미하는 'Agriculture'와 기술을 의미하는 'Technology'의 합성어. AI(인공지능)와 사물인터넷(IoT), 빅데이터, 머신러 닝, 드론, 로봇 등과 같은 첨단 기술을 농산물의 파종부터 수확까지의 전 과정 에 적용. 식량 부족 시대의 도래에 대비해 IT 기술로 최소 면적에서 최대 생산 량을 얻는 것이 목적이다.

21세기에 맞이한
식량 대위기

러시아-우크라이나 전쟁으로
식량 가격이 급등하다

2022년 2월에 터진 러시아-우크라이나 전쟁은 세계 곡물 가격 인상을 초래했고, 이는 서민들의 밥상 물가에까지 영향을 미쳤다. 4인 가족 식비가 1년 전 대비 10% 증가한 월 100만 원을 넘어서면서 서민 부담은 날로 커지고 있다. 더 심각한 것은 국제 식량 가격 상승으로 먹을 것 자체가 부족한 이른바 식량 위기가 21세기 현재 세계 곳곳에서 일어나고 있다는 사실이다.

IMF는 2022년 9월, 신속신용제도RCF 및 신속금융제도RFI에 식량난 지원창구를 신설했다. 전 세계 48개국의 식량 위기가 심각해 3억 4500만 명의 생명을 위협할 수준이어서 식량 위기 문제에 대한 대응을 위해 1년간 긴급지원제도를 운영키로 한 것이다. IMF의 조치는 우크라이나 전쟁으로 곡물과 비료의 흐름이 교란되면서 촉발된 식량 위기에 대응하기 위한 것인데, 특히 식량 및 비료 가격 급등에 따라 식량 위기가 심각한 48개국이 2022~2023년에 모두 90억 달러의 수입 비용 증가가 예상된다고 밝혔다.

UN의 식량농업기구FAO가 집계하는 세계식량가격지수는 2022년 7월 140.9포인트를 기록했다(역대 최고치는 2022년 3월의 159.7포인트이다). 세계식량가격지수는 곡물, 유지류, 육류, 유제품, 설탕의 5개 품목 가격을 종합한 지표이다. 이른바 애그플레이션agflation(agriculture와 inflation의 합성어로 농산물 가격 상승으로 인한 인플레이션을 말함)의 판정 기준이다. 식량 가격이 안정적이었던 2010년대 후반엔 90포인트 전후에 불과했다. 이에 대응하기 위해 최근 국제연합UN 식량농업기구FAO는 러시아-우크라이나 분쟁에 따른 식량 위기와 기후변화 대응을 위한 중장기 대책 마련에 나서기도 했다.

사실 러시아-우크라이나 전쟁은 식량 위기를 발생시키는 많은 문제 중 하나일 뿐이다. 우크라이나 전쟁은 식량 가격이 이미 다양한 요인들에 의해 상승하고 있는 시기에 발생했다. 이미 많은 나라에서는 기후변화로 주요 작물 생산에 악영향을 끼쳤고, 다양한 전염병도 생산성에 영향을 주고 있다. 우크라이나 전쟁은 이 상황을 더욱 악화시킨 것이다. 우크라이나의 항구가 봉쇄되면서 수출 물량이 크게 감소했는데 2022년 6월 기준 밀, 옥수수, 보리의 수출량은 100만 톤 미만으로 떨어졌다. 이는 2021년 대비 40%나 감소한 수치다.

비료 생산도 문제다. 치솟는 에너지 가격으로 주요 작물 영양소인

질소 비료 생산에도 타격을 입었는데, 이 위기가 향후에는 감당할 수 없는 수준으로 바뀔 가능성이 있다고 UN은 주장하고 있다. 석유수출국기구 플러스OPEC+의 대규모 감산에 이어 중동 분쟁, 겨울 한파로 국제유가 상승이 예상되기 때문이다.

기후 재난까지 겹치면서
세계는 지금 절체절명의 식량 위기

특히 가장 큰 변수는 라니냐이다. 라니냐La Nina란, 동태평양의 적도 지역에서 해수면 온도가 평년보다 0.5도 이상 낮은 저수온 상태가 5개월 이상 일어나는 이상 현상으로 엘니뇨와 반대되는 현상이다. 미국 기후예측센터는 라니냐가 2023년 1월까지 남아 있을 확률을 80%로 예상했는데, 라니냐로 미국의 겨울 온도가 평년 대비 낮아지면 천연가스, 등유에 대한 수요가 급증하게 된다. 미국 에너지정보청EIA은 한파로 인해 2023년 1분기에 123만 배럴 초과 수요가 발생할 것으로 전망했다. 라니냐는 한국을 비롯한 동아시아에도 강력한 한파를 몰고 온다. 이 한파는 에너지 수요 폭증으로 이어지고 전쟁 등으로 가뜩이나 부족해진 공급이 수요를 따라가지 못하게 된다.

라니냐발 위기는 식량 생산에도 직접적인 영향을 끼친다. 라니냐가 몰고 올 지독한 가뭄으로 인해 농산물 피해나 재해에 의한 피해가 발생하기 때문이다. 겨울철에는 남반구 지역에서는 옥수수나 콩 등의 파종이, 북반구에서는 겨울 작물인 밀의 파종과 생육이 이뤄지는데,

전쟁과 기후재난 등으로 치솟는 세계식량가격지수

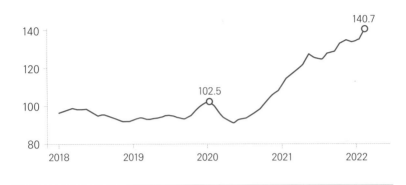

자료: FAO

라니냐로 인해 생산량이 감소할 수 있다. 실제로 라니냐 2년차였던 2021년 겨울을 보면 남미의 콩과 옥수수, 북미의 밀 생산량이 급감했다. 생산량 감소는 국제 곡물 가격 상승으로 이어지고 이는 식량 위기를 가속화시킨다.

식품 가격이 1%p 오르면 천만 명이 굶는다

국제연합식량농업기구FAO: Food and Agriculture Organization of the United Nations는 우크라이나 전쟁으로 영양실조 인구가 2022년에 1300만 명, 2023년에는 1700만 명으로 늘어날 것이라 전망했는데, 여기에 식품 가격이 1% 포인트 오를 때마다 추가적으로 1000만 명의 사람들이 극심한 빈곤에 빠질 수 있다고 분석했다. 식품 가격이 오르지 않아도

국가별 밀 수출량 규모와 주요 곡물 가격 추이

국가별 밀 수출량 규모
(단위: t)

러시아	3730만
미국	2610만
캐나다	2610만
프랑스	1980만
우크라이나	1810만
호주	1040만
아르헨티나	1020만
독일	930만
인도	700만

주요 곡물 가격 전망
(단위: t당 달러)

■ 2021년 ■ 2022년

곡물	2021년	2022년
밀	315	450
옥수수	260	310
콩	583	700

* 2022년은 전망치

자료: 언론 종합

1700만 명의 사람들이 제대로 먹지 못하고 있는데, 가격까지 오르면 1000만 명이 추가로 식량 위기에 빠질 수 있다는 것이다. 특히 우크라이나나 러시아 수입 의존도가 높은 아프리카, 중동 및 중앙아시아의 신흥 경제국들은 식품 가격 상승에 더해 자국 통화 하락이라는 추가적인 부담에 직면하고 있다. 불가리아에서는 빵 한 덩어리가 1년 전 대비 거의 50%나 올랐고, 스페인에서는 식용유 가격이 거의 2배, 폴란드의 설탕 가격은 40%나 상승했다. 아프리카에서는 기근이 발생할 가능성이 매우 높아, 이로 인해 사회 불안과 대규모 경제 불안이 가중될 것이라고 유엔 국제농업개발기금은 경고하였다.

그나마 다행인 것은 전쟁으로 거의 마비됐던 세계적 곡창지대 우크라이나의 농산물 수출이 전쟁 전 수준을 거의 회복해 세계 주요 곡물 가격도 상당 부분 안정을 되찾았다는 점이다. 2022년 7월 우크라이나와 러시아는 유엔과 튀르키예(터키)의 중재로 흑해를 통한 곡물 수출을 재개하는 협정을 체결했고, 협정 체결 이후 우크라이나는 흑해 3개 항구를 통해 농산물 수출을 재개했다. 이에 세계 식량 가격도 차츰 내려 밀 선물 가격은 2022년 5월 고점보다 31% 하락했다.

우크라이나의 농산물 수출량이 전쟁 전 수준을 거의 회복하긴 했지만, 그렇다고 앞으로의 전망이 밝지만은 않다. 우크라이나가 수출하는 옥수수는 그동안 수출하지 못해 밀려 있던 재고이기 때문이다. 전쟁으로 인한 혼란, 자본·노동력 부족, 비싼 비료값 등으로 인해 밀을 덜 심었다고 한다면 우크라이나의 곡물 수출량은 앞으로 줄어들 수밖에 없다. 게다가 곡물 가격이 최고점보다는 내렸으나, 전쟁이 장기화되고 미국의 밀 수출량마저 50년 만에 최소 수준이 될 것으로 예상돼 식량 부족 위기는 여전히 사라지지 않은 상태이다.

모건스탠리는 우크라이나를 포함한 농부들의 곡물 생산 증가로 2023년의 식품 가격 상승률이 예상보다 낮을 것이라고 전망했지만, 많은 식량 전문가들은 기후변화, 전염병, 전 세계의 분쟁, 전쟁으로 인해 현재의 식량 위기가 몇 년 동안 지속될 것으로 전망했다. 캐피탈 이코노믹스Capital Economics는 기후변화로 인해 "역사적으로 높은 가격이 유지될 것"이라고 예측했으며, "기후변화의 영향이 커짐에 따라 지난 몇 년 동안 수확량과 수확량이 줄어들고 있다는 것은 부인할 수 없는 사실"이라고 강조했다.

치솟는 밥상 물가, 흔들리는 식량 안보

한국에서는 2023년부터 우유 원유 기본 가격이 리터당 49원씩 증가하면서 우유를 비롯해 빵·아이스크림 가격도 줄줄이 상승하는 '밀크플레이션'이 현실화될 전망이다. 원유 가격이 오르면 흰 우유의 경우 리터당 400~500원의 가격이 인상되고 2700원대인 1리터짜리 흰 우유가 3000원을 넘게 된다. 이렇게 되면 원유를 사용하는 크림류나 치즈, 아이스크림 등 다른 유제품의 가격도 오를 수밖에 없다.

전방위적인 글로벌 식량 가격의 인상으로 '식량 위기 가능성'은 현실화되고 식량 안보의 중요성은 점점 더 커지고 있다. 한국의 곡물 자급률은 약 20% 수준으로 위태위태하다. 특히 서구화한 식습관이 퍼지면서 빵, 과자 등 밀가루 소비가 대폭 늘고 있지만 국내에서 생산되는 비중은 0.5%에 그친다. 99.5%는 수입에 의존하고 있다. 2020년 기준 밀 수입량은 334만 톤으로, 식품에 사용되는 제분용은 미국, 호주, 캐나다에서 전량 수입했고, 사료용은 우크라이나, 러시아, 미국에서 주로 들여왔다. 옥수수 자급률은 0.7%, 콩 등 두류는 7.5%에 그친다.

농식품 수입 의존도가 높아지면서 식량 안보 위협은 더욱 심해지고 있다. 영국 이코노미스트그룹이 발표한 2021년 기준 식량안보지수 순위에서 한국은 71.6점으로 32위를 기록했다. 2017년 26위(73.2점)에서 2018년 27위(72.5점), 2019년 28위(72.8점), 2020년 29위(72.1점) 등으로 순위가 하락하다가 2021년에 결국 30위권 밖으로 밀려났다. 아시아·태평양 지역 국가 중에서는 일본이 8위(79.3점), 싱가포르가 15위(77.4점), 뉴질랜드가 16위(76.8점)를 기록했다.

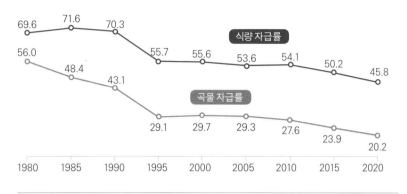

자료: 머니투데이

식량 자급률 향상을 위해서는 생산 확대와 품목 다변화가 필요한데, 생산 확대를 위해선 경작지를 더 확보하거나 면적당 생산량을 늘려야 한다. 하지만 국토가 좁고 농업에 어울리는 평지가 적은 한국의 지형 특성상 농지를 더 확보하기는 쉽지 않다. 생산성을 높이는 방법도 쉽지 않다. 현재 농가인구 중 상당수는 70세 이상 고령자이다. 2010년 65만 7499명에서 2021년에는 72만 478명으로 9.6% 증가했다. 전체 농가인구 중 비중은 32.5%로 농촌은 이미 초고령화 단계에 진입했다. 몇십 년간 해온 본인의 농사법을 버리고 생산성을 높이는 새로운 노력을 도입하기란 결코 쉬운 일이 아니다.

이에 한국 정부는 아르헨티나와 에티오피아, 케냐 등 남반구에 위치한 국가들과 식량 스와프를 체결해 식량 안보 위기를 타개하고자 노력하고 있다. 교환 품목이 밀과 콩 등 수입에 의존하는 작물이고, 주 수입국인 북반구에서 기후변화로 작황이 악화해 수입에 차질이 생기면 남반구 국가들과 맺은 스와프를 통해 무리 없이 식량을 들일 수 있을 것으로 기대된다. 하지만 이러한 식량 스와프는 급한 불을 끌 수 있는 일시적인 방안은 될 수 있어도 근본적인 해결책으로는 한계가 있다. 생산량을 획기적으로 늘리고 전쟁이나 기후변화와 같은 외부 환경 요인에도 흔들리지 않는 혁신적인 방안이 필요하다. 그래서 등장한 것이 애그테크이다.

애그테크로 농업의
생산성을 높이다

애그테크AgTech는 농업을 의미하는 'Agriculture'와 기술을 의미하는 'Technology'의 합성어로 인공지능과 사물인터넷, 빅데이터, 머신러닝, 드론, 로봇 등과 같은 첨단 기술을 농산물의 파종부터 수확까지의 전 과정에 적용하는 것을 뜻한다. 식량 부족 시대의 도래에 대비해 IT 기술을 활용해 최소 면적에서 최대 생산량을 얻는 것이 목적이다.

애그테크를 적용하면 작물에 최적화되도록 온도, 습도, 일조량, 풍향 등의 환경이 자동으로 조절되고, 작물에 어떤 비료를 언제 줬는지 등의 상세한 정보를 확인해 수확 시기를 예측하거나 당도도 끌어올릴 수 있다. 바퀴와 팔이 달린 로봇이 농장의 잡초를 제거하거나 고해상도 카메라가 탑재된 드론을 날려 하늘에서 해충을 포착할 수도 있다.

우크라이나 전황을 전달하면서 알려진 플래닛 랩스의 위성사진도 태블릿으로 로봇팔을 원격조정하거나 자율주행 로봇 차량이 스스로 작물을 관리한다.

자료: 언론 종합

농경에 활용된다. 200기의 관측 위성을 보유한 플래닛 랩스는 미국, 유럽 등에서 대규모 경작지를 대상으로 실시간 농경지 관리 기술을 제공하는데, 단순히 경작지 상태 사진을 공유하는 것뿐 아니라 농작물의 생장 상태를 분석해 농부에게 정보를 전달한다. 미국의 종자 개발 스타트업 아이나리는 유전자 편집 기술을 활용해 생산량을 20%나 늘리는 옥수수, 대두, 밀의 종자를 개발 중이다. 생산량을 늘리면서도 경작 과정에서 소모되는 물과 질소는 40%가량 줄이는 것이 목표이다.

국내 애그테크 스타트업 그린랩스는 2017년 설립 이후 국내 100만 농가의 절반이 넘는 60만 이상 회원을 확보했다. 매출은 1000억 원을 달성했고 1700억 원 규모의 시리즈C 투자까지 유치했다. 그린랩스는 농장 경영에 필요한 데이터 농업 서비스 '팜모닝'과 '신선하이'를 농가에 제공해 생산과 유통을 혁신하는 국내 대표적인 애그테크 스타트업으로, 농축산업의 디지털 전환을 빠르게 실현하고 있다. 종합 디지털 농업 플랫폼 '팜모닝'은 농민을 대상으로 데이터 기반의 작물 재배 컨설팅을 제공하고 농장 환경 정밀제어를 통해 최적의 생육관리를 돕는

국내 애그테크 스타트업 현황

회사	분야	주요 사업
그린랩스	농업 종합 플랫폼	스마트팜·디지털 농업 서비스 '팜모닝'
엔씽	스마트팜 솔루션	모듈형 컨테이너 수직농장 '큐브'
에이아이에스	스마트팜 솔루션	노지 작물 생육 최적화 시스템
쉘파스페이스	스마트팜 솔루션	정밀제어 인공광원 '쉘파라이트'

자료: 언론 종합

다. B2B(기업간 거래) 농산물 거래 플랫폼 '신선하이'는 당일 도매시장 평균가보다 낮은 가격으로 상품을 공급하는데, 자체 개발한 'AI 거래 의사 결정 시스템'을 통해 전국 농산물 도매시장 가격 데이터를 분석하고 상품별 평균 도매 가격을 산출해 적정 판매가를 산정한다.

애그테크 시장이 급성장하면서 애그테크 관련 기업에도 많은 돈

애그테크 글로벌 벤처 투자 현황

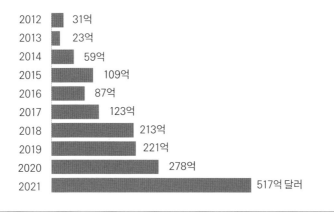

자료: 애그펀더, 언론 종합

이 몰리고 있다. 애그펀더에 따르면, 애그테크에 유입된 전 세계 벤처 투자금은 2019년 221억 달러(약 30조 4000억 원)에서 2년 만에 2배가 넘는 517억 달러로 늘었다. 글로벌 시장분석 업체 피치북에 따르면 2021년에 600개 이상의 애그테크 스타트업에 78억 달러(약 9조 2118억 원) 이상의 투자금이 몰렸는데, 가장 많은 투자금을 유치한 곳은 질소비료 대체제를 만드는 피보트바이오Pivot Bio와 실내농업 스타트업 보워리파밍Bowery Farming 등이다. 이들은 각각 4억 3000만 달러(약 5080억 원)와 3억 2100만 달러(약 3792억 원)를 유치했다. 또한 빌 게이츠의 브

글로벌 애그테크 부문별 규모 전망

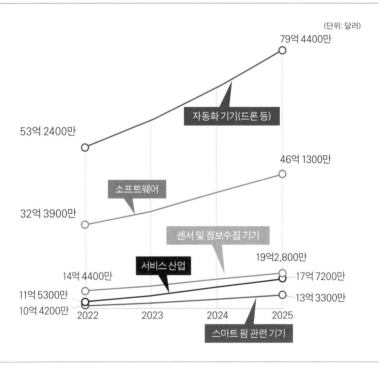

(단위: 달러)

자료: 한국농촌경제연구원

레이크스루에너지벤처스는 친환경 농업 로봇 개발사인 아이언옥스에 5000만 달러를 투자했다.

한국농촌경제연구원에 따르면, 경종 부문 자동화기기(드론, 급수관리 시스템, 자율주행 농작업 시스템 등)의 전 세계 산업 규모는 2020년부터 2025년까지 연평균 13.9% 성장할 것으로 예상된다. 스마트팜 관련 시장 규모도 2025년 13억 3300만 달러(약 1조 7442억 원) 규모로 성장할 것으로 보이며, 같은 기간 소프트웨어 산업은 연평균 11.9%, 서비스 산업은 15.4% 성장할 것으로 기대된다.

CES 2023의 주역,
'농슬라' 존디어

CES를 주관하는 미국기술협회CTA는 2023년의 기조연설 연사로 일찍감치 세계 최대 농기계 브랜드 존디어John Deere로 잘 알려진 디어앤컴퍼니Deere & Company의 존 메이John May 회장을 확정했다. 농업용 장비 회사에서 자율주행과 사물인터넷을 적용해 첨단 테크 기업으로 변신한 존디어가 CES 2023의 주역으로 떠오른 것이다. 구글, 아마존, 메타 첨단 IT 기술 기업들의 잔치인 CES에서 농기계 업체의 CEO가 기조연설 무대를 장식하는 것은 55년 CES 역사상 처음이다.

국내에서는 생소한 이름의 존디어는 세계 1위의 농기계 업체 브랜드이다. 1837년에 창립되었고 본사는 미국 일리노이 몰린에 위치했다.

세계 1위 농기계 업체 브랜드 '존디어'

자료: 언론 종합

직원 수는 약 7만 명으로 농업, 건설, 임업 등에 사용되는 중장비를 생산하는 기업인데, 2002년에 자율주행 기능이 탑재된 트랙터를 생산해 세계 최초로 자율주행 테스트를 진행하여 세간의 주목을 끌었다.

존디어는 2019년 CES에서 첫선을 보인 이후 매년 전시회를 통해 농업 분야 혁신의 중요성을 강조해왔다. 존디어가 개발한 자율주행 트랙터는 식량을 생산할 토지와 노동력이 부족하다는 문제 인식에서 비롯된 기술혁신이다. 자율주행 트랙터가 24시간 작업을 가능하게 만들고 농업 분야의 고질적인 인력난 이슈를 해소하면서 생산량을 향상시킬 수 있기 때문이다. 존디어는 자율주행 트랙터 보급을 위해 구독 경제 형태로 제품을 판매하겠다는 아이디어도 제시했다. 단순한 농기계 회사를 넘어 농업 분야의 자동화 솔루션을 제시하는 기술 기업으로 변모하고 있다.

농기계 업체 존디어의 CEO가 2023의 기조연설자로 선정되었다
는 것은 단순히 농업이 유망 성장 산업임을 의미하지 않는다. CES는
2023년의 화두로 떠오른 전 인류가 직면한 식량 안보 문제를 IT로 해
결하겠다는 것이다. 이는 CES 2023의 큰 주제인 인간 안보와도 직결
된다. CES는 더 이상 소비자 가전 분야에만 머무르지 않고, 기술혁신
을 통해 인류의 당면 과제를 해결하는 리더십을 가져가겠다는 의미다.

자율주행 트랙터로
식량 위기를 갈아엎는다

CES 2023의 기조연설자로 선정된 존메이 CEO는 인류의 가장
시급한 현안으로 떠오른 식량 위기 문제에 대해 언급했다. CES가
2023년의 화두로 꺼내 든 식량 안보 문제는 전 인류가 직면한 중요한
당면 과제이다. 코로나 팬데믹과 지구온난화, 러시아-우크라이나 전
쟁 등으로 인한 전 세계 식량 부족 사태는 심각한 수준이다. 코로나
팬데믹 이후 가축의 전염병 위험과 육가공 농장 가동 문제로 육류 가
격은 크게 올랐다. 농작물 생산을 담당하던 이민 노동자의 귀국으로
채소값도 올랐다. 기후변화로 농작물 생산 시기가 예측할 수 없이 빨
라지거나 느려지고, 가뭄이나 홍수로 농사를 망치는 일도 빈번하다.
러시아의 우크라이나 침공으로 곡물, 사료, 비료 공급 문제 역시 심각
한 상황이다. 식량 공급 부족 문제를 해결하기 위해서는 농업부터 혁

신해야 한다. 적은 토지나 물, 척박한 환경에서도 자랄 수 있는 스마트 농업 기술이 필요하다. 생산된 농작물이 남아서 버려지거나 낭비되지 않게 할 보관 및 유통 기술도 요구된다.

이러한 상황에서 농기계 업체 디어앤컴퍼니Deere & Company의 농기계 브랜드 '존디어'는 농업 분야의 테슬라, '농슬라'로 불리며 식량 위기를 극복할 해결사로 주목을 받고 있다. 디어앤컴퍼니는 180년 동안 농업 생산성 향상에 집중한 기술 기업이다. (1836년 디어앤컴퍼니의 창업주 존디어는 날 끝이 둥근 쟁기를 만들어 생산성을 향상시켰다. 미국 중부 지방의 토질은 진흙이라 쟁기 끝에 끈적하게 달라붙고 영국의 모래흙과는 완전 다르다. 당시 미국 농부들은 미국 땅엔 전혀 다른 쟁기가 필요하다는 걸 몰랐는데, 존디어가 만든 둥근 쟁기는 생산성을 획기적으로 높였다.)

디어앤컴퍼니가 선보인 자율주행 트랙터는 농업 생산성을 획기적으로 높일 수 있는 것으로 기대되고 있다. 양산용 완전 자율주행 트랙터 '오토노머스 8R'은 주변 360도 장애물과 거리를 탐지하는 스테레오 카메라 여섯 쌍과 주행 판단을 내리는 AI 기술, GPS(위성 위치 확인 시스템) 같은 첨단 기술을 대거 탑재해 운전자 없이도 24시간 내내 알아서 밭을 갈고, 파종을 하며 작물을 수확할 수 있다. 카메라에는 엔비디아의 GPU 프로세서가 탑재되어 카메라로 인식한 사물을 0.1초 내에 인식한다. 주변 환경을 사람의 눈처럼 정확히 보고 판단하는 것이다. 게다가 자율주행 자동차와는 다르게 트랙터는 농작물만 구분하면 되고, 농부는 스마트폰으로 모니터링만 해주면 된다. 시장 예측 기업인 아이디테크엑스IDTechEx에 따르면, 글로벌 자율주행 트랙터 시장 규모는 2027년까지 239억 8000만 달러(약 33조 5720억 원)에 이를 것으로

존디어의 자율주행 트랙터와 CES에 참가한 존디어의 탈곡기

자료: 언론 종합

전망된다.

185년 역사에 중장비 농기계 부문 세계 시장 점유율 1위(32%) 기업인 존디어의 자율주행 트랙터는 현실에 안주하지 않고 지난 20년간 자동화, 데이터 분석, GPS 안내, 사물인터넷과 소프트웨어 공학 등 첨단 기술에 수십억 달러를 투자한 결과이다. 완전 자율주행 트랙터 개발을 위해 2017년에는 실리콘밸리의 빅데이터 및 AI 전문기업 블루 리버 테크놀로지를 3억 600만 달러(약 4370억 원)에 인수했고, 2억 5000만 달러(약 3582억 원)를 들여 자율주행 트랙터를 개발하는 또 다른 스타트업 베어 플래그 로보틱스를 합병하기도 했다.

존디어는 2030년까지 완전 무인 농업 시스템을 갖추는 것을 목표로 하고 있다. 자율주행 트랙터에 그치지 않고 로봇 파종기, 밀과 왕겨를 세심하게 분리해주는 콤바인 등 AI를 탑재한 다양한 농기계를 개발 중이다. 카메라 36대와 머신러닝 기술이 탑재돼 농작물에 섞여 있는

잡초만 골라 제초제를 살포하는 로봇 제초기는 미국 최대 곡창지대 중 하나인 미시시피 삼각주에 25대가 투입되며 양산 단계에 진입했다. 이 AI 제초기는 기존 제초제 사용량의 66% 이상을 아낄 수 있다.

무인화 기술에 사활을 거는 애그테크 기업은 존디어뿐만이 아니다. 다국적 농기계 기업 CNH와 독일 아그코, 일본 구보타 등도 완전 무인 형태의 자율 작업 트랙터를 개발 중이다. 지금보다 60%나 많은 식량을 생산해야 하는 동시에 농·축산업에서 배출되는 탄소를 줄여야 하는 난제를 해결하며 생산성을 획기적으로 끌어올릴 방법은 자동화이다.

농기계 판매보다 소프트웨어 판매 수익률이 높다는 점도 농기계 기업들이 애그테크 기업으로 전환하는 이유 중 하나이다. 미국 투자은행 번스타인에 따르면, 농업 관련 장비의 평균 마진율은 25%인 반면 소프트웨어의 평균 마진율은 85%에 육박한다. 존디어는 소프트웨어 성능을 향상시키기 위해 수백만 잡초 이미지를 포함한 학습용 데이터 수집에 착수했는데, 2026년까지 카메라가 달린 트랙터 150만 대를 클라우드 기반의 데이터센터에 연결하는 방식으로 데이터를 수집할 계획이다.

코로나 팬데믹과 지구온난화에 따른 이상기후, 여기에 우크라이나 전쟁으로 지금 인류는 식량 안보를 위협받고 있는 상황이다. 그리고 이 상황은 점점 더 심각해질 것이다. 이런 상황에서 애그테크는 탄소 중립, 기후변화, 고령화 등에 따른 농업의 거시적 환경 변화에 적극적으로 대응하여 식량 위기를 극복하고 식량 안보를 지킬 수 있는 거의 유일한 수단이다. 전쟁과 이상기후로 밀 농사에 큰 차질을 빚고 있는 미국은 기술을 통한 생산성 향상에 기대를 걸고 있다. 존디어의 기술이 생산량을 비약적으로 늘려줄 수 있다면 존디어 입장에서는 지금의 이 위기가 엄청난 기회가 될 수도 있다. 자율주행 트랙터로 산업의 판도를 뒤집을 수도 있는 존디어가 농업계의 테슬라, '농슬라'로 불리는 것도 결코 빈말은 아닐 듯하다.

세로로 재배하는 수직농업으로
식량 위기를 극복하다

농작물 재배의 혁신,
실내 수직농업에 주목하다

　인구 증가와 기후변화로 식량 안보가 중요한 문제로 부상하면서 실내 수직농업이 주목받고 있다. 실내 수직농업은 단위 면적당 생산량이 전통적인 농업 방식보다 많게는 수십 배 높으면서 환경오염도 줄일 수 있기 때문이다. 이는 작물을 토양에 직접 심어야 하는 제약에서 벗어나 서랍을 위로 쌓아 올린 형태로 재배하기 때문이다. 미국 농무부에 따르면, 실내 수직농업 방식으로 경작할 경우 에이커당 생산량이 전통적인 농업 방식보다 10~20배 높다.

　수직농업은 실내에서 작물을 키우기 때문에 외부 요인을 통제할 수 있고 병충해로부터 자유로워 농약도 거의 사용하지 않는다. 전통적인

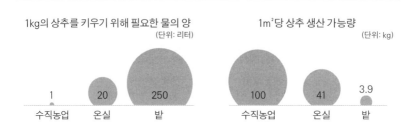

수직농업과 기존 농법에서 필요한 물의 양 차이

1kg의 상추를 키우기 위해 필요한 물의 양
(단위: 리터)

1	20	250
수직농업	온실	밭

1m²당 상추 생산 가능량
(단위: kg)

100	41	3.9
수직농업	온실	밭

자료: 언론 종합

방식보다 90% 적은 양의 물을 사용하는 데다 재활용할 수 있어 환경 오염 부담이 적다. 또한 좁은 부지에서도 대도시에 공급할 수 있는 물량 생산이 가능해 도시 근처에 농장이 위치할 수 있다. 도시와 가까운 곳에 있기 때문에 재배지에서 최종 소비자한테 도달하는 거리가 짧아져 운송 시간과 비용도 절약할 수 있다.

데이터 분석 기업 스테티스타Statista는 글로벌 수직농업 시장이 2020년 55억 달러(약 7조 원)에서 2026년 198억 달러(약 25조 원)로 성장할 것으로 전망했다. 다만 LED 전구로 광합성을 하다 보니 사용되는 전력량이 많고, 최첨단 농업 과학 기술이 필요한 시설이다 보니 초기투자 비용이 많이 든다. 도시 인근에 농장이 자리해 임대료 부담도 크다는 문제도 있어 이에 대한 해결책도 마련 중이다.

인류의 미래, '세로'에 달려 있다

대표적인 수직농업 기업으로는 에어로팜Aerofarm이 있다. 2004년에 설립된 에어로팜은 오래된 건물 및 공장을 재활용하여 수직형 농장을 조성해서 약 250여 종의 채소를 키우고 있다. 에어로팜은 특수하게 제작된 천Cloth Medium 사이로 분무기를 통해 물을 뿜어내면서 채소들의 뿌리에 물과 영양분을 직접 공급하는 방식으로 재배한다. 해충의 유입을 방지하기 때문에 농약도 사용하지 않는다. 일반적인 흙에서 하는 농사보다 물의 양이 95%나 적게 들고 다른 회사의 수경재배 방식보다도 40%나 적은 양의 물을 사용한다. 햇빛을 대신해서 LED 조명을 사용해 채소의 성장에 불필요한 빛을 없애 생산 효율을 높여서 재배한다.

에어로팜은 재래식 농법 대비 토지의 1% 수준만 사용하지만, 평방

에어로팜의 대규모 수직농장과 판매되고 있는 '드림 그린즈' 브랜드

자료: 에어로팜 홈페이지

피트당 거의 400배 이상을 농작물을 생산할 수 있다. 또한 시장과 가까운 입지에 위치해 있기 때문에 운송에서 발생하는 이산화탄소 배출량의 98%나 절감할 수 있다. 에어로팜에서 재배된 작물들은 '드림 그린즈Dream Greens'라는 브랜드로 판매가 되고 있다.

미국의 수직농장기업 플렌티 언리미티드Plenty Unlimited는 2023년에 미국 버지니아주 리치몬드 인근에 세계 최대 실내 수직농장 단지를 건설할 계획이다. 현재까지 세계에서 가장 큰 수직농장은 아랍에미리트UAE 두바이에 있는 수직농장이었는데, 플렌티 언리미티드는 이를 능가하는 48만 5623㎡(14만 6900평) 부지에 3억 달러(약 4170억 원)를 투자해 딸기, 잎채소, 토마토 등을 재배할 예정이다.

플렌티 언리미티드의 수직농장은 약 9m 높이로, 재배 환경 조절이 가능하며 일부 시설물은 로봇팔로 관리된다. 완공되면 연간 최대 농산물 9071톤을 생산할 것으로 예상되며 이 프로젝트를 통해 300개의 일자리가 창출될 것으로 기대된다.

세계 최초 딸기 수직농장으로 이름을 올릴 첫 번째 농장에서는 미국 베리류 시장의 3분의 1을 점유하는 식품 기업 드리스콜에 공급할 딸기를 재배한다. 매년 딸기를 1814톤 이상 생산할 수 있으며, 미국 북동부 전역의 소매점에서 딸기를 구매할 수 있게 된다. 플렌티 언리미티드는 수직 타워와 지능형 플랫폼 덕분에 하나의 플랫폼에서 일관되게 여러 작물을 재배할 수 있는 수직농업 기업으로 발전하였다.

플랜티 언리미티드는 미국의 수직농업 스타트업 중 가장 많은 투자를 받은 기업이기도 하다. 일주일에 2억 2000만 명의 고객과 회원이 방문하는 미국의 대형 유통업체인 월마트는 수직농법으로 재배한 유

플렌티 언리미티드의 수직농장

자료: 플렌티 언리미티드 홈페이지

기농 채소를 판매할 목적으로 플렌티 언리미티드에 투자했는데, 월마트의 이번 투자는 원매디슨그룹One Madison Group과 JS캐피털이 이끌고 소프트뱅크 비전펀드SoftBank Vision Fund가 참여한 펀딩을 통해 이뤄졌다. 플렌티 언리미티드는 이 펀딩을 통해 4억 달러를 유치하면서 총 9억 달러 이상의 자금을 확보했다. 미국 최대 식료품점이 최첨단 애그테크 분야에 뛰어들면서 식품 신선도 보장, 쓰레기 배출 감축과 함께 지속가능성을 촉진할 것으로 기대되고 있다.

　기존 농업 대비 단위 면적당 생산량을 수십에서 수백 배 높인 수직농업은 이상기후 및 자연재해에 따른 식량 위기의 해결책으로 부상하고 있다. 에어로팜, 플렌티 언리미티드 외에도 바우리 파밍Bowery Farming, 플랜트랩PlantLab, 브라이트팜BrightFarms, 고담그린즈Gotham Greens 등 약 2000개 이상의 수직농장이 미국 내 존재하는데, 이 기업들은 보다 다양한 농산물을 재배할 방법을 모색하고 있다.

　인류는 아파트 및 고층 건물과 같은 고밀화된 세로도시를 구축하면서 주거 문화에 혁명을 불러일으켰다. 단위 면적당 보다 많은 사람이 살 수 있게 되면서 상업 활동과 문화 활동이 활발해지고 그에 따른 새로운 경제적 기회가 창출되었다. 《아주경제》[세로도시−특별인터뷰]에서 유현준 건축사사무소 소장은 삶의 질과 생활의 편의성도 높아졌다고 하였다. 그리고 주거에 이어 농업도 세로 방식으로 전환하면서 이전보다 더 많은 농작물의 생산량을 기대할 수 있게 되었다. 인류의 미래는 이제 '세로'에 달려 있다.

8장

Big Tech
8

뜨거워지는 지구를 구하는
기후테크

Climate Tech: 친환경 기술을 포함해 온실가스 배출 감소와 지구온난화를
해결할 수 있는 모든 기술. 기후테크는 교통, 물류, 농업, 식량, 에너지, 전력 등
여러 분야에서 탄소를 감축하거나 흡수하는 '완화(mitigation)'와 기후변화로
인해 달라진 환경에서 살아가도록 돕는 '적응(adaption)' 기술로 구분한다.

기후 위기가
일상이 되어가는 지구

CES가 지속가능성을 강조하는 이유

CES는 2022년에 이어 2023년에서도 지속가능성을 주요 테마로 선정하고, 친환경 및 탄소중립 등과 관련한 제품들을 선보였다.

지속가능성sustainability이란 자연이 다양성과 생산성을 유지하고, 생태계가 균형 있게 미래에도 유지할 수 있는 제반 환경이란 의미로, 이용어는 로마클럽이 1972년 〈성장의 한계The Limits to Growth〉란 보고서에서 처음 언급한 이후 인간 활동, 경제나 경영, 기후와 환경, 국가 정책등에 광범위하게 사용되고 있다. 지속가능성은 인간과 자원의 공생, 개발과 보전의 조화, 현세대와 미래 세대 간의 형평 등을 추구한다는 측면에서 CES가 비전으로 제시한 '지구와 인간의 지속 가능한 동행'과 일맥상통한다. 특히 전 세계 기업들이 추진하고 있는 ESG(환경, 사

CES 2023에서도 지속가능성은 주요 테마로 다뤄지고 있다. 친환경, 에너지 효율성, 재활용, 탄소배출 감축 관련 제품과 솔루션들이 다수 선보였다.

자료: CES 홈페이지

회, 지배구조) 경영의 핵심과 본질이 지속가능성이라는 점에서 CES에서도 지속가능성에 많은 관심을 갖고 있는데, 그중에서도 2023년에는 기후 위기가 전 세계적인 이슈로 거론되고 있다.

점점 피해가 커지고 있는 기후 재난

세계 기상 재해 건수는 지난 50년간 5배나 증가한 것으로 나타났다. 기후변화로 인해 기상 이변은 앞으로 한층 더 심각해질 전망이다. 가뭄과 홍수 등으로 총 200만 명 이상이 사망했고 3조 6000억 달러(약 4221조 원)의 경제 손실이 발생한 것으로 확인됐다. 인명 피해가 가장 큰 재해는 65만 명이 숨진 가뭄이었으며, 다음으로 폭풍우(약 58만명), 홍수(약 5만 9000명), 극한 기온(약 5만 6000명) 순으로 나타났다. 이는 기존의 폭우, 허리케인, 토네이도, 산불이 기후변화의 영향을 받아 극단적인 형태로 나타난 결과이다. 기상 이변이 초래한 재앙을 피할 수 있는 시간은 남아 있지 않다는 경고가 예사롭지 않다.

전 세계의 이상기후 현상은 매년 그 정도와 범위가 확대되고 있다. 2022년에는 기후변화가 더욱 극심했다. 예일대학 기후연구소에 따르면, 2022년 7월 한 달 새 독일, 벨기에를 비롯한 서유럽 지역에 '100년 만의 폭우'가 쏟아지면서 240명이 사망하고 최소 25억 달러의 재산상 피해가 발생했다. 7월 평균기온이 20~25도 사이로 에어컨을 켜지 않아도 됐던 영국 런던은 2022년 7월에 40도를 넘는 더위에 사상 처음 '국가비상사태'에 해당하는 4단계 적색경보를 발동하였다. 중국에서는 6월과 7월 홍수 피해 규모가 250억 달러에 달하고 325명이 사망했다. 인도에서도 7월 내내 이어진 몬순 홍수로 사망자 534명, 16억 달러의 재산상 피해가 발생했다. 파키스탄은 2022년 6월 중순부터 시작된 비로 국토의 3분의 1이 물에 잠기고 1700여 명이 숨졌다.

미국 캘리포니아 사우스 레이크 타호까지 번진 산불 '칼도', 그리스 전역에서 동시다발로 발생한 산불 등으로 주민 전체가 대피하는 일도 발생했다. 유럽산불정보시스템EFFIS에 따르면, 2022년에만 그리스 면적 가운데 11만 헥타르가 불에 탔다. 2008~2020년 연간 평균보다 5배 이상 많다. 지구온난화가 가속화하면서 극단적 기상 현상이 이변이 아니라 이제 일상이 돼가고 있다. '기후 위기'를 넘어 '기후 재앙'이라는 말이 무색하지 않다.

대홍수 사태를 겪은 뉴욕 주지사 캐시 호컬은 "불행하게도 기후변

2022년 8월, 미국 캘리포니아주에서 발생한 산불 현장(왼쪽)과 홍수 피해를 입은 켄터키주의 모습

자료: AFPBBNews, 뉴스1

화로 이런 일을 정기적으로 겪어야 한다"고 우려했고, 기후변화에 관한 정부 간 협의체IPCC: Intergovernmental Panel on Climate Change도 "위험한 기후변화를 피할 시간은 0년"이라고 시급성을 강조했다.

기후변화의 주범, 온실가스를 줄여라

2022년 11월 6일, 이집트 시나이반도에 위치한 샤름 엘 셰이크에서 제27차 유엔기후변화협약 당사국총회COP27가 열렸다. 당사국총회COP는 Conference of Parties를 의미한다. 기후변화협약UNFCCC의 최고 의사결정기구로 각국 정상을 포함한 대표단이 모여 기후변화 대응책을 협상하는 자리다. 뒤에 숫자를 붙여서 몇 번째 회의인지를 구분

하는데 2022년은 27번째 열린 당사국총회로 COP27이다. COP27에는 조 바이든 미국 대통령과 리시 수낵 영국 총리를 비롯해 80여 개국 정상급 인사와 각국 대표단, 환경·기후 관련 시민단체, 기업인, 언론인 등 4만여 명이 참여했다.

2021년에 영국 글래스고에서 열린 제26차 유엔 기후변화협약 당사국총회COP26에서 파리협정 이행에 필요한 규칙Paris Rulebook이 완성됨에 따라 COP27에서는 파리협정 1.5℃ 목표(지구 평균온도 상승폭을 산업화 이전 대비 1.5℃ 이하로 제한) 달성을 위한 각국의 실질적인 이행 노력이 강조되었다. 인플레이션, 에너지 위기, 식량 위기 등 그 어느 때보다 어려운 시기에 개최된 COP27에서는 1.5℃ 목표 달성을 위한 국제사회의 단합된 노력이 결코 약해지지 않을 것이라는 믿음을 전 세계에 주는 일이 급선무였다.

기후변화의 가장 큰 원인은 온실가스 증가에 따른 지구온난화 현상때문이다. 유럽 공동연구진은 지구의 기온 상승 데드라인을 2도로 정한 파리협정보다 더 강력하게 제한해 1.5도 이하로 온도를 낮춰야 한다고 주장했다. 온도를 낮추기 위해서는 2030년까지 세계 온실가스를 절반으로 줄여야 한다.

세계 195개국은 지난 2015년 프랑스 파리에서 열린 제21차 유엔기후변화협약 당사국총회에서 파리협정을 채택했다. 1.5도로 제한해 티핑 포인트Tipping Point 위험을 50%로 낮추려면 오는 2030년까지 전 세계 온실가스 배출량을 절반으로 줄이고 2050년에는 순제로에 도달해야 한다. 기후변화에 관한 정부 간 협의체의 6차 평가 보고서에 따르면, 산업화 이전 온도보다 2도 올라가면 기후 전환점을 촉발할 위험이 높으며, 2.5~4도 올라가면 매우 위험하다. 이미 지구는 티핑 포인트 위험지대에 놓여 있다. 즉 UN의 파리협정에서 목표했던 온난화를 2도 이하, 1.5도로 제한하는 것조차도 위험한 기후변화를 완전히 피하기에는 충분치 않다는 것이다.

스톡홀름 볼린 기후연구센터의 데이비드 암스트롱 맥케이 박사는 "16가지 위험 요소 중 5가지는 1.1도 상승한 현재 이미 변화가 일어났다"라고 말했다. 그린란드와 남북극 지역 영구 동토층의 해빙, 캐나다 래브라도 해의 대류 붕괴, 열대 산호초의 대규모 소멸 등이다. 그는 또 "1.5도 상승할 경우 4가지 일들이 추가로 일어날 수 있으며, 5가지가 연쇄적으로 더 일어날 것"이라고 전망했다.

2022년 8월, 미국 바이든 정부는 풍력, 태양광 지원안과 전기차 구매 시 세액 공제를 제공하는 등 친환경 에너지 개발과 확대를 위한 혜택을 포함한 정책과 함께 오는 2030년까지 온실가스 40%를 줄이기 위한 에너지 안보 및 기후변화 대응을 위해 3690억 달러(약 479조 원)를 투자한다는 내용의 미국 역사상 역대급 규모의 인프라 기후법을 통과시켰다. 계속된 유가 상승, 기후 재난 등으로 기후 및 에너지 위기 해결은 미국 정부가 시급히 해결해야 할 당면 과제가 됐다.

⋮ 기회의 창이 닫히고 있다 ⋮

2022년 10월에 유엔환경계획UNEP이 발간한 〈2022년 (온실가스) 배출갭 보고서Emissions Gap Report〉를 보면 '닫히고 있는 기회의 창, 기후 위기는 급격한 사회적 전환을 요구한다The Closing Window - Climate crisis calls for rapid transformation of societies'라는 부제를 달고 있다.

보고서는 세계 각국이 온실가스 배출량을 줄이겠다고 약속한 것과 2015년 파리 기후변화 협정에서 제시된 기온 상승 억제 목표를 맞추기 위해 전체적으로 감축해야 할 배출량 사이의 차이(갭)를 언급하였다. 2021년 영국 글래스고에서 열린 제26차 유엔기후변화협약 당사국총회에서 각국이 갱신한 약속은 2030년 온실가스 배출 전망치의 1%도 채 안 되는 분량을 줄이는 것으로, 파리협정에서 채택된 목표대로 지구온난화를 1.5도로 제한하려면 온실가스 감축분이 45%는 돼야 한다. UNEP는 세계 각국이 다짐한 기후변화 대응 수준대로라면 세기말까지 섭씨 2.4~2.6도가 오를 것이라고 경고했다. 또한 UNEP는 전력 공급, 산업, 수송, 건축 분야와 식량 및 금융 시스템을 기후변화에 맞게 획기적으로 탈바꿈하는 것이 필요하다고 주장했다. 글로벌 경제를 개혁해 2030년까지 온실가스 배출량을 거의 절반으로 줄이는 것이 불가능할지라도, 설령 2030년까지 목표하는 바를 달성하지 못한다고 하더라도 1.5도에 최대한 근사치적으로 접근하는 노력이라도 해야 한다고 보고서는 설명한다.

전력 공급의 경우 재생에너지로의 변화를 가속하되 재생에너지로 옮겨가면서 실업 대책 및 직업교육 등을 수반한 '공정한 전환'과 보편적 에너지 접근을 위한 수단을 같이 강구해야 한다. 식량 시스템은 온실가스 배출량의 3분의 1을 차지할 정도로 초점이 되는 부문인 만큼 식량 공급망의 탈탄소화 등을 위해 추진해야 한다. 또 정부는 전환을 촉진하기 위해 보조금과 세금을 개혁하고 민간 분야는 식량 손실과 낭비를 줄이며 개별 시민도 환경적으로 지속 가능한 식품을 소비해야 한다.

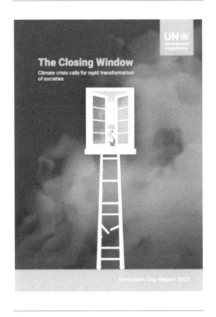

이처럼 점점 심각해져 가는 기후 위기 상황에서 온실가스 감축만을 해서는 더 이상 기후 위기 시대에 살아남을 수 없다. 반세기 전 330ppm대였던 이산화탄소 농도는 2010년대 400ppm대를 기록했다. 이후에도 무섭도록 빠르게 기록을 갱신 중이다. 2021년 11월 415.9ppm, 최근엔 417.9ppm까지 올라왔다. 기후변화에 관한 정부 간 협의체는 전 세계가 일반적인 배출 경로(SSP2-4.5)를 따라갈 때 금세기 말 이산화탄소 농도가 600ppm을 넘길 수 있다고 전망했다. 특히 메탄 농도는 관측 이래 가장 가파른 증가 값을 나타냈다. 이산화탄소는 수년~수백 년 동안 대기에 체류하지만 메탄은 대기 체류 기간이 9년 정도로 짧아서 감축이 이뤄진다면 현세대에 효과가 나타날 것으로 기대되는 온실가스이다. 화석연료(전체 메탄 배출량의 20% 이상 차지) 등의 감축을 먼저 시작한다면 이산화탄소와 더불어 메탄 감축에도 효과적이다.

뜨거워지는 지구를 구할 기술, 기후테크

:

⋮ 첨단 기술로 탄소 배출을 줄여라 ⋮

기후변화는 오늘날 인류가 직면한 가장 시급한 문제이다. 산불, 홍수, 허리케인 등으로 인한 공급망 붕괴는 이미 현실이 되었고, 온실가스 순배출량 제로net zero emission를 향한 글로벌 규제와 탄소 배출권 가격 부담 등으로 기존의 비즈니스 모델을 유지하는 것이 어려워지고 있다. 또한 탈탄소 경제를 빠르게 만들어가는 기업들에 의해 대체될 수 있는 리스크가 커지고 있다. 인간이 숨 쉬고, 먹고, 이동하고, 일하는 모든 활동 자체가 지구온난화를 초래한 원인이라고 밝혀진 만큼, 기후변화에 관한 정부 간 협의체는 사회 시스템을 통째로 바꾸어야 한다고 경고했다.

전 세계는 지금 급격한 탈탄소 사회로의 전환이 필요한 시점이다.

기후테크Climate Tech는 기후변화를 막기 위한 글로벌 과제일 뿐만 아니라 인류의 생존 전략이 될 수 있다. 기후테크는 친환경 기술을 포함해 온실가스 배출 감소와 지구온난화를 해결할 수 있는 범위의 모든 기술을 지칭하며, 온실가스 순배출량 제로 달성을 목표로 세계 경제의 탈탄소화 과제를 해결한다.

기후변화 대응은 크게 온실가스 저감을 통해 기후변화의 진행 속도를 늦추는 기후변화 완화와 이미 변화가 진행 중인 기후 환경에 맞게 사회적 인식과 적응 체제를 바꾸는 기후변화 적응으로 나누어볼 수 있다. 그러한 관점에서 기후테크에는 교통, 물류, 농업, 식량, 에너지, 전력 등 여러 다양한 분야에서 지구온난화를 일으키는 탄소를 감축하거나 흡수하는 '완화mitigation'와, 기후변화로 인해 달라진 환경에서 살아가도록 돕는 '적응adaption' 기술로 나누어진다. 또한 기후 및 지구 데이터를 생성 및 분석하는 것은 물론 기업에서 적절한 회계처리와 공시를 통해 투명성을 높이는 등 탄소 배출량 관리를 위한 다양하고 광범위한 활동도 수반된다.

기후테크는 크게 3가지 분야로 나눌 수 있다.

(1) 에너지 분야

쉽게 말해 청정에너지, 신재생에너지를 개발하는 비즈니스이다. IT를 기반으로, 낭비되는 에너지를 줄이는 스마트 그리드Smart Grid(지능형 Smart과 전력망Grid이 합쳐진 말로, 기존 전력망에 IT를 접목해 에너지 소비 및 전력 수요 관리에서의 효율을 극대화하는 기술) 개발 회사들 또한 이에 해당한다.

⑵ 식품, 농업 분야

식량 분야는 전 세계 온실가스 배출량의 약 20%를 차지하며, 이 중 농업 및 토지 사용 활동이 가장 큰 배출원이다. 경작, 소비, 폐기물 관리 등 전반적인 프로세스 전환을 위한 기술 개발이 활발하다. 음식물 낭비나 배출되는 쓰레기를 줄이는 방법을 연구하는 회사나, 이산화탄소 배출량이 많은 기존의 축산업을 대신할 식품을 개발하는 회사가 포함된다. 또한 부족한 농장 및 농작물 문제를 해결하고자 등장한 스마트팜 회사도 이에 해당한다.

⑶ 모빌리티 분야

기존의 내연기관을 대체할 전기차, 수소차, 전기자전거 등의 친환경 이동수단을 개발하는 회사를 의미한다. 그뿐만 아니라 공유택시, 공유자전거 등 공유경제와 모빌리티를 결합하여 탄소 배출량을 줄이는 데 힘쓰는 공유 모빌리티 플랫폼 회사들도 예로 들 수 있다.

모빌리티와 운송 분야는 전 세계 온실가스 배출량의 16.2%를 차지한다. 전기운송으로 전환하기 위해 배터리 비용 절감이 필요하고, 이에 실리콘 음극재에 대한 기술 개발이 활발히 이루어지고 있다. 또한 1시간 또는 밤새 충전하는 대신 10분 충전으로 500km를 달릴 수 있을 만큼 충전 시간을 단축하고 배터리 수명을 연장하는 배터리 제어 소프트웨어 개발도 진행 중이다.

기후테크에서 기회를 찾는
스타트업들

구글과 아마존을 초창기에 발견하고 투자해 역사상 가장 성공한 전설적인 벤처 투자자 존 도어John Doerr는 다음 투자처로 기업이 아닌 '기후변화'에 주목했다. 존 도어는 2022년 5월 미국 스탠퍼드대학에 기후변화 대처를 위해 11억 달러(약 1조 4000억 원)를 기부했는데, 이 금액은 대학 기부금 역대 두 번째 금액이다. 존 도어는 "기후 위기는 현실이다. 그러나 다가오는 세기의 가장 큰 기회다"라고 역설한다. 매년 심해져만 가는 기록적 폭우와 한파, 폭염 등 지구촌 곳곳에서 발생하고 있는 기후 위기는 존 도어의 말처럼 이제 현실화가 됐다.

기상 이변 및 기후 재해가 글로벌 문제로 부상하자 이를 해결하기 위한 분야에 투자금이 집중되고 있다. 벤처 투자 정보업체 피치북PitchBook에 따르면 2022년 6월 기준 글로벌 기후테크에 투자된 금액은

기후테크 투자 규모 추이

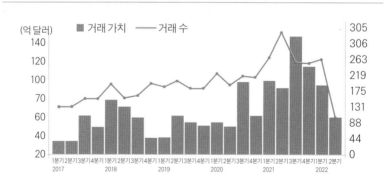

자료: 피치북, 더밀크

137억 달러(약 17조 원)에 달한다. 투자를 유치한 스타트업은 369개에 달했다. 액화 천연가스, 원자력 에너지, 태양열, 풍력 및 수소 발전을 포함한 청정에너지 기술에 대한 다방면의 투자가 이뤄졌는데, 전기차 및 배터리 제조업체에 투자에 집중됐던 과거와 달리 탄소 포집Carbon capture and storage, 리튬 채굴, 실내 수직농장 기술 스타트업 등 투자 분야도 확장되는 추세이다.

대체육을 만드는 비욘드미트, 미생물로 비료를 개발한 인디고 애그리컬처는 기후테크를 대표하는 기업으로 지속가능성과 수익을 동시에 만족시키며 유니콘 기업으로 성장했다. 특히 기후테크 스타트업은 인공지능, 클라우드, 드론, 자율주행, 로봇 등의 신기술을 통해 기후 예측, 탄소 상쇄, 탄소 배출량 관리, 정밀 농업, 재생에너지와 스마트 그리드 등의 분야에 적용해 탈탄소화 과제를 해결한다.

2022년에 가장 큰 규모로 자금을 유치한 기후 테크 기업은 스위스에 본사를 둔 클라임웍스Climeworks였다. 파트너스그룹Partners Group과 GIC가 투자를 주도했으며, 2022년 4월에 6억 5000만 달러 규모 투자

기후테크 스타트업 중 주목할 만한 기업

기업	추진 사업
스카이캐치(Skycatch)	드론을 사용해 특정 지역의 데이터를 캡처, 처리 및 분석하여 측량 과정에서 생기는 자원 낭비를 막는 기업
이그린글로벌 (E Green Global)	기후위기 및 식량안보 문제 해결을 위한 신품종 감자 개발 기업
누벤츄라(Nuventura)	온실가스를 제거하는 개폐기 기술 개발 기업
레드닷애널리틱스 (Red Dot Analytics)	인공지능 및 데이터 기술을 활용하여 에너지 효율성 향상 및 탄소 배출 줄이고자 하는 기업
크로스링커(Krosslinker)	차세대 친환경 신소재 에어로젤 기술 개발 기업

2022년 투자를 유치한 주요 기후테크 스타트업

회사	마감일자	거래 규모	HQ
클라임웍스	4월 5일	6억 5000만 달러	스위스
크루소 에너지 시스템스	4월 20일	5억 500만 달러	미국
그룹14 테크놀로지스	5월 4일	4억 달러	미국
업사이드푸드	3월 22일	4억 달러	미국
플렌티	1월 25일	4억 달러	미국
팔메토	2월 24일	3억 7500만 달러	미국
베타테크놀로지스	4월 4일	3억 7500만 달러	미국
호존	2월 20일	3억 1500만 달러	중국
볼타트럭	2월 21일	2억 6100만 달러	스웨덴
선파이어	3월 24일	2억 1600만 달러	독일

자료: 피치북, 더밀크

유치를 마무리했다. 클라임웍스는 공기 중 이산화탄소를 제거, 지하에 저장하는 탄소 포집 및 저장 공장 기술을 가지고 있다. 탄소 포집은 지구온난화 퇴치를 위한 혁신 기술로 여겨지고 있다.

세계에서 가장 큰 자산 운용사인 블랙록은 투자 전략의 핵심으로 기후 위기를 꼽았고, 국내에서도 카이스트와 MIT 연구진이 설립한 에너지저장장치ESS 특화 딥테크 기업 스탠더드에너지가 소프트뱅크벤처스로부터 100억 원을 투자받은 바 있다.

전 세계적으로 기후테크 기업은 증가하고 있다. 재활용 및 리사이클링, 지속 가능한 자원, 친환경 에너지 등의 분야를 개발하는 기업 수는 많아지며, 관련 기업에 투자하는 비율도 늘어나고 있다. 하지만 기후테크 기업의 중요성은 계속 커지고 있는 데 비해 아시아 시장의 성장 비율은 낮다. 기후테크 시장의 투자 금액이 미국과 캐나다의 경우 2016년에 비해 현재는 5.8배 증가했으며, 유럽의 경우는 7배 증가했다. 반면 아시아의 경우 2016년에 비해 1.7배의 규모밖에 커지지 못했다. 현재 전 세계 기후테크 관련 투자 자금 중 4% 미만이 아시아 시장에 투자되었을 정도로 시장 규모는 작다. 현재 아시아의 기후테크 기업은 계속 성장 중이고 시장도 커지고 있기에 원활한 성과를 낼 것으로 기대된다.

국내에서도 지난해 700억 원대 글로벌 기후테크 벤처펀드가 결성됐고, 국내 초기 기후테크 스타트업을 육성하는 100억 원 규모의 투자조합도 설립됐다. 식물성 대체육 브랜드 '언리미트'의 지구인컴퍼니, 바나듐 레독스 흐름전지를 만드는 에이치투, 국내 폐자원 수집 처리 기업 리코, 풍력발전량을 예측하는 식스티헤르츠, 해조류 기반 배양육을 생산하는 씨위드 등이 기후테크 소셜 벤처로 관심을 받으며 유니콘 기업으로 성장할 준비를 하고 있다.

지구인컴퍼니 '언리미트'

언리미트UNLIMEAT는 식물성 대체육 브랜드이다. 식물성 대체육은 식물에서 추출한 단백질을 이용하여 식육과 비슷한 형태와 맛이 나도록 제조한 식품으로, 식품업계에서 대체육은 미래의 먹거리로 주목받고 있다. 유엔식량농업기구의 2021년 보고서에 따르면, 기존의 축산업은 연간 71억 톤의 온실가스를 배출하며 이는 인류가 배출하는 전체 온실가스의 약 15%를 차지한다. 대체육 소비는 축산업으로 인한 온실가스를 줄이는 데 기여할 수 있다. 언리미트는 2022년에 아시아 최대 식물성 대체육 공장 건립을 기점으로 더 큰 도약을 준비 중이다.

씨위드

씨위드는 해조류 기반의 배양육을 개발하는 스타트업이다. 씨위드는 해조류를 활용하여 배양육을 생산하는 방식을 통해 기존 축산업의 문제점을 해결한다는 목적을 추구한다. 씨위드는 생명공학 기술을 활용하여 공장식 축산 및 도축 과정에서 발생하는 탄소 배출량을 절감하여 기후 위기 대응을 지향한다. 온실가스를 흡수하는 해조류를 기반으로 배양액, 구조체 등을 개발하는 독창적인 기술을 통해 지구 온난화에 대응하고자 한다.

리코

리코는 현재 국내 유일의 디지털 기반 폐기물 처리 서비스인 '업박스'를 운영하는 기업이다. 폐기물 처리 과정에서 폐기량 측정이 정확히 이루어지지 않을 경우 관리 효율이 떨어지고, 사업장과 기업 간의 갈등 이 발생할 수 있다. 수도권 내 대형 사업장에서 발생하는 음식물 쓰레기를 보다 편리하고 위생적인 방식으로 수거하고, 관련된 데이터를 고객에게 투명하게 제공한다. 폐기물을 소각 혹은 매립하지 않고 자원화할 경우, 온실가스를 크게 감축하는 효과를 얻는다. 매일 50만 톤가량 발생하는 폐기물은 업박스를 통해 수집, 운반, 중간 처리 과정을 거쳐 재활용된다. 자체 소프트웨어를 통해 데이터를 제공하여 배출한 폐기물량, 재활용량을 손쉽게 추적할 수 있다. 온실가스 감축량과 같은 환경 지표도 확인할 수 있다.

기후테크로 자연재해를
사전에 막는다

AI로 재해를 예측하는
기후테크 스타트업 '원컨선'

2022년 여름, 서울의 강남역 일대를 비롯해 경기, 강원, 충남 지역에서는 집중 호우로 엄청난 침수 피해가 발생했다. 기후변화에 따른 이런 집중호우는 매년 여름 발생할 가능성이 높다. 그러면 기후테크로 앞으로 발생할 수 있는 자연재해를 미리 막을 수는 없을까?

자연재해를 사전에 분석하고 예측해 빠르게 회복할 수 있는 '기후테크'를 개발하고 있는 원컨선OneConcern이라는 스타트업이 있다. 원컨선은 미국 스탠퍼드대학 출신의 AI 분야 전문가 앤드류 응Andrew Ng이 설립한 스타트업이다. "We're working to make disasters less disastrous"를 미션으로, 쉽게 말해 재해 예측, 재해 평가, 손실 추정

원컨선은 AI와 디지털 트윈 기술을 이용해 해당 지역의 재난재해를 예측한다.

자료: 원컨선 홈페이지

을 위한 AI를 개발하는 회사라고 볼 수 있다. 원컨선의 CEO인 아마
드 와니Ahmad Wani는 2014년 파키스탄과 인도의 접경 지역인 카슈마르
에서 발생한 홍수 속에서 7일 동안 고립됐다가 기적적으로 살아남았
다. 그때부터 그는 자연재해에 대한 장기적인 복원력을 구축하는 데
전념하기로 결심했고, 그 결과 원컨선을 세상에 탄생시켰다. 원컨선은
4년 만에 재난 예측의 정확도를 15분 이내, 85%까지 올릴 수 있었다.
현재 허리케인 등 자연재해에 취약한 지역인 미국과 지진과 쓰나미와
같은 고질적인 재해를 겪고 있는 나라인 일본에서 서비스를 진행하고
있다.

원컨선은 AI 기술과 머신러닝, 그리고 기후과학적 배경지식으로 재
해 문제를 해결한다. 이들은 AI 기술을 통해 자연재해를 모니터링할
수 있으며, 도시 인프라와 이전의 재해 데이터를 결합해 피해를 예측
하고 보강이 필요한 곳에 예방 방법을 신속하게 알린다.

재난 지역은 원컨선이 보유하고 있는 재해 데이터를 통해 리스크를

측정할 수 있고, 원컨선으로부터 인명 구조 혹은 대피소 건설 등 재해 위험으로부터 빠르게 회복할 수 있는 솔루션을 제공받을 수 있다. 원컨선의 가장 큰 특징이자 강점으로는 이전에 예측할 수 없던 재난 위험을 발견해 빠르게 대피하고 피해를 줄일 수 있는 방법을 모색할 수 있다는 것이다.

원컨선의 종합 재해 방지 시스템은 크게 3가지 단계로 나눌 수 있다.

(1) 대비Preparedness

과거 재해 시나리오를 분석해 다가오는 자연재해에 대해 대비할 수 있도록 돕는다. 이는 데이터의 해상도, 그리고 역동성을 높일 수 있기에 가능했다. 고객이 건축 환경, 자연환경 등 노출돼 있는 배경에 대해 보다 잘 이해할 수 있도록 돕기 때문이다.

(2) 응답Response

재난이 발생했을 때 지역에 미치는 영향을 정확히 파악하는 단계이다. 확률적이고 역동적인 예측을 기반으로, 비상사태를 명확히 분석해 시기적절한 결정과 대응 계획을 도출할 수 있다.

(3) 완화Mitigation

원컨선은 보다 빠르게 피해 지역 주민들에게 구호 물품을 제공할 수 있는 방안을 개발했다. 고해상도, 그리고 역동적인 예측을 통해 취약한 지역을 사전에 파악하고, 사고가 발생했을 때 신속한 조치를 제시한다. 그뿐만 아니라 피해 상황을 빠르게 반영할 수 있는 기술을 기반으로 안전한 주거 시설이 남아 있는 지역을 파악해 신속한 대피를 위한 의사결정을 돕는다.

특히 재해가 발생하면 그 지역 일대가 마비돼 피해 지역을 빠르게 도울 수 없다는 문제가 있었다. 하지만 원컨선은 해당 지역에 접근할 수 있는 안전한 루트를 빠르게 분석하는 데 성공했다. 또한 지역 인구 수와 통계 데이터를 기반으로 얼마나 많은 이들이 구호, 생필품을 필요로 하는지도 파악할 수 있었다.

최근 원컨선은 미국의 부동산 정보업체인 코어로직CoreLogic과 파트너십을 체결했다. 인공지능을 사용해 보험, 재보험 그리고 보험연계증권과 기상재해의 잠재적 상관관계를 파악하고, 그 피해를 추정하는 방식을 취한다는 것이다. 원컨선은 코어로직이 재난 발생과 피해 규모를 예측할 수 있도록 돕고, 피해를 최소화하고 빠르게 복구하기 위한 계획을 세우는 데 유익한 데이터를 건네줄 수 있다.

코어로직은 원컨선에 지역적 취약성을 정확히 파악할 수 있도록 경제 데이터를 전해준다. 발생할 수 있는 재해 시나리오 모델링과 경제 데이터를 결합해 위험 규모를 예측하고 리스크를 완화하는 데 서로 간 도움이 될 수 있다는 전망이다. 이로써 이들의 파트너십은 사람들의 경제 데이터와 재해 데이터를 결합해 위험 노출 정도를 보다 정확하게 분석하고, 리스크를 줄이기 위한 복원 솔루션을 구축해나갈 수 있다는 의의가 있다고 볼 수 있다.

또한 원컨선은 빌딩에 가해지는 충격을 예측한다거나 빌딩의 취약성과 회복성을 신속히 분석할 수 있는 툴을 발표했다. 이들이 건물의 손상 추정과 회복력을 위한 머신러닝 모델을 꾸준히 연구하고 있다는 증거이다. 그뿐만 아니라 홍수 재해의 경우 해안, 도시 등 다양한 지역을 기반으로 학습하는 과정을 거치며, 실제 발생할 수 있는 시나리오를 보다 면밀히 파악할 수 있는 모델링을 개발할 전망이다.

도시 침수 예측 모델로 침수 피해를 사전에 예방한다

한국도 집중호우 사태를 겪은 후 대비책을 마련했다. 주소만 검색하면 해당 지역 침수 여부를 미리 알려주는 '도시 침수 예측 모델'을 개발한 것이다. 하천 홍수 예측은 선진국에서 일반화된 기술이지만, 도시 침수 여부까지 예측하는 모델을 만든 건 한국이 처음이다. 환경부와 한국수자원공사는 도시와 하천 지형을 실제와 똑같이 디지털로 재현하는 '디지털 트윈digital twin' 기술에 전국 홍수 통제소의 총 9개 강우 레이더 데이터, 기상청 비 예보 등을 연동해 시간당 강수량에 따라 빗물이 어디로 어떻게 흘러갈지, 어느 지역이 침수될지를 예측하는 일종의 '빗물길 예측 모델'을 만들었다.

서울의 강남역 일대 집중호우 사태에서도 보았듯이 담배꽁초나 낙엽 등으로 배수구가 막혀 제 역할을 못 하면 빗물은 저지대를 향해 빠르게 흘러가 잠기게 된다. 기상청의 예보에도 불구하고 삽시간에 물이 불어나 사전 대피 등 발 빠른 조치가 이어지지 못해 재난 대비에 한계를 보였는데, 특히 인구 밀집도가 높은 도심 피해가 컸다.

태풍 힌남노의 영향으로 침수된 경북 포항시의 아파트 지하 주차장

자료: 연합뉴스

    도시 침수 예측 모델은 하천 일대 자연환경을 나무 한 그루까지 정확히 디지털로 복사한 뒤 역대 홍수 발생 당시 조건을 입력해 '홍수 시뮬레이션'을 하여 빗물 경로와 침수 예상 지역 등을 파악한다. 주소만 입력하면 원하는 지역의 침수 가능성을 알려주고, 특정 지역에 6시간 후 침수 피해가 발생할 것으로 예상되면 재난 문자가 발송된다. 재난 문자에 나온 링크로 들어가면 어떤 지역에서 물이 차게 될지 눈으로 확인할 수 있게 시각화된 정보를 제공한다.

9장

Big Tech
9

인류를 한마음으로 만드는
스포츠테크

Sports Tech: AI(인공지능), 빅데이터, IoT(사물인터넷) 등의 IT 기술을 스포츠에 접목시킨 것으로, 스포츠 관전을 재미있게 하거나 스포츠 선수 육성을 지원하는 기술 등을 의미. 최근에는 개인의 건강과 치료, 진단 분야에 있어서도 스포츠테크가 활용되고 있다.

CES가 주목하는 스포츠테크

⋮ 스포츠로 인류는 하나가 된다 ⋮

스포츠는 인류 안보가 궁극적으로 지향하는 인류의 번영과 평화를 실현하는 데 있어 지대한 역할을 한다. 전쟁과 달리 스포츠는 인간의 경쟁적 충동을 건전한 방식으로 발산하는 수단이 된다. 스포츠를 통해 인류는 하나가 되고 이로 인해 평화 증진에 기여한다. 대표적인 예가 월드컵과 올림픽이다.

제1차 세계대전이 한창이던 1914년 성탄절에 영국군과 독일군은 '크리스마스 휴전'을 하고 축구 시합을 했다. 나이지리아의 내전인 비아프라 전쟁Biafran War(1967~1970년) 당시에는 양측 전투원들이 펠레의 축구 경기를 보기 위해 이틀 동안 휴전을 선포했다. 2005년 월드컵 때에는 아프리카 최종 예선에서 코트디부아르 주장 드로그바가 시합이 끝나자마자 동료 선수들과 함께 무릎을 꿇고 내전 종식과 평화를 호소했다. 이 장면은 코트디부아르 전역에 생중계되었고 이를 계기로 평화회담이 시작됐다. 2022년 카타르 월드컵은 러시아-우크라이나 전쟁과 경기 침체 등으로 지쳐 있던 전 세계 사람들에게 멋진 플레이로 흥분과 감동을 선사하였다. 인판티노 국제축구연맹FIFA 회장은 2022 카타르 월드컵 기간 동안이라도 러시아와 우크라이나가 임시 휴전에 들어갈 것을 요구하기도 했다.

4년마다 전 세계를 하나로 만드는 올림픽의 이상은 종교적·인종적·정치적 차이와 무관하게 모든 인간과 국가 간의 평등과 화합을 추구하는 평화주의에 있다. 올림픽은 단순한 스포츠 행사가 아니라 국제 평화와 우정을 위한 행사이고, 올림픽에 참여하는 것은 국제사회의 일원으로서 평화에 기여하겠다는 다짐인 셈이다. 선수뿐만 아니라 이를 관전하는 수많은 세계인은 평화와 평등의 정신에 기초한 올림픽 정신을 몸소 체험하고, 올림픽 축제를 통해 인류 사회에 평화의식을 고취시키는 데 기여한다.

1988년에 열린 서울 올림픽은 냉전 종식에 기여한 올림픽으로 평가받고 있다. 1976년 몬트리올 올림픽 이후 개최된 올림픽은 냉전의 분위기 속에서 동서가 반반씩만 참가했던 반쪽짜리였으나, 1988 서울 올림픽은 12년 만에 동서 양 진영이 함께 모여 펼친 인류 대통합의 올림픽으로 기억되고 있다. 당시 미수교국인 소련과 중국 외에도 10여 개 동유럽 국가가 참가함으로써 동서 화해에 기여했을 뿐 아니라 북방외교의 토대도 쌓았다.

미·중 간의 '핑퐁외교'는 스포츠가 평화의 가교 역할을 할 수 있음

12년 만에 동서 양 진영이 모두 모인 1988 서울 올림픽. 사상 최대 참가국(161개국), 최대 참가 선수단 인원(1만 3600명)을 기록했다.

자료: 언론 종합

을 보여준 대표적 사건이다. 1971년 4월 일본 나고야에서 열린 세계 탁구선수권대회에 참가한 한 미국 선수가 중국 선수단 주장에게 중국팀 버스에 동승할 수 있는지를 물었고 중국 측 동의로 미국 선수는 버스에 탈 수 있었다. 그는 감사하다는 말과 함께 티셔츠를 선물했고 중국팀은 답례로 손수건을 선물했다. 대회가 끝나고 중국은 이전까지 외교 관계가 없었던 미국 선수단 15명을 베이징으로 공식 초청해 친선 경기를 하였고, 이 일을 계기로 양국은 소통과 화해의 문을 열었다. 지금이야 미국과 중국의 관계가 견원지간犬猿之間(개와 원숭이처럼 서로 으르렁거리는 좋지 않은 관계) 같지만, 핑퐁외교는 미·중 관계의 물꼬를 튼 가장 의미 있는 스포츠 외교로 평가받는다.

　물론 스포츠가 국가 간의 갈등을 근본적으로 해결할 수는 없다. 하

자료: 언론 종합

지만 정치적 의지가 있으면 스포츠를 관계 개선의 수단으로 활용할 수 있다. 스포츠가 비공식 채널로 자주 활용되는 이유도 정치색을 배제할 수 있기 때문이다. 핑퐁외교의 성공도 정치적 의지에 기반해 탁구를 관계 개선의 수단으로 적절히 활용했기에 가능했다. 소련과의 국경 분쟁으로 위기의식을 느낀 중국과 베트남 전쟁을 끝내고 냉전 체제를 해소하려는 미국은 서로 관계를 정상화할 필요성에 공감하고 있었던 차에 탁구라는 스포츠를 통해 자연스럽게 양국이 손을 맞잡은 것이다.

CES 2023에 참가한 스포츠테크 기업

스포츠테크Sports Tech란 인공지능, 빅데이터, 사물인터넷 등의 IT 기술을 스포츠에 접목시킨 것으로, 스포츠 관전을 재미있게 하거나 스포츠 선수 육성을 지원하는 기술 등을 의미한다. 최근에는 개인의 건강과 치료, 진단 분야에 있어서도 스포츠테크가 활용되고 있다.

매년 CES 항목Topic에서 빠지지 않고 등장하는 스포츠테크는 CES 2023의 특별 주제인 인간 안보 측면에서도 중요한 의미를 갖는다. 근대 올림픽의 창시자인 쿠베르탱Pierre de Baron Coubertin이 강조한 "건강한 신체에 건강한 정신이 깃든다"라는 말처럼, 질병으로부터 건강을 지키는 보건 안보가 실현되기 위해서는 스포츠의 역할이 매우 중요하다. 몸을 활발하게 움직이는 스포츠 활동으로 신체가 튼튼해지면 정신 건강에도 도움을 주어 개인의 성장과 행복에도 많은 도움을 줄 수 있다(사실 "건강한 신체에 건강한 정신이 깃든다"는 문구는 기원전 2세기경 로마의 시인 유베날리스Decim us Junius Juvenalis가 지은 풍자시 중 'Mens Sana in Corpore

CES 2023 항목 중 하나인 스포츠테크

자료: CES 홈페이지

Sano(건전한 정신은 건전한 신체에 깃든다)'라는 말에서 인용된 표현이다).

CES 2023에는 골프존, 스프링, 심바디 등의 스포츠테크 기업들이 참가해 관람객들의 시선을 끌었는데, 진화된 IT 기술로 몰입감 높은 경험을 가능하게 하였다.

골프존Golfzon

스크린 스포츠screen sports는 체험형 시뮬레이션 스포츠로, 이 중 가장 큰 인기 종목은 약 1조 7000억 원 시장 규모를 지닌 골프이다. 전국에 8000여 개의 스크린 골프장이 있는데, 한국의 스크린 골프 사업은 전 세계 휴양지와 중동 부호들의 저택에까지 설치될 정도로 각광을 받고 있다.

매년 CES에 참가해 관람객들의 인기를 끌고 있는 골프존은 250개 이상의 특허를 보유한 골프 시뮬레이터 기업이다. 골프존의 무빙 스윙플레이트는 업힐, 다운힐, 사이드힐 상황에 따라 360도의 움직임을 제공한다. 또한 고화질 및 3D 그래픽을 통해 플레이어가 전 세계 190개 이상의 골프 코스를 선택할 수 있어 높은 몰입감을 경험할 수 있다. 세인트 앤드류스St. Andrews, 페블 비치Pebble Beach, 키아와 아일랜드Kiawah Island, 하버타운Harbour Town 및 PGA 내셔널PGA National 등을 포함하는 유명 골프 트랙을 집에서도 체험할 수 있다.

스프링SPRYNG

스프링은 격렬한 운동 후 발생하는 다리 근육의 통증을 짧은 시간에 완화해주는 마사지 웨어러블 기기다. 특히 플러그가 필요 없는 모

자료: 스프링 홈페이지

바일 웨어러블이어서 운동 외에도 장거리 비행으로 인한 종아리 부종 현상 개선 등에 효과적이다.

심바디Symbodi

심바디의 설립자인 커티스 케네디Curtis Kennedy는 학생 시절 암 투병으로 오랜 시간 누워만 있어야 했다. 그로 인해 심한 근육 통증을 겪었고 이 체험을 토대로 통증 완화를 위한 셀프 마사지 방법을 개발하게 되었다. 그렇게 암을 극복하고 나서 220개의 프로토타입을 만든 끝에 완성한 셀프 마사지 기기가 심바디다.

심바디는 원하는 위치의 벽에 붙여 사용할 수 있는데, 근육 통증에 맞게 버티볼VERTIBALL과 버티롤러VERTIROLLER를 선택해 마사지할 수 있다.

심바디의 마사지 이용 모습

자료: 심바디 홈페이지

미래의 성장세가 유망한 스포츠 산업

 CES가 스포츠테크에 주목하는 또 하나의 이유는 스포츠의 산업적·비즈니스적인 측면 때문이다. 오늘날의 스포츠는 하나의 산업이자 거대하고 매력적인 시장이다. 2022 카타르 월드컵에서 한국이 월드컵 16강에 진출했을 때의 경제적 효과는 4조 3000억 원 이상이라는 분석이 나왔다. 월드컵 기간 중 소비 증가 등으로 인해 경제에 두루 영향을 미쳤기 때문이다. 2002 한일 월드컵 당시에도 약 5조 3357억 원의 경제적 이익을 얻은 것으로 나타났다.

 국내 스포츠 산업 시장 규모는 약 60조 원으로 추산되고 있다. 스포츠 산업이란 스포츠와 관련된 재화와 서비스를 통해 부가가치를 창출하는 산업으로, 크게 스포츠용품업, 스포츠시설업, 스포츠서비스업으로 분류한다. 스포츠용품업은 경기 종목과 관련한 다양한 용품을 생산하고 소비하게 하는 업종이고, 스포츠시설업은 경기장을 짓는 건설업 및 임대관리하는 운영업이 해당된다. 스포츠서비스업은 프로 스포츠, 경주사업(경륜, 경정, 경마), 스포츠마케팅(에이전트업 등)을 비롯해 스포츠 관련 정보, 교육, 게임, 여행업 등이 포함된다(스포츠산업진흥법 제2조 2항 기준).

현대의 스포츠 비즈니스는 대단히 복잡한 역학 관계로 존재한다. 스포츠 소비자(참여, 관람, 매체 등), 광고, 스폰서, 중계권, 지적 소유권, 다양한 종목과 규칙, 팀과 리그, 파생상품 등에 이르기까지 복잡하게 얽혀 있는 가운데 자본주의 사회에서 기업과 스포츠의 공생은 서로 윈윈win-win 관계를 형성하며 발전해나가고 있다. 여기에 IT 기술의 발달로 스포츠는 선수와 관객들 모두에게 단순한 볼거리 이상의 새로운 체험과 가치를 제공하고 있다.

스포츠테크로 선수는 실력 향상,
팬은 감동 증가

AI로 선수 데이터를 분석하고
AR로 새로운 경험을 제공

스포츠테크는 스포츠 산업에 있어 가장 빠르게 성장하는 비즈니스 분야이다. 미국에서만 2026년까지 스포츠테크 시장은 400억 달러(약 52조 원) 규모에 달할 것으로 예상하고 있다. 디바이스, 웨어러블을 비롯해 VR, AR 등의 메타버스 영역으로까지 스포츠테크의 영역은 계속 확장되고 있다.

참고로 글로벌 스타트업 기업 분석 플랫폼 스타트어스 인사이트 StartUS insights는 1300개 이상의 스포츠테크 스타트업 분석을 통해 현재 업계에서 부상하고 있는 8가지 스포츠테크 트렌드와 관련 스타트업들을 도출하였는데, 이 중 몇 개 스타트업들을 소개한다.

스타트어스 인사이트가 도출한 8대 스포츠테크 트렌드

8대 스포츠테크 트렌드	
퍼포먼스 분석	팬의 직접적 참여, 체험 증대
스마트 경기장	e스포츠
몰입형 교육	사이버 보안
진화된 스트리밍 서비스	지속가능성, ESG(친환경, 재활용 장비/의류 제조)

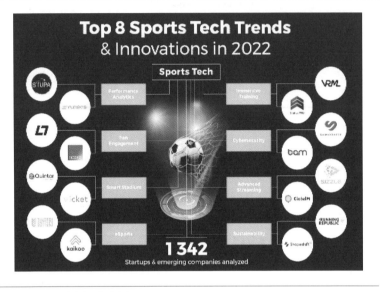

자료: 스타트어스 인사이트 홈페이지

퍼포먼스 분석 관련 스타트업

인도 스타트업 스투파 애널리틱스Stupa Analytics는 탁구 경기 및 연습의 실시간 성능 분석을 제공한다. AI 기반 앱은 경기 기록을 분석하여 게임 패턴, 샷 배치 등의 보고서를 제공한다.

벨기에 스타트업 루네아시Runeasi는 근골격계 질환이 있는 운동선수를 위한 스마트 벨트를 개발했다. AI 기반 생체 역학 기술을 사용해 누적 충격, 충격 최대 속도, 컨텍스트, 충격 비대칭 및 동적 안정성을 측정한다.

팬 참여 관련 스타트업

독일 스타트업 리퀴디팀Liquiditeam은 스포츠 클럽이 팬들과 디지털 관계를 구축할 수 있도록 지원한다. 서포터는 무료 또는 스폰서 클럽 토큰을 획득해 다양한 투표, 아이디어 미션에 참여하거나 좋아하는 클럽에 제안을 할 수 있다. 플랫폼을 통해 팬들이 좋아하는 팀의 디지털 수집품을 소유할 수 있는 기회도 제공한다.

호주 스타트업 스코즈Scorz는 집에서 팬들이 함께 게임 최고의 순간을 축하할 수 있도록 지원한다. 맥주잔과 병은 각 팀 서포터 색상에 맞게 켜지도록 프로그래밍되어 있다. 스코즈의 솔루션을 통해 팬들은 일대일 커뮤니케이션이 가능하고 경기 당일 경기장에서의 생생한 축

집에서 선수들과 함께 승리의 기쁨을 나눌 수 있는 스코즈의 솔루션

자료: Scorz 페이스북

하 경험을 느낄 수 있다.

스마트 경기장 관련 스타트업

미국 스타트업 퀸타Quintar는 AR 데이터 시각화 플랫폼을 통해 경기 중에 선수 정보, 경기 통계, 볼 이동 궤적 등의 데이터를 시각화해 제공한다. 경기 중 심층 분석을 통해 경기장에서 보는 재미를 배가시킨다.

미국 스타트업 위켓Wicket은 관람객 관리 소프트웨어를 제공한다. 안면 인증을 통한 티켓팅 및 입장이 가능하고 직원 및 선수 전용 입구에서는 출입을 제한한다. 실시간으로 경기장에 얼마나 많은 사람이 있는지 정확하게 파악해 병목 현상을 해소하고, 경기장 내 군중들을 효율적으로 관리한다.

몰입형 교육 관련 스타트업

오스트리아 스타트업 VR 모션 러닝VR Motion Learning은 VR 기반의 테니스 훈련 플랫폼을 제공한다. 플레이어의 생체 역학 데이터를 분석해 최적의 동적 패턴을 계산한다. 또한 진행 상황을 모니터링하고 모션, 속도 및 스트로크 수에 대한 데이터를 수집해 선수들의 움직임과 스트로크 플레이를 최적화하고 훈련 진행 상황에 대한 피드백을 제공한다.

미국 스타트업 스태터스PROStatusPRO는 NFL 맞춤형 훈련 플랫폼을 개발했다. 이 플랫폼은 홀로그램 기술을 이용해 연습과 게임을 반복 시뮬레이션하여 팀 기술과 전술을 향상시킨다.

지속가능성 관련 스타트업

스페인 스타트업 러닝 퍼블릭The Running Public은 운동선수를 위한 친환경 스포츠 의류를 디자인한다. 주로 플라스틱 병, 어망, 기타 플라스틱 조각(스크랩)과 같은 재활용 직물을 사용한다. 지속 가능한 스포츠 의류 생산을 통해 탄소 배출을 최소화하고 유해 물질이 환경에 도입되는 것을 방지하는 데 기여한다.

캐나다 스타트업 쉐이프시프트Shapeshift 3D는 AI 기반 소프트웨어 플랫폼을 통해 맞춤형 스포츠 및 보호 장비를 개발한다. 3D 프린터를 이용하여 스케이트, 미식축구 헬멧 등 맞춤형 스포츠 장비 제조가 가능한데, 이를 통해 제품 생산 비용과 에너지 소비를 대폭 줄일 수 있어 환경보호에도 도움이 된다.

VR, AR로 경기 관람의 재미를 2배, 3배 늘리다

메이저리그MLB는 팬들이 야구 경기를 VR로 즐길 수 있는 가상현실 기반의 서비스At Bat VR를 제공하고 있는데, 팬들은 마치 타석에 서 있는 타자처럼 투수의 투구 내용을 정면에서 볼 수 있다. 물론 팀의 라인업과 선수별 타율 통계 등의 데이터도 실시간으로 확인할 수 있다. 야구장 내에 VR을 활용한 특수 타격장Home Run Derby in VR도 설치해 팬들에게 특별한 체험을 제공한다. 팬은 VR 헤드셋을 착용하고 투수가 던진 공을 향해 방망이를 휘두르면 날아가는 공의 모습과 관중들의

MLB.com에서 제공하는 At Bat VR 서비스 'Home Run Derby VR'

자료: Clockwork Monkey Studios, Engadget

파나소닉이 개발한 치어폰을 손목에 부착하면 목소리가 경기장에 전달된다.

자료: 파나소닉 홈페이지

함성을 들을 수 있다.

일본의 파나소닉이 개발한 '치어폰CheerPhone'을 이용하면 멀리 떨어진 선수들에게 직접 응원의 목소리를 보내면서 중계 영상을 볼 수 있다. 스마트폰 앱을 통해 응원을 보내면 경기장에 설치된 스피커에 목

NTT가 원격 관람을 위해 선보인 '초와이드 영상합성 기술'이 적용된 대형 스크린

자료: NTT 홈페이지

소리가 전달되는데, 실제 관람객이 있는 효과를 연출할 수 있다. 목소리를 멀리까지 전달하려면 지연이 발생하게 되는데, 파나소닉은 지연 시간을 0.5초까지 줄이는 기술을 개발해 경기 진행과 응원 목소리 전달이 거의 동시에 이뤄지도록 했다.

일본 통신사 NTT는 선수들의 경기 영상을 멀리 떨어진 관람객 앞에서 실제 크기로 재현했다. 가로 20m, 세로 4m에 달하는 거대한 스크린을 설치해 실제 선수들의 크기와 똑같은 영상을 볼 수 있게 했는데, NTT가 개발한 '초와이드 영상합성 기술'로 가능하다. 복수의 카메라로 촬영된 초고화질 영상을 가로와 세로로 나열해 하나의 영상으로 투영시키는 기술로, 경기장 내 선수를 실제보다 더 선명하게 볼수 있다.

일본 통신 기업 KDDI와 일본 프로야구 요코하마 DeNA 베이스타

KDDI가 개발한 버추얼 하마스타에서 아바타들이 야구 경기를 관람하는 모습

자료: KDDI 홈페이지

스가 공동 개발한 '버추얼 하마스타'는 가상현실 기기를 활용해 메타 버스 공간에서 스포츠를 함께 관람할 수 있게 한다. 코로나로 직접 경기장에 올 수 없었던 2020년에 시범적으로 도입한 바가 있었는데, 약 3만 명이 버추얼 하마스타를 이용해 원격으로 관람하기도 하였다.

ESPN, 폭스 스포츠Fox Sports, 스타 스포츠Star Sports 등의 스포츠 방송사들은 AR 기술을 활용해 경기와 선수에 대한 다양한 정보를 3D 그래픽과 대화형 콘텐츠 형태로 제공한다.

AR은 경기장, 관중석, 포스터 등을 매력적이고 효과적인 광고 매체로도 만들어준다. 한 경기를 중계방송하면서 시청자가 위치한 지역에 따라 TV 화면에 표시되는 광고판을 변화시킬 수 있는데, 이 방식은 낮은 비용으로 타깃 광고를 할 수 있어 광고주들이 선호한다. 영국

AR 기술을 활용해 스포츠 방송을 진행하는 폭스 스포츠

자료: newscaststudio

의 LED 전문기업 ADI가 개발한 '디지보드_{digiBOARD}'는 경기장에서 팬들이 볼 수 있는 전통적인 LED 광고판과 AR 기술을 결합해 국가별로 맞춤 광고를 제공한다. 이 시스템은 영국 프리미어리그는 물론 독일 분데스리가, 이탈리아 세리에 A, 런던 NFL 경기 등의 중계방송에 활용되고 있다.

AI와 빅데이터, VR/AR로
선수들의 능력을 향상시킨다

메이저리그에서 투수와 타자를 겸업하는 '이도류'로 큰 인기를 누리

고 있는 오타니 쇼헤이 선수의 오른손 팔꿈치에는 검은 밴드가 채워져 있다. 이 검은 밴드는 모투스Motus가 개발한 '펄스 스로우Pulse throw'라는 정밀 측정 기기로, 팔꿈치에 걸리는 부하를 측정해 수치화해준다(모투스는 2020년에 미국 야구 트레이닝 솔루션 기업 드라이브라인베이스볼에 인수됐다). 2018년에 오른쪽 팔꿈치를 수술한 바 있는 오타니에게 팔꿈치 관리는 매우 중요한데, 이 펄스 스로우를 착용하면 팔꿈치 운동 관련 데이터가 축적되고 그 상태를 수치로 파악해 부상을 방지할 수 있다. 또한 측정된 수치에 근거해 팔꿈치에 부담이 덜 가는 투구 폼을 찾을 수도 있다.

무게 6.9g의 상자 모양을 한 펄스 스로우는 신장, 체중, 연령 등의 정보를 앱에 입력한 뒤 밴드를 착용하고 공을 던지면 기기에 내장된 센서가 팔 스로잉 속도와 공을 놓는 각도, 그리고 팔꿈치에 걸리는 부하를 수치화한다. 펄스 스로우는 선수 개인별로 각기 다른 1구, 1구의 부하에 대응해 그날의 투구 연습에서는 어느 정도의 투구량과 강도

모투스가 개발한 펄스 스로우

자료: Driveline Baseball

가 가장 적합한지를 제안한다.

지금까지의 운동 연습은 코치나 선수 개개인의 경험, 감각 등에 의존할 수밖에 없었다. 기본적으로 연습량이 많아지면 부상으로 이어지기 쉽지만, 반대로 너무 적으면 퍼포먼스 향상을 기대할 수가 없다. 펄스 스로우는 객관적인 수치에 근거해 부상은 당하지 않으면서도 퍼포먼스를 끌어올릴 수 있는 최적의 가이드라인을 제공해 연습을 할 수 있도록 도와준다.

비, 눈, 바람 등 기상 조건도 훈련에 영향을 미치는데, VR 및 AR 기술을 활용하면 날씨와 상관없이 축구, 농구, 골프 등 어떤 경기장이든 그대로 복제해 실제 경기장과 같은 느낌으로 훈련을 할 수 있다. 스트리브이알STRIVR: Sports TRaining In Virtual Reality은 선수들이 전천후 훈련할 수 있는 시스템으로, 이 시스템을 사용하면 선수들은 언제든지 자신의 훈련 모습을 다양한 각도에서 확인하며 잘못된 동작이 교정될 때까지 무한 반복 훈련할 수 있다. 이 시스템은 미국의 주요 풋볼팀에서 먼저 활용돼 효과가 입증되면서 그 후 농구, 하키, 골프, 스키 등에도

스트리브이알(STRIVR)로 풋볼과 아이스하키 훈련을 하는 모습

자료: Road to VR

도입돼 선수들의 경기력 향상에 크게 기여하고 있다.

독일의 엄브렐라 소프트웨어가 개발한 축구 훈련용 시뮬레이터 사커봇 360SoccerBot 360은 지름 10m의 원형으로 만들어졌으며 내부 벽면에는 슛팅과 패스 연습을 위한 가상의 영상이 고해상도Full HD로 투사된다. 이 시뮬레이터에는 여러 대의 고속 카메라가 설치돼 선수와 공의 움직임을 추적하는데, 카메라는 선수가 공을 차는 발의 모습은 물론 타격하는 힘, 날아가는 공의 속도, 방향 등을 촬영하고, 컴퓨터를 통해 슛팅과 패스의 정확도를 평가한 후 그 결과를 벽면에 보여준다.

신경과학을 응용한 운동선수용 웨어러블 트레이닝 솔루션을 출시한 오메가 웨이브Omega Wave는 웨어러블 디바이스를 뇌나 심장에 부착하여 일시적인 신체 변화를 계측하고, 스트레스 반응 등을 살피면서 운동에 적절한 컨디션을 측정한다.

미국의 스포츠테크 기업 랩소도Rapsodo와 트라젝트 스포츠Trajekt

축구 훈련용 시뮬레이터 사커봇 360과 신경과학 기반 웨어러블 트레이닝 오메가 웨이브

자료: 엄브렐라 소프트웨어, 오메가웨이브 홈페이지

Sports는 투구 훈련을 돕는 투구 로봇 '트라젝트 아크Trajekt Arc'를 공동 개발했다. 트라젝트 아크는 정교한 모션 제어와 이미지 처리, AI 머신 러닝을 활용해 인간 수준으로 공을 완벽하게 던진다. 또한 랩소도의 지상 레이더 및 이미지 기반 모니터링 시스템인 PRO 3.0을 활용해 공의 타격과 투구 데이터를 정확하게 측정한다. 실물과 같은 크기로 투수의 모습을 보여주기도 하여 실제 투수가 던지는 듯한 체험을 할 수도 있다.

트라젝트 아크는 추적 기술로 투수의 움직임 측정 결과를 데이터 소스로 활용해 정교한 투구 실력을 갖추도록 훈련한다. 이에 따라 속도와 공의 회전, 선수와 공의 움직임, 스트라이크존 위치 등 다양한 데이터를 활용하며 경기 도중 접하게 될 다양한 변수에 적응하여 훈련을 할 수 있다. 현재 이 트라젝트 아크는 메이저리그 구단 7곳에서 훈련 장비로 활용하고 있다.

투수들의 투구 훈련을 돕는 AI 기반 로봇 트라젝트 아크

자료: 언론 종합

이처럼 스마트 밴드, 짐워치GymWatch, 스마트 슈트Smart Suit, 로봇 등의 기기들은 선수들의 훈련이나 경기 중 신체 변화와 운동 정보를 실시간으로 수집해 부상 여부를 판단하고 적절한 조치를 바로바로 할 수 있게 도와준다. 또한 빅데이터와 AI로 경기 내용을 분석해 결과를 예측하며, 향후의 전략 수립을 지원한다. 스포츠테크로 얻어지는 데이터들을 이용해 선수와 감독들은 경기력 향상을 위한 통찰력을 얻고, 선수 및 팀 훈련, 심판 판정, 스포츠 방송, 마케팅 프로모션 등에도 유용하게 활용되고 있다.

2022 카타르 월드컵은
첨단 IT 월드컵

스포츠테크를 입고
그라운드를 누빈 태극전사들

2022년 12월 3일은 대한민국 국민에게 정말 잊지 못할 날이었다. 카타르 알라이얀에서 열린 2022 월드컵 H조 조별리그 최종 3차전 포르투갈전에서 한국은 후반 추가시간에 터진 황희찬의 환상적인 결승골에 힘입어 2:1 역전승을 거뒀다. 그리고 우루과이-가나 경기가 2:0으로 끝나면서 한국은 조 2위에 올라 기적적으로 12년 만에 16강에 진출했다. 황희찬은 결승골을 터뜨린 뒤 유니폼 상의를 벗고 관중석을 향해 달려가 세레머니를 했는데, 이때 사람들은 황희찬이 입고 있던 브라톱 모양의 검은 나일론 조끼에 주목했다.

경기 후 온라인상에는 "황희찬이 입고 있는 나일론 조끼는 뭔가 국내 스타트업 핏투게더가 개발한 EPTS(전자 성능 추적 시스템) '오코치'. FIFA 인증을 받았다.

자료: 디지털투데이

요?", "황희찬, 왜 브라톱 입고 뛰나요?", "건강 조끼인가요?" 등의 질문들이 올라왔다. 황희찬이 착용하고 있는 나일론 조끼는 사실은 EPTSElectronic performance and tracking systems(전자 성능 추적 시스템)라고 불리는 웨어러블 기기다.

EPTS는 위아래 폭이 18cm, 무게는 53g 정도로 작고 가벼워 조끼에 부착해 실시간으로 데이터를 수집한다. 이 EPTS에는 위치추적장치GPS 수신기, 자이로스코프(회전운동 측정 센서), 가속도 센서, 심박 센서 등 각종 장비와 센서가 탑재돼 있고, 영상 촬영을 통한 측정 기술과 필드에 기구를 설치해 측정하는 기술, GPS를 활용한 측정 기술 3가지로 분류할 수 있다.

감독과 코치진들은 EPTS를 통해 400가지 데이터를 얻어 선수 투입과 전략 구성 등에 반영하는데, 이것은 애플워치에도 적용된 센서들이다. GPS 수신기는 선수들의 활동량과 범위를 실시간으로 측정한다. 이 수신기는 자동차 리모콘키 모양을 하고 있어 부착된 웨어러블 장비를 착용하면 등이 불룩하게 튀어나온다. 또한 자이로스코프 센서는 선수들의 자세 변화를 파악한다. EPTS는 선수들이 뛴 거리, 최고 속도, 심박수, 패스 성공률, 스프린트 횟수와 구간 등 각종 정보를 수집하고, 이 정보는 위성을 통해 30초 내에 코치진에게 전달돼 포지션 배치와 전략 구상 등에 활용된다.

EPTS는 2014년 브라질 월드컵에서 우승한 독일 국가대표팀이 이용해 효과를 봤다고 알려지며 주목받기 시작했고, 2015-16시즌 잉글랜드 프리미어리그에서 우승을 차지한 레스터 시티 역시 이 기기를 활용했다고 밝혀졌다. 많은 선수와 구단들이 EPTS를 사용하게 되면서 FIFA는 2018년 러시아 월드컵부터 공식적으로 사용을 승인했다.

EPTS는 다른 스포츠 영역에서도 활용하고 있는데, 선수 컨디션을 개인의 감각에 의존하는 게 아니라 명확하게 수치화하고 계량화할 수 있어 매우 유용하기 때문이다. EPTS는 경기력 향상뿐만 아니라 피로로 인한 부상이나 심장 이상으로부터 선수를 보호할 수도 있다. 가령 평소 10km를 뛰는 선수에게는 활동량이 10km 넘을 경우 휴식을 주고, 반대로 활동량이 부족하다고 판단되면 체력을 보강할 수 있는 훈련법을 제시할 수 있다. 수치화된 개개인의 선수 데이터를 통해 맞춤화된 전술, 그리고 선수 가치평가 및 이적과 같은 활동들이 점점 더 효율적으로 이루어지고 있다

EPTS는 스포츠테크 시장에서도 가장 각광받는 분야로 꼽힌다. 글

로벌 시장조사기관 마켓앤마켓에 따르면, 2021년 82억 달러(약 10조 6764억 원)였던 EPTS 시장은 5년 뒤인 2026년에는 165억 달러(약 21조 4830억 원)까지 성장할 것으로 전망된다.

⋮ 축구공을 충전하다 ⋮

2022 카타르 월드컵에서는 재미있는 장면이 눈에 띄었는데, 바로 축구공의 충전 장면이다. 2022 월드컵 공인구는 '알 리흘라Al Rihla'로 불렸는데, 아랍어로 '여행'이란 의미다.

축구공을 충전하는 이유는 알 리흘라에 관성측정센서IMU가 탑재돼 있기 때문이다. 축구공에 센서가 탑재된 이유는 VARVideo Assistant Referees(비디오 보조 심판) 판정의 자료로 이용하기 위해서이다. 공 안쪽 중앙에 구형의 IMU가 달려 있는데, IMU는 방사형 서스펜션 장치에 고정돼 공 중심에 떠 있어서 경기 내내 공의 위치 데이터를 초당 500회로 측정해 비디오판독실로 전송한다. 그러면 AI가 알 리흘라가 보내온 데이터를 비교 분석해 약 0.5초 만에 골 득점 상황, 오프사이드 여부 등을 판정한 뒤 비디오판독실에 알리고, 이를 본 VAR 담당자가 결과를 주심에게 통보한다.

알 리흘라는 시합 내내 데이터를 전송해야 하기에 배터리를 충전해야 한다(충전은 무선충전 방식이다). 센서 무게는 14g으로, 완충 시 6시간 정도 작동한다. 공을 사용하지 않을 때는 18일 정도 지속된다. 경기 전에 충전을 완료하고 경기 중에는 충전하지 않는다. 축구공이 교

월드컵 공인구 알 리흘라를 충전 중이다. 바람을 넣는 튜브 대신 충전기로 충전하는 모습이 신기하다.

자료: 레딧, 아디다스

체되면 백엔드 시스템에 의해 수작업 없이 자동으로 새로운 공의 데이터가 업데이트된다.

또 하나 알 리흘라는 수성잉크와 접착제를 사용해 속도는 더 빠르면서도 피부에 닿을 때는 좀 더 부드러운 느낌을 주도록 하였다. 20개 패널을 통해 공기역학을 향상시키면서 흔들림을 줄여 공의 비행 속도와 회전 속도도 높였다. 2022 카타르 월드컵에서 경기당 득점이 많았던 배경에는(잉글랜드-이란 6:2, 프랑스-호주 4:1, 스페인-코스타리카 7:0, 포르투갈-스위스 6:1) 선수들의 실력도 있었겠지만 알 리흘라에 숨겨진 스포츠테크도 한몫했을 것이다.

슛 골인! 잠깐, VAR이 판정할 때까지
세레머니 일단 멈춤

2022 카타르 월드컵에서 이전 경기와 달리 유독 많이 보였던 장면은 주심의 네모박스를 그리는 모습이었다. 이것은 득점 관련 상황이나 오프사이드 반칙, 골키퍼 차징 등 페널티 구역 내에서의 반칙, 핸드볼 파울 등에 대해 오심이었는지를 확인하기 위해 VAR 판독을 요청하기 위한 제스처이다. VAR은 FIFA에서 축구 경기의 공정성을 위해 도입한 비디오 판독 시스템으로 2016년부터 공식적으로 도입되었다. VAR가 최초로 도입된 것은 2006년 ATP 테니스 대회이고, 야구에서는 2014년부터 메이저리그와 한국프로야구 등에서 사용하고 있다.

VAR 판정이 필요해지면 주심은 네모박스를 그리고 VAR 모니터 앞으로 달려가 판독 영상을 보고 VAR룸의 결과를 듣게 된다. 비디오실 VOR: Video Operation Room(총 8명이 있음)에서는 각종 카메라를 통해 송출되는 전 경기 화면을 지켜보고 있지만, 모든 판정을 일일이 확인할 수 없어 경기에 결정적인 영향을 미치는 장면에 대해서만 VAR 판독을 한다. 또한 현재는 비디오 판독의 권한이 심판에게 있기 때문에 최종 결정은 심판이 내리게 된다(야구, 농구, 배구 등은 감독이나 선수가 VAR을 요청할 수 있지만, 축구는 주심만 VAR을 요청할 수 있다).

육안으로는 골라인 아웃Out이었지만, VAR에서는 인In으로 인정돼 16강 진출국의 운명이 뒤바뀐 사례도 있었다.

조별리그 E조 최종 3차전 일본-스페인전에서 일본의 미드필더 미토마는 후반 6분 골라인 바깥으로 굴러가던 공을 걸어 올려 동료인

VOR(Video Operation Room)(왼쪽) 및 VAR(비디오 보조 심판) 판독 내용을 모니터로 확인하는 주심(오른쪽)

자료: FIFA 및 언론 종합

다나카 아오가 결승골을 만드는 데 결정적 역할을 했다. 이 골로 1:1 동점이었던 일본은 2:1로 스페인을 꺾고 16강 진출에 성공했다. 그런데 사실 이 경기 주심의 최초 판정은 노 골이었다. 미토마가 공을 걸어 올릴 때 이미 공이 골라인 바깥에 있었다는 판단이었다. 만약 노 골로 인정되어 1:1 동점으로 끝나면 일본 대신 독일이 16강으로 올라가는 상황이었다.

그러나 VAR 판독 결과 미토마가 마지막으로 공을 찬 순간 공 일부분이 라인 안쪽에 있었던 것으로 확인됐다. 육안으로는 판단하기 힘든 이 '깻잎 한 장의 1mm 차이'를 알 리흘라의 IMU와 AI가 포착해낸 것이다. 이처럼 2022 카타르 월드컵에서 VAR는 승부의 결정적인 변수로 작용하였다. 조별리그 44경기 가운데 VAR를 통해 판정이 번복된 사례가 22번이나 되었다.

스포츠테크를 활용한 과학 축구로
2026 월드컵을 준비하다

국제축구연맹FIFA은 VAR를 강화하기 위해 여러 기술들을 도입했다. 우선 '최첨단 카메라 트래킹 기술'을 도입했다. 경기장 지붕 아래에 12대의 카메라를 설치해 공과 선수들의 움직임을 추적하며 실시간으로 영상 데이터를 전송한다. 또한 초고속 카메라의 '인체 모션 인식 기술'을 도입해 양팀 선수 22명의 발끝, 무릎, 팔꿈치, 어깨 등 관절 29곳의 움직임을 초당 50회의 빈도로 추출한다. 이를 통해 0.02초마다 결정적인 증거를 찾아낸다. 앞에서 설명한 첨단 공인구 알 리흘라도 큰 역할을 하고 있다.

호크아이Hawk Eye라는 AR 기술도 도입되었는데, 경기장 곳곳에 설치된 고성능 카메라를 통해 빠른 속도로 날아가는 공의 궤적을 밀리미터mm 단위로 추적하고, 그 결과를 실제 경기장에 덧입혀 공의 인아웃을 정확히 판정한다. 호크아이 시스템은 원래 크리켓 경기의 심판 판정을 지원하기 위한 도구로 사용되었는데, 그 성능이 인정되어 현재는 축구를 비롯해 테니스, 배드민턴, 야구, 배구 등 20개 이상의 스포츠에서 심판의 인아웃 판정을 지원하고 있다.

그리고 2022 카타르 월드컵에서 많은 주목을 받은 기술이 바로 SAOTSemi-Automated Offside Technology라고 불리는 '반자동 오프사이드 판독 기술'이다. VAR은 2018년 러시아 월드컵 때에도 도입되었는데, 유독 2022 카타르 월드컵에서 자주 등장한 이유는 VAR의 반자동 오프사이드 판독으로 오프사이드 판정이 이전보다 더 정확하고 세밀해졌기 때문이다. 이 기술은 미국 매사추세츠공대MIT 스포츠연구소와 스위스 취리히연방공대ETH가 3년간 공동으로 개발했다.

축구에서 오프사이드off-side란, 공격팀 선수가 상대편 진영에서 공보다 앞쪽에 있을 때 자신과 골라인 사이에 상대팀 선수가 2명 이상 없으면 오프사이드 위치에 있게 되며 이때 패스를 받으면 반칙이 된다. 보통 골키퍼는 항상 아래에 위치하기 때문에 골키퍼 바로 앞에 위치한 상대팀 수비수보다 앞서 있는 경우 오프사이드가 선언된다.

2022 카타르 월드컵에서는 12대의 전용 카메라와 알 리흘라의 센서IMU가 수집한 데이터들을 AI가 판단해 오프사이드 여부를 필드 위의 주심에게 알려준다. 주심이 오프사이드의 최종 판정을 내리면 그 결과가 3D 컴퓨터그래픽 이미지로 구현되어 경기장 전광판과 TV 방송에 실시간으로 송출된다. 이로 인해 2018 러시아 월드컵에서 평균 70초가 걸렸던 오프사이드 판정 시간이 25초 이하로 크게 단축되었다.

패스가 이뤄지는 장면은 찰나의 순간인데, 패스를 넣는 선수와 공을 받는 선수의 위치까지 동시에 인지해야 오프사이드 판정이 가능하다. 부심 입장에서는 가장 잡아내기 어렵고 판정도 애매할 수 있다. 그래서 오심이 종종 발생한다. 실제로 VAR이 처음 적용됐던 2018년 러시아 월드컵에서는 오프사이드 오심이 크게 줄었는데, 2022 카타르 월드컵에서는 과거 정지화면에 선을 그어 알아내는 것보다 더 정확한 판정이 가능해졌다.

VAR의 도입으로 판정 시간이 길어지고 경기의 흐름이 끊어진다는 등의 비판도 있지만, 오심이나 편파 판정의 시비가 줄었다는 점에서 VAR은 긍정적인 평가를 받았다. 2022 카타르 월드컵은 첨단 IT 기술

2022 카타르 월드컵에 도입된 SAOT(반자동 오프사이드 판독 기술)의 오프사이드 3D 이미지

자료: FIFA 홈페이지

로 진일보한 'IT 월드컵'이라고 해도 과언이 아니다. 스포츠테크로 밀리미터 단위까지 공의 위치를 잡아내면서 선수와 감독, 관객까지 새로운 환경에 맞춰진 월드컵을 흥미진진하게 지켜볼 수 있었다.

인간의 눈으로는 판별할 수 없는 순간을 초당 50장의 이미지 분석을 통해 누구나 신뢰할 수 있는 경기 문화를 조성하고, 3D 컴퓨터 그래픽 이미지로 시청자들에게 새로운 볼거리를 제공했다는 점에서 2022 카타르 월드컵의 스포츠테크 도입은 의미가 있다고 할 수 있다.

2022 카타르 월드컵에서 한국 대표팀은 16강 진출이라는 엄청난 성과를 거뒀고 온 국민에게 큰 기쁨과 감동을 선사했다. 그리고 다시 2026 북중미 월드컵을 향해 새로운 각오로 준비한다. 여기에 스포츠테크를 통한 '과학 축구'로 선수들의 기량과 건강이 빅데이터에 기반

해 관리된다면 4년 후의 월드컵에서는 더 큰 재미와 감동을 기대할 수 있을 것이다.

AI가 '꺾이지 않는 마음'까지 예측할 수는 없다

2022년 12월 3일, '카타르 월드컵 조별리그 H조 3차전' 피파FIFA 랭킹 9위의 포르투갈과의 경기를 앞둔 한국은 16강 진출이 거의 절망적이었다. 이때까지 1무 1패를 기록한 한국의 대표팀은 포르투갈도 이기고, 동시에 진행되는 가나-우루과이 경기 결과까지 지켜봐야만 하는 상황이었다. 당시 한 AI 시스템이 예측한 포르투갈전 한국의 승리 확률은 겨우 20%였다. 그리고 모든 변수를 뚫고 한국이 16강에 진출할 확률은 고작 9%였다.

하지만 AI의 예상은 빗나갔다. 김영권의 동점골과 손흥민-황희찬의 멋진 역전골로 한국은 포르투갈을 2:1로 꺾었다. 그리고 "하늘은 스스로 돕는 자를 돕는다"라는 말처럼 가나의 선방(?)으로 우루과이가 가나를 상대로 2골밖에 넣지 못하면서 기적적으로 한국은 조 2위로 16강에 진출했다. 대표팀의 투혼과 의지, '꺾이지 않는 마음'이 만들어낸 감동의 드라마였다. 20%의 확률로 포르투갈을 이겼고, 9%의 확률로 16강에 진출했다. AI로서는 도저히 이해할 수 없는 결과였을 것이다.

독일 축구의 전설, 제프 헤르베르거(Sepp Herberger)(1954년 스위스 월드컵에서 독일의 첫 우승을 이뤄낸 명장)가 남긴 축구계의 명언, "공은 둥글다(The Ball Is Round)"라는 말처럼 축구 경기는 여러 변수가 작용하는 데다 AI 예측의 핵심인 빅데이터 역시 부족하기 때문에 승부 예측의 정확도는 떨어질 수밖에 없다. 설령 엄청난 양의 데이터를 학습해 AI가 승부 예측의 정확도를 높인다 해도 승리 확률이 20%에서 30% 정도로 높아질 뿐이다. 제아무리 뛰어난 AI라도 대표팀의 이기고자 하는 의지, '꺾이지 않는 마음'까지는 예측할 수 없다. 그것은 데이터로 측정할 수도, 계산할 수도 없는 인간의 '정신 영역'이기 때문이다.

알파고 이후 최대 충격이라며 새로운 차원의 AI라고 언론에서 대서특필한 오픈 AI의 챗봇 서비스 '챗GPTChatGPT'가 화제다. 심지어 "챗GPT는 준비 안 된 사회에 핵폭탄"이라고 평가한 매체도 있다. "구글 검색의 시대가 끝났다", "개발자의 일자리가 위태롭다"라는 말까지 흘러나올 정도로 혁신적인 능력을 보여준 챗GPT의 등장에 사람들은 '이제 우리 인간은 뭘 해야 하나' 하는 진지한 고민을 다시 하기 시작했다. 그동안 인간 고유의 영역이라고 생각해왔던 음악, 그림, 글쓰기 분야에까지 AI가 진출해 성과를 내기 시작하면서 정말 인간이 할 수 있는 일은 AI가 할 수 없는, 아니 AI가 하기엔 비생산적이거나 비효율적인 일만 하게 될지도 모르겠다.

하지만 앞서 설명했듯이 AI는 인간의 마음까지 계산할 수는 없다. 인간 스스로도 인간의 마음을 알 수 없는데, 하물며 AI가 미지의 영역인 인간의 마음을 파악한다는 것은 쉽지 않다. 그렇기 때문에 AI를, 기술을 맹신해서는 안 된다. AI의 한국 16강 진출 예측이 빗나갔듯이 AI의 결과치는 어디까지나 확률에 근거한 계산값이다. 참고는 할 수 있지만, 가감 없이 그대로 받아들이기에는 리스크가 존재한다.

AI인 챗GPT 본인에게 AI를 신뢰해도 되냐고 질문하자 다음과 같이 답했다.

인공지능(AI)은 컴퓨터 프로그램을 통해 인간과 유사한 지능을 시뮬레이션하는 기술입니다. 인공지능은 지금까지 인간의 지능을 대체할 수 있을 정도로 발전하지 않았지만, 일부 기능을 자동화하거나 인간의 지능을 보조할 수 있는 유용한 기술이 될 수 있습니다. 그러나 인공지능은 아직 완전한 인간과 같은 지능을 가지고 있지 않으며, 인간의 지능을 완벽하게 대체할 수 없습니다. 따라서 인공지능은 인간의 지능을 대체하기에는 아직 일부 기능만 수행할 수 있습니다. 그러므로 인공지능을 완벽하게 믿을 수 없습니다. 그러나 인공지능은 인간의 지능을 보조하거나 일부 기능을 자동화할 수 있는 유용한 기술이 될 수 있습니다.

인공지능의 능력은 계속 발전하고 있으며, 일부 인공지능 시스템은 인간의 능력을 넘어서기도 합니다. 그러나 인공지능은 인간과는 다릅니다. 인간은 생각, 의사결정, 지식, 감정, 인지 등 다양한 능력을 가지고 있지만, 인공지능은 이러한 능력을 가지고 있지 않습니다.

인공지능은 인간의 지식과 경험을 바탕으로 개발되며, 그것을 기반으로 새로운 정보를 처리하고 추론할 수 있습니다. 인공지능은 인간의 지식과 경험을 기반으로 하지만, 인간과는 차이가 있기 때문에 인공지능이 처리한 정보가 인간이 처리한 정보와 다를 수 있습니다.

인간이 인공지능을 얼마나 믿을 수 있는지는 정해진 기준이 없습니다. 인간은 인공지능이 수행하는 작업과 그 결과가 얼마나 신뢰할 만한지에 따라 인공지능을 얼마나 믿을 수 있는지가 결정됩니다. 인공지능의 정확도가 높고, 인간의 오류를 최소화할 수 있다면 인간은 인공지능을 높은 정도로 믿을 수 있을 것입니다.

하지만 인공지능은 인간이 정한 기준을 벗어날 수 있고, 인간이 생각하지 못한 상황에서 예상치 못한 결과를 낳을 수 있습니다. 이러한 이유로 인공지능을 완벽하게 믿을 수는 없습니다.

인공지능은 강력한 도구일 수 있지만, 인간과 달리 잘못된 정보나 잘못된 데이터를 입력하면 잘못된 결과를 내놓을 수 있습니다. 따라서 인공지능을 맹신하지 않고 적절한 검증과 신뢰성 검사를 거쳐 사용하는 것이 좋습니다.

챗GPT의 답변을 보면서 존 F. 케네디 대통령이 1962년에 미국 텍사스 라이스대학에서 한 유명한 우주 연설Space Speech의 한 구절이 떠올랐다.

"모든 기술에는 양심이 없다. 그것이 좋게 될지 나쁘게 될 것인지는 인간에게 달려 있다For space science, like nuclear science and all technology, has no conscience of its own. Whether it will become a force for good or ill depends on man."

초거대 AI를 비롯해 이 책에서 언급한 9개의 빅테크는 모두 인간 삶의 질을 높이는 수단이자 도구이지, 그 자체가 인류의 미래는 아니다. 인류가 처한 여러 위기 상황을 극복하는 해결 방안으로 기술을 적절히 활용하는 것은 좋지만, 지나친 '기술 맹신주의'나 잘못된 사용은 오히려 부작용을 낳을 수 있다. 기술이 인류의 행복과 안전에 도움이 될지 여부는 기술의 성능에 있는 것이 아니라 이것을 사용하는 인간에게 달려 있다.

새벽에 일어나 이 글을 쓰면서 지켜보던 월드컵 결승전에서 리오넬 메시가 속한 아르헨티나가 프랑스를 꺾고 36년 만에 마침내 우승을 차지했다. 그토록 월드컵 우승을 염원했던 메시의 눈물을 보면서 인간의 정신력에 다시 한번 감동했다. 100조 개의 파라미터로 무장한 AI가 등장한다 해도 결코 '꺾이지 않는 인간의 마음'은 헤아릴 수 없을 것이다. 그래서 인간은 위대하다.

참고문헌

1부 CES 2023에 빠져들다

한국경제신문 특별취재단, 《한경무크 CES 2022》, 한국경제신문, 2022.1.10.

손재권·최형욱 외 4인, 《CES 2022 딥리뷰》, 쌤앤파커스, 2022.3.23.

삼정KPMG, CES 2022를 통해 본 미래 ICT 산업, 2022.1.5.

SK증권, CES 2022 REVIEW, 2022.1.13.

현대차증권, CES 2022가 알려주는 기술전쟁, 2022.1.

AI타임스, CES 2023, 올해보다 40% 확대 개최···AI, 모빌리티, 헬스케어, 2022.10.18.

더밀크, '혁신의 미래'가 온다··· 미리 보는 'CES2023', 2022.11.16.

더밀크, CES2023-'메타버스, 웹3, 원격근무 테크' 추가됐다, 2022.8.29.

더밀크, 거대한 혁신의 흐름에 동참하라, 2022.12.4.

데일리레시피, CES2023 혁신상 휩쓴 K-스타트업 35, 2022.11.17.

조효제, [조효제의 인권 오디세이] 인간 안보를 다시 생각한다, 한겨레, 2020.5.19.

전웅, 〈국가 안보와 인간안보〉, 한국국제정치학회 국제정치논총 학술저널 제44집 제1호, 2004.4.25.

김창보, 〈인간안보 관점에서 본 코로나19 특징과 건강정책의 방향〉, 대한공공의학회지 Vol.5, 2021.10.

UNDP, SPECIAL REPORT − New threats to human security in the Anthropocene, 2022.2.

2부 미래를 바꾸는 빅테크 9

1장 빅테크 1 • 스스로 학습하고 판단하는 초거대 AI

미래에셋증권, 초거대 AI의 잠재력, 2022.9.

미래에셋증권, NAVER 이제는 효자 노릇하는 AI, 2022.9.

KB증권, KT 기자 간담회에 나타난 KT의 AI에 대한 진심, 2022.11.

이종현, "구글의 시대 끝났다" 평가 나온 Chat GPT··· AI 대화가 검색 대체할까, 조선비즈, 2022.12.06.

김가은, 오픈AI가 선보인 '챗GPT'에 IT업계 '들썩'···"대화 넘어 코딩·원고 작성까지", 테크M, 2022.12.11.

이상우, [Tech in Trend] ② 시장 판도 바꾸는 초거대 AI, 어떤 기업이 나서고 있나?, 2022.2.28.

조성미, "초거대 AI를 아시나요?"···KT, AI 콘퍼런스 개최, 연합뉴스, 2022.10.13.

이윤정, "키워드 입력하면 AI가 광고 카피 써준다"···카카오브레인, 한국어 특화 초거대 AI 모델 공개, 2022.10.13.

김지헌, 임세준, [헤럴드기업포럼2022] "초거대 AI, 결국 인간 위한 것···생태계 확장 위한 협력 중요해", 2022.10.13.

최문정, 초거대 AI 시대 '활짝' …대담 넘어 창작하는 AI 온다, 더팩트, 2022.9.22.

고성수, LG-디자이너 돕는 AI 고도화 나서 '파슨스'와 협력…창작 플랫폼 '엑사원 아틀리에' 개발, 2022.09.13.

박성은, K팝 시장에도 AI작곡가 투입…차세대 BTS 만들까, 2022.9.

김하경, "어떤 장르 원하세요?"…AI 작곡가, 10분 만에 한 곡 뚝딱, 2022.9.3.

장민주, 초거대 AI 일상으로…'은행·쇼핑·돌봄' 서비스로 만난다, epnc, 2022.6.21.

박진영, MS "적은 비용으로 더 많은 일을"…AI·클라우드 한세 넘다, 데이터링, 2022.10.14.

오현식, [알려주마] 그림 그리고 시 쓰는 초거대 AI, 예술 영역까지 넘본다, 2022.10.18.

황정수, '인간의 뇌' 닮은 초거대 AI가 온다, 2022.8.29.

정채희, 알파고는 잊어라…속속 등장하는 '초거대 AI', 매거진한경, 2022.1.4.

장정우, KT, AI 3대 발전전략 공개…디지털 대한민국 앞장, 2022.11.

서정윤, KT…초거대 AI '믿음' 공개…"산업 혁신 수단 만들겠다", 2022.11.16

김나인, AI 글쓰기 돕는 뤼튼테크놀로지스, 'CES 2023' 혁신상 수상, 2022.11.17.

심재석, 이미지 만들어주는 AI의 어두운 그림자, 2022.10.25.

박찬, 스테이블 디퓨전, '스마트폰 앱'으로 등장, AI타임스, 2022.11.11.

노규남, AI는 예술을 만들 수 있을까?, 2022.

정혜진, [정혜진의 Whynot 실리콘밸리] '추상적' 단어도 영상으로 변환…생성형 AI가 만드는 스토리텔링법, 2022.11.3.

변휘, '초거대 AI의 그늘'…수천억 슈퍼컴, 데이터는 "빅테크나 가능", 머니투데이, 2022.8.25.

김윤수, 알파고 넘는 '초거대 AI' 개발 경쟁 가열…네이버 이어 KT·SKT·카카오·LG 참전, 동아일보, 2021.5.26.

김민, 美 미술 공모전서 AI가 그린 그림이 1등상 받아 논란 "예술의 죽음" vs "AI도 사람이 작동", 동아일보, 2022.9.5.

2장 빅테크 2・소유와 보상의 새로운 인터넷 철학, 메타버스 생태계를 구성하는 웹 3.0

가브리엘 르네·댄 메이프스 지음, 심주연 옮김, 《공간 웹: 웹 3.0 시대의 기술이 삶, 비즈니스, 사회에 미치는 영향》, 에이콘출판, 2021.2.

기로킴, FTX 파산 상세 내용과 원인, 이 사태가 향후 경제에 미칠 영향, 기록의힘 블로그, 2022.11.15.

김기만, 스타벅스도 NFT 출시…글로벌 거인들 잇단 웹3 진출, 코인데스크, 2022.11.9.

김기영, 《멈추지 않는 진화 블록체인 & 암호화폐 2.0》, 넥서스BIZ, 2020.1.

김용태, 《웹3.0 메타버스 : NFT와 ARG가 바꾸는 비즈니스 법칙》, 연암사, 2022.2.

김재윤, 《제4차 산업혁명시대, 블록체인에 투자하라: 블록체인 재테크에 지금 당장 동참하라》, 메이트북스, 2018.5.

김종권, 《금융재정학과 블록체인》, 박영사, 2018.10.

뉴시스, "콘텐츠가 자산" 누구나 돈 번다…'크리에이터 이코노미' 주목, 2022.3.

닐 메타·아디티야 아가쉐·파스 디트로자 지음, 정미진 옮김, 《코인 좀 아는 사람 앞으로 10년 암호화폐의 미래가 여기 있다》, 윌북, 2022.5.30.

레이 달리오 지음, 송이루·조용빈 옮김, 《변화하는 세계 질서》, 한빛비즈, 2022년 06월 01일

로아, "스타벅스 오디세이" 이해를 위한 핵심 키워드 7가지! 무료, 2022.09.21

박세정·안다미, 《블록체인 제너레이션: BZ 세대의 반란》, 매경출판, 2022년 06월

박영숙·앤디 리안·숀 함슨, 《블록체인혁명 2030: 4차 산업혁명은 블록체인의 토대 위에서 이루어진다》, 교보문고, 2019.5.

박정렬·최새솔, 〈웹 3.0의 재부상: 이슈 및 전망〉, 전자통신동향분석 제37권 제2호, 2022.4.

백남정·임명수·김형중·박상민·강신범, 《디지털 부자가 꼭 알아야 할 NFT》, no book(노북), 2022.4.

송지유, "그때 돈 뺄걸, 한푼도 못 건진대"…FTX 파산에 코인투자자 '패닉', 2022.11.13.

숀 오·토머스 파워 지음, 박재호 옮김, 《토크노믹스: 블록체인이 가져올 차세대 비즈니스 경제학》, 한빛미디어, 2019.7.

스콧 캐리, 미래의 패러다임? 그저 대박의 기회?···'웹3 개발자', 커리어 관점의 진단, CIO 코리아, 2022년 1월

유봉석, 《게이트 쉐어링: 웹 3.0 시대 뉴 미디어 성장 전략이 바뀐다》, 매경출판, 2014.1.

윤준탁, 블록체인 기술을 활용한 분산형 웹 'IPFS'가 뜬다!, LG CNS 블로그, 2022.5.

윤준탁, 《웹 3.0 레볼루션: 부의 지도를 뒤바꿀 디지털 혁명의 시작》, 와이즈맵, 2022.4.

윤창배·오재영, 디지털자산의 빅픽처, 웹3.0, KB증권, 2022.3.

이병욱, 《비트코인과 블록체인, 가상자산의 실체: 암호화폐의 허상》, 에이콘출판, 2020.9.

이병화·임희연·손지연 외 2인, 웹 3.0 튜토리얼, 신한금융투자 기업분석부, 2022.4.

이지현, 크리에이터 이코노미, 웹 3.0으로 혁신하다, MIT테크놀로지 리뷰, 2022.4.

이차웅, 《블록체인, 플랫폼 혁명을 꿈꾸다》, 나남, 2019.6.

자이 싱 아룬·제리 쿠오모·니틴 거 지음, 김수진 옮김, 《블록체인, 기업의 미래를 결정하다: 비즈니스 관점에서 바라본 블록체인 가이드》, 프리렉, 2020.2.

장세형, 《비트코인의 탄생부터 블록체인의 미래까지 비트코인·블록체인 바이블》, 위키북스, 2021.9.

전명산, 《블록체인, 정부를 혁신하다: 유럽 블록체인 탐방 보고서》, 클라우드나인, 2019.5.

전중훤·온인선, 《블록체인 사용설명서 101가지 이야기: 알면 부자되는 블록체인 기술》, 제8요일, 2018.10.

정구태, 《새로운 시대의 부, 디지털 자산이 온다》, 미래의창, 2021.10.

정희연, 최영규, 《블록체인 경제: 블록체인과 암호화폐가 이끄는 새로운 경제 패러다임》, 미래와혁신21, 2021.11.

조아라, 1000만원 날린 자영업자 분노…"주말이 너무 고통스러웠다", 2022.10.17.

조유빈, 멈춰버린 '카카오 왕국', 대한민국도 함께 멈췄다, 시사저널, 2022.10.21.

최지혜, DAO: 디지털 시대에 신뢰를 구현하는 장치, 헥슬란드, 2021.10.

커넥팅랩, 블록체인 트렌드 2020: 5G부터 IoT까지, 초연결 사회를 어떻게 선도할 것인가, 비즈니스북스, 2019년 06월

커넥팅랩, 《블록체인 트렌드 2022-2023: 기초 개념부터 투자 힌트까지 쉽게 쓰인 블록체인 교과서》, 비즈니스북스, 2021.8.

코인 트레이너, 《비트코인에 가려진 세상, 이더리움 NFT-디파인-블록체인 게임은 왜 이더리움에서 시작했을까?》, 지식오름, 2022.1.

코인게코 지음, 디파이크루 옮김, 《세상에 없던 금융, 디파이: 입문편 – 지금 당장 시작하는 탈중앙화 금융 안내서》, 제이펍, 2022.2.

코인이지, Web3.0 dApp의 구조, Web3.0 탈중앙 이 도대체 무엇인지 기술적으로 간략하게 알아보자, Medium, 2019.1.

테크M 공식블로그, [글로벌] 일론 머스크가 트위터 인수하니…SNS '마스토돈' 가입자 23만명 늘었다, 2022.11.8.

팀 웹북, 《웹3.0: 우리들의 생활을 바꾸는 15개의 새로운 세계》, 라이온북스, 2008.5.

한경비즈니스 특별취재팀, 이것이 블록체인 경제: 비트코인 암호화폐가 만드는 4차 산업혁명, 한국경제매거진, 2018.3.

헨리 아슬라니언·패브리스 피셔 지음, 최용호 옮김, 《새로운 금융이 온다: 핀테크, 가상자산, 인공지능이 바꿀 디지털 금융》, 차밍시티, 2021.11.

3장 빅테크 3 · 일상의 영역으로 들어선 로봇

김경택, 달콤커피, 로봇카페 '비트2E' 국내 출시, 매일경제, 2019.3.21.

김은영, 인간과 협업하는 '코봇' 주목, 사이언스타임즈, 2018.4.12.

김지영, ABB, 비수술용 의료 협동 로봇 개발한다, 로봇신문, 2019.7.24.

김하루, [지금일본은] 日, 벤처 붐과 함께 성장하는 스마트팜 시장, 푸드뉴스 트렌드 인사이트, 2019.9.16.

김호인, POSRI 이슈리포트 〈스마트 팩토리, 인공지능으로 날개를 달다〉, 포스코경영연구원 철강연구센터, 2017.5.18.

박세진, [스타트업 발언대] 5년 후면 웨어러블 로봇, 스마트폰처럼 보편화, 2022.8.24.

박진석, [포커스] 전도유망한 '웨어러블 로봇'…특허기술 어디까지 왔나, 2022.10.11.

방위사업청, 아이언맨 슈트처럼 로봇을 입는다면? 웨어러블 로봇에 대해 알아보아요, 방위사업청 공식 블로그, 2022.7.27.

백승은, 커피 만들고, 맥주 따르고…유니버설 로봇이 선보이는 협동 로봇은?, 디데일리, 2022.11.2.

사이언스타임즈, 한국에서도 웨어러블 로봇 상용화 시작됐다, 2021.8.17.

서기열, 테슬라, 인간형 로봇 '옵티머스' 공개…"2만달러 이하 판매", 2022.10.2.

양민하, '아이언맨' 英 구급요원 나올까…악천후 속 실험비행, 2022.10.29.

연합뉴스, '아이언맨 슈트' 가고 '스파이더맨 슈트' 온다…웨어러블로봇은 진화중, 2021.6.18.

오은정, "빨갛게 잘 익은 딸기 수확 '로봇이 척척'", 농민신문, 2019.7.10.

을지대학교 을지병원, 최첨단의료장비 다빈치수술로봇, https://www.eulji.or.kr/data/data_pg05_06.jsp

이경민, 로봇의 오케스트라 지휘, 인간의 마음을 훔치다, 조선비즈, 2017.9.14.

이윤정, 엑스익스프레스, 바리스타 로봇이 주문·결제·제조·픽업까지 척척, 2022.11.1.

이정현, 테슬라 로봇 '옵티머스' 생각만큼 바보 같지 않다, 미디어연구, 2022.10.5.

이한얼, 로봇을 옷처럼 입는다"…웨어러블 로봇의 진화, 2021.6.9.

이해성, '수술로봇' 다빈치·마젤란 종횡무진 하는데…걸음마하는 韓, 한국경제, 2019.5.9.

장길수, [ROBO TECH] 실내 보안 로봇 시장의 개척자 '코발트 로보틱스', TECHM, 2018.10.31.

장길수, ATM 테스트 작업을 하는 ABB '유미' 로봇, 로봇신문, 2019.8.5.

전진우, 〈4차 산업혁명 대응 산업용 로봇과 전문서비스 로봇 발전 방향, 인간과 함께 작업하는 협동로 봇의 시대〉, 한국로봇산업진흥원, 2018.6.

정혜진, 테슬라 휴머노이드 로봇 '옵티머스' 대량생산 목표…"차량보다 싸질 것", 2022.10.1.

조규남, 작년 '세계 서비스 로봇 시장 15.3조원' 규모, 로봇신문, 2019.9.18.

추동훈, 테슬라 옵티머스, 3년 안에 2만달러에 출시 못하는 이유, 2022.10.8.

추현우, 골드만삭스, 휴머노이드 로봇 시장 10년 후 200조원 규모 전망, 2022.11.4.

헤일리, 입기만 하면 된다, 알아서 걷는 웨어러블 로봇, 2021.6.2.

Bernard Marr, "The Future Of Work: Are You Ready For Smart Cobots?", Forbes, 2018.8.29.

CB Insights, "Smaller Collaborative Robots Are Disrupting The Robotics Industry", 2018.7.18.

IFR, "World Robotics Report", 2019.9.

ResearchandMarkets, "Global Collaborative Robots Market Analysis Report 2019", 2019.6.24.

UN DESA, "World Population Prospects 2019", 2019.6.

4장 빅테크 4 · 이동수단의 새로운 패러다임, 미래형 모빌리티

고한성, 전기 모터 장착…대당 583만원 이하서 가격 결정, 연합뉴스, 2022.8.

국토교통부, 교통 체증 걱정 없는 UAM 구현, 잠실~여의도 5분 만에 간다!, 2022.9.21.

김회권, 우버·그랩·디디추싱…'승차공유' 지배한 손정의의 구상, 주간조선, 2019.2.25.

로아컨설팅, 〈올인원 모빌리티 앱의 경쟁사는 Google Maps?: Axios〉, 2019.2.28.

로아컨설팅, 〈MaaS를 준비하는 Uber의 자세〉, 2019.3.11.

로아컨설팅, 〈스페셜 리포트: 15대 ICT 키워드 트렌드〉, 2019.8.

박성수, 〈KB지식 비타민: MaaS(서비스형 모빌리티)의 도래와 자동차그룹의 대응〉, KB금융지주 경영연구소, 2019.3.27.

박형근, 〈모빌리티 서비스의 미래, MaaS와 자율주행기술의 파급효과〉, 포스코경영연구원, 2017.11.

박효주, '하늘 나는 오토바이' 나왔다…서울시청~경기도 이동 가능, 가격은?, 머니투데이, 2022.9.19.

변종국, 자율주행-로보틱스-UAM 중심 '메타모빌리티' 시대 연다, 동아일보, 2022.4.1.

서정주, 〈KB지식 비타민: 스마트 모빌리티 현황과 전망〉, KB경영지주 경영연구소, 2015.7.27.

심수민·이정아, 〈모빌리티 4.0 시대의 혁신과 새로운 기회〉, 한국정보화진흥원, 2016.11.30.

심은지, 이것이 한국형 'UAM 버티포트', 한국경제, 2022.11.10.

연합뉴스, [CES 2022] 가전전시장에 등장한 우주왕복선…우주 산업 미래상 제시, 2022.1.6.

연합뉴스, 자전거, 이젠 물위에서도 달린다…뉴질랜드서 수상 자전거 첫선, 2018.3.16.

이선영, 전국에 열리는 하늘길…'하늘을 나는 택시' 시장 주도권 누가 잡을까, 아시아투데이, 2022.10.30.

정혜인, 소니+혼다' 전기차 회사 공식출범…"프리미엄으로 만든다", 머니투데이, 2022.10.14.

조영빈, 「스마트 모빌리티 서비스의 현황과 미래」, 한국정보화진흥원, 2019.4.5

조형근, 2027년 '완전자율주행' 시대 개막…모빌리티 혁신 '속도', 머니투데이, 2022.9.19.

차두원, 《이동의 미래 모빌리티 빅뱅, 누가 최후의 승자가 될 것인가?》, 한스미디어, 2018.12.10.

채희근, 〈KB지식 비타민: CES 2019에서 선보인 새로운 자동차 기술 트렌드〉, KB금융지주 경영연구소, 2019.2.11.

하인현, [ET단상] 메타모빌리티란 무엇인가, 2022.5.9.

한애란, [딥다이브] '네옴시티'라는 사막의 꿈…와, 이게 정말 현실이 된다고?, 2022.11.19.

Alison Griswold, "Shared Scooters don't last long", QUARTZ, 2019.3.2.

Andrew J.Hawkins, "Uber reports brisk sales of train and bus tickets in Denver", The Verge, 2019.7.9.

Daniel Schellong, Philopp Sadek, Carsten Schaetzberger, and Tyler Barrack, "The Promise and Pitfalls of E-Scooter Sharing", Boston Consulting Group, 2019.5.16.

Florian Lennert, Cathy Macharis, Veronique van Acker, and Lukas Neckermann, "Smart Mobility and Services: Expert group report", EU, 2018.1.

Forbes, 2019.3.25.

Gartner, "Top Trends on the Gartner Hype Cycle for Artificial Intelligence 2019", 2019.9.12.

Megan Rose Dickey, "Bird is raising a Series D round led by Sequoia at $2.5 billion valuation", TechCrunch, 2019.7.23.

Megan Rose Dickey, "The electric scooter wars of 2018", TechCrunch, 2018.12.24. Rita Liao, "Bike-sharing pioneer Mobike is retreating to china", TechCrunch, 2019.3.9.

Rolf Ganter, "Carl Berrisford and Kevin Dennean, Smart Mobility: Transport is getting more intelligent", UBS, 2019.3.11.

Scott Corwin, "Realizing The Future of Mobility: Balancing Optimism And Cynicism",

Scott Corwin, "The Future of Mobility", Deloitte, 2017.

Shirin Ghaffary, "Bird's new scooter delivery service could become a clever hack around city regulation", RECODE, 2018.10.5.

The Economist, " Driverless Cars are stuck in a jam", 2019.10.10.

The Economist, "Chinese firms are taking a different route to driverless cars", 2019.10.12.

Vlad Savov, "Uber said to be negotiating a multibillion-dollar takeover of scooter-sharing startup", The Verge, 2018.12.1.

Warwick Goodall, Tiffany Dovey Fishman, Justine Bornstein, Brett Bonthron, "The rise of mobility as a service", Deloitte, 2017.3.8.

5장 빅테크 5 · 가상 · 증강 현실 기술이 만드는 일하는 방식의 혁명, 메타버스 오피스

과학기술정보통신부, "2018년도 통신서비스 품질평가 결과" 보도자료, 2018.12.31.

김해석, 〈VR/AR 산업 현황 및 전망〉, 정보통신산업진흥원(NIPA), 2018.10.29.

권혜미, '메타버스 오피스' 선점 경쟁…LG CNS·한컴·티맥스, 2022.10.4.

김윤희, MS 팀즈는 어디든 있다…메타버스에도, 2022.10.13.

김윤희, 출근하고 N잡까지…"메타버스, '일터'로 변신 성공", 2022.11.5.

김정유, 문정혁, [미래기술25] "메타버스 시대, 상상도 못할 新산업·직업 생긴다", 2022.10.18.

박종진, [디지털경제 핵심 재원, ICT기금]〈4〉NIA, 디지털 트윈 기술로 수해 최소화, 2022.10.27.

범원택 외 2명, 〈VR/AR을 활용한 실감형 교육 콘텐츠 정책동향 및 사례 분석〉, 정보통신산업진흥원(NIPA), 2019.6.17.

아틀라스(ATLAS), 〈VR, 5G 시대 맞아 유력 킬러앱 후보로 부상〉, 2019.6.27.

오동현, [메타버스의 확장②] "화재발생!" 위험상황 훈련…안전하게·실전처럼, 2022.9.10.

오동현, [메타버스의 확장③] "화학물질 유출 막아라" 게임하듯 훈련, 2022.9.11.

이자연, 〈가상증강현실 산업의 발전 방향과 시사점〉, 산업연구원(KIET), 2019.2.

임상우 외 1명, 〈AR/VR 기술〉, 한국과학기술기획평가원(KISTEP), 2018.7.10.

전남혁, 49m² 공간서 생생한 VR 재난훈련… '디지털 트윈' 기술 뜬다, 2022.11.3.

정보통신기술진흥센터(IITP), 주간기술동향 1868호, 2018.10.17.

정보통신산업진흥원(NIPA), 〈홀로그램(hologram) 기술의 발전 양상과 상용화 전망〉, 2013.6.

정보통신기술진흥센터(IITP), 주간기술동향 1857호, 2018.8.1.

주문정, 디지털트윈 공간정보로 집중호우 피해 예방, 2022.10.10.

최기훈, 엔데믹 시대, 근무제 어떻게 해야 직원들 안 떠날까, 시사캐스트, 2022.6.14.

최재붕, [최재붕의 메타버스 이야기] 메타버스 시장 3년새 5배 성장 전망… 기업도 올라타야 산다, 2022.10.31.

최형주, Rosyn Park, 세계 MZ가 열광…'조용한 사직' 뭐길래?, 월드뉴스공장, 2022.10.21.

한국가상증강현실산업협회(KOVRA), 〈VR 콘텐츠 소비자 행태 분석〉, 2019.7.25.

Alistair Gray, "Can tech save bricks and mortar retail?", Financial Times, 2019.1.22.

AT&T, "Blended Reality—The Future of Entertainment, 5G, and Mobile Edge Computing", 2018.9.24.

AT&T, "Enabling Mobile Augmented and Virtual Reality with 5G Networks", 2017.2.27.

Ben Munson, "Only 8% of U.S. broadband households own VR headsets, Parks Associates says", FierceVideo, 2019.4.15.

Brian Heater, "Facebook is exploring brain control for AR wearables", TechCrunch, 2019.7.31.

Charles Singletary, "HTC Expands Viveport VR Platform With Windows Mixed Reality Support", Forbes, 2019.5.29.

Chuong Nguyen, "HTC Viveport Streaming delivers all—access VR gaming for one monthly fee", Digital Trends, 2019.8.1.

David M. Ewalt, "Oculus Unveils Its New VR Headset, The 'Rift S'", Forbes, 2019.5.20.

David Pierce, "Oculus Quest Review: A $400 Taste of the Future of Gaming", Wall Street Journal, 2019.4.30.

Emma Jacobs, "Can virtual reality inject more life into workplace training?", Financial Times, 2019.9.26.

IDC, "Worldwide Augmented and Virtual Reality Hardware Forecast: CY 3Q19", 2019.7. Jeremy Horwitz, "Khronos releases OpenXR 1.0 for AR/VR, backed by Epic, Microsoft, and

IDC, "Worldwide Augmented and Virtual Reality Hardware Forecast: CY 3Q19", 2019.7. Kevin Kelly, "AR Will Spark the Next   Platform—Call It Mirrorworld", WIRED, 2019.2.12.

Kevin Kelly, "AR Will Spark the Next Big Tech Platform—Call It Mirrorworld", WIRED,

Perkins Coie, "2018 Augmented and virtual reality survey report", 2018.3.

Peter Rubin, "Facebook Can Make VR Avatars Look—and Move—Exactly Like You", WIRED,

Randy Nelson, "ARKit-only Apps Surpass 13 Million Downloads in First Six Months, Nearly Half from Games", Sensor Tower, 2018.5.28.

Scott Stein, "Qualcomm's new 5G phone chips can power your AR, VR glasses", Cnet,

Sharmishta Sarkar, "Apple's upcoming AR headset could work in concert with iPhones and iPads", TechRadar, 2019.5.1.

Tim Bradshaw, "Microsoft proves it is a pioneer in 'augmented reality'", Financial Times, 2019.2.25.

Tim Bradshaw, "New Harry Potter game to usher in era of augmented reality", Financial Times, 2019.6.22.

Tim Bradshaw, "Niantic buys London games developer Sensible Object", Financial Times, 2019.6.18.

Tim Bradshaw, "What are you looking at? How eye-tracking became tech's new gold rush", Financial Times, 2019.6.12.

Tom Warren, "Microsoft has a wild hologram that translates HoloLens keynotes into Japanese", The Verge, 2019.7.17.

Vishy Nirakari, "Internet infrastructure isn't ready for the AR Cloud, but that's changing", VentureBeat, 2019.1.26.

6장 빅테크 6 · IT로 치료하며 인류의 건강을 지키는 디지털 헬스케어

강희정, 〈환자중심 가치기반 의료시스템 구축을 위한 공급자 지불방식 개편 방향〉, 한국보건사회연구원, 보건복지포럼, 2015.12.

고은지, 〈헬스케어는 IT 기업들의 새로운 성장 동력이 될 수 있을까〉, LG경제연구원, 2018.7.13.

국무조정실, 〈규제자유특구 출범, 원격의료·블록체인·자율주행 등 58건의 규제가 확 풀립니다〉, 2차 규제특구위원회, 2019.7.24.

김상우, "CES 2019, 주목할 만한 다섯 가지 트렌드는?…③디지털 헬스 케어", CBC NEWS, 2018.11.28.

김승권, "당뇨병 치료한다"…3세대 신약 '디지털 치료제' 어디까지 왔나?, 2022.9.15.

김시우·장환영, 〈미국 헬스케어 산업〉, 한국투자증권, 글로벌전략 이슈, 2018.6.11.

김용균, 〈디지털 헬스케어 최근 동향과 시사점〉, 정보통신기술진흥센터, 주간기술동향, 2018.5.16.

김정은, 디지털 헬스케어 대세 됐지만…韓, 규제장벽에 여전히 '걸음마', 2022.9.6.

김태호, 〈인공지능과 헬스케어 산업 혁신〉, 소프트웨어정책연구소 선임연구원, 2020 ICT 산업전 망컨퍼런스, 2019.11.

머니S, 규제완화 외쳤지만…시대적 흐름 따라가지 못하나, 2022.8.28.

박미리, [미리, 디지털헬스] 정신상담 두렵다면…디지털 치유솔루션 해볼까, 2022.11.9.

박혜경, 〈인공지능(AI) 헬스케어산업 현황 및 동향〉, 한국과학기술연구원 융합연구정책센터, 융합 FOCUS, Vol. 148, 2019.6.24.

식품의약품안전처 식품의약품안전평가원, 〈스마트 헬스케어 의료기기 기술·표준 전략 보고서〉, 2018.8.

안희권, "아마존 진출로 美제약시장 재편 초읽기", 아이뉴스24, 2019.5.19.

연합뉴스, 게임으로 병 고치는 '디지털 치료제' 세상이 온다, 2022.11.11.

연합뉴스, 로보월드2022, 이색 '의료로봇' 향연, 2022.10.29.

오인규, "규제자유특구 지정 앞두고 '원격의료' 쟁점 부상", 의학신문, 2019.7.16.

오현길, 정신건강 위협하는 '코로나 블루'…"헬스케어로 대응해야", 2020.9.30.

이광수, [미래기술25] "게임만 했는데 치료" 디지털 치료제가 온다, 2022.10.31.

이광수, [미래기술25] '국내 1호' 디지털 치료제 타이틀 누가 손에 쥘까, 2022.10.31.

이미영, 〈5G는 헬스케어 산업 키울 방아쇠 전에 없던 데이터로 '의료 혁명' 이끈다〉, 동아비즈니스 리뷰, 275호, 2019년 6월 Issue 2.

이상민, '급성장' 디지털 치료제…관건은 '보험과 인허가', 2022.11.8.

이준영, 〈디지털헬스케어 동향 및 시사점〉, 정보통신산업진흥원, 이슈리포트 2019-03호, 2019.3.19.

이지현, 업체가 본 강원 원격진료사업 "규제에 묶여 오히려 답답", MedicalTimes, 2019.7.30.

이효인, '원격의료' 논란 10년…누구를 위한 규제 완화?, PharmsNews, 2019.6.25.

임소현, 〈5G, 미국 헬스케어 산업에 새로운 기회 창출〉, 미국 뉴욕무역관, Kotra, 2019.3.5.

장시형, 시범사업만 19년째…원격진료, 언제까지 미룰 건가, 조선비즈, 2019.5.4.

장혜원, MZ세대, 원격·비대면 '심리·생활 상담 케어'로 멘탈 관리도 슬기롭게, 2022.10.17.

정보통신기획평가원, 〈디지털 헬스케어 시장 활성화를 위한 의료 데이터 표준화 추진〉, ICT Brief, 2019-30호, 2019.8.8.

지용준, 4년 뒤 750조 시장…디지털 헬스케어 뭐길래, 2022.8.

한국산업기술평가관리원, 〈미국, 주요 Tech기업의 헬스케어 기술개발 동향〉, KEIT, 2018.9.18.

한태식, 〈CES 2019 현장 3: 디지털 헬스케어, The Next Big Thing?〉, 미국 뉴욕무역관, Kotra, 2019.2.1.

허영·정해근·김홍진, 〈스마트 헬스케어의 현재와 미래〉, 한국산업기술평가관리원, KEIT PD Issue Report, Vol. 18-3, 2018.3.

CB Insights, "Amazon In Healthcare: The E-Commerce Giant's Strategy For A $3 Trillion Market", 2019.7.

Erika Yoo, "중국 상하이 병원식당, 'AI 얼굴인식' 도입", 로봇신문, 2019.6.24. IRS Global, AI × 헬스케어의 무한한 가능성, 2019.2.26.

Frost&Sullivan, "Global Transformational Health Research Team, Future of Smart Hospitals", 2017.11.

Frost&Sullivan, "Global Transformational Health Research Team, Global Digital Health Outlook", 2020, 2019.8.

Greg Licholai, "Digital Healthcare Growth Drivers In 2019", Forbes, 2019.1.7.

Japan Brandvoice, "Kick-starting Japan's Healthcare Revolution", The Government of Japan, 2019.7.1.

Jared Council, "Health Care, Sales Software Draw Big AI Investments", Wall Street Journal Pro Artificial Intelligence, 2019.7.30.

Laurie Beaver, "Big Tech In Healthcare: How Alphabet, Amazon, Apple, and Microsoft are shaking up healthcare-and what it means for the future of the industry", Business Insider, 2918.7.20.

Michael Reddy, "Digital Transformation in Healthcare in 2019: 7 Key Trends", Digital Authority Partners, 2019.8.12.

NTT Docomo, 〈日 도코모, 헬스케어 서비스 3종 발표, 원격의료 포석 마련〉, Robostart, IoT News, 2019.4.3.

7장 빅테크 7 · 식량 대위기의 해법, 애그테크

한국농촌경제연구원, 애그테크, 활성화할 수 있을까, 2022.4.28.

장윤정, [단독] 식량위기 경보, '심각' 기준치 2배로 뛰어…해외 식량공급망 확보 시급, 2022.10.4.

이병로, 농업-공학-IT 기술 결정체 '애그테크'의 현재, 한국영농신문, 2022.5.7.

김연지, 식량부족이 만든 기회…애그테크 투자도 신기록, 2021.12.11.

그린랩스, [CES 현장] CES2022와 애그테크, 2022.01.7.

이민하, '농슬라' 존 디어, CES 2023 기조연설 맡아, 2022.10.29.

디노드림, 농업계의 애플 수직재배농장 에어로팜 (Aerofarm) 상장, 2021.3.31.

박민제, [월마트 수직농장 대규모 투자] 월마트, 수직 농업에 투자, 2022.2.28.

김형수, 이마트 美 자회사, 실내 수직재배 농산물 판매한다, 2022.10.5.

솔로몬, 트릿지, 농업계 첫 유니콘, 기업가치 3조 6000억원, 2022.8.26.

홍석호, 자율주행 트랙터, 비료 살포 드론…애그테크, 미래산업을 열다, 2022.7.27.

안상현, 로봇트랙터가 알아서 파종·제초·수확…8년내 '완전 무인농업' 이룬다, WEEKLY BIZ, 2022.10.20.

8장 빅테크 8 • 뜨거워지는 지구를 구하는 기후테크

김지수, [김지수의 인터스텔라] 공중에 다이아몬드를 뿌려라…기후 위기, 판도라상자 열리나,
　　2022.10.29.

라이프인, 지구를 구하는 과학기술 '기후테크'란?, 2022.4.21.

에너지경제신문, 기후위기 개도국 피해 지원액, 소요 5분의 1 그쳐…韓도 분담 적극 나서야,
　　2022.11.7.

임팩트온, 기후테크는 불황을 모른다, 2022.9.29.

임화섭, '손실과 피해' COP27 첫 논의…선진국의 개도국 보상 합의될까, 연합뉴스, 2022.11.7.

정종오, [지금은 기후위기] 지난해 온실가스 농도 최대치 경신…메탄, 가장 가파른 증가세,
　　2022.10.27.

정훈규, 기후테크 기업을 키워야 한다, 서울경제, 2022.7.11.

조윤정, 지구 살릴 시간 2549일…'기후테크'에 달렸다, 2022.8.1.

최은경, 전기료 많이 나온 그 집, 이유 있었다…콘센트 살펴보니, 2022.11.12.

토스피드, 기후위기는 기후테크에 달렸다, 토스피드blog, 2022.5.4.

CTA, Showcasing Sustainability at CES 2023, 2022.9.7

IGM세계경영연구원, 지구를 구해낼 기술, 기후테크의 분야, KOITA, 2022.08.26.

9장 빅테크 9 • 인류를 한마음으로 만드는 스포츠테크

킥스타터, 제2의 심장, 종아리의 정맥순환과 운동능력 향상 "SPRYNG", 2019.5.24.

김익현, IT 기자인 내가 여전히 '월드컵'에 관심 갖는 이유, 2022.12.6.

김채현, 황희찬, 왜 브라톱 입고 뛰나요?…EPTS, '브라톱' 오해 순간, 뉴스1, 2022.12.3.

김학수, [월드컵 용어 산책 1] 왜 '월드컵(worldcup)'이라고 말할까, 2022.11.18.

김한빈, '미래수업' z세대의 변화된 스포츠 세계관과 의미, 2021.11.30.

박채원, 美 스포츠테크 기업 Top 2, 야구 경기서 실력 뽐낼 수 있는 투구 로봇 개발, 2022.10.24.

박희권, 박희권의 호모글로벌리스(44) 스포츠는 인류 평화에 기여할까, 2020.7.6.

오현주, 손흥민 '검정 조끼' 왜 입나 했더니…, 뉴스1, 2022.11.25.

우먼타임스, 월드컵 16강 경제효과 4조 3천억 원?, 2022.11.

정필재, 평화세계를 위한 스포츠 역할은?…, 세계일보, 2022.11.27.

조성우, 황희찬이 입은 검은 속옷 속 숨겨진 기능들, 2022.12.5.

최봉, [메타버스와 산업·경영의 미래 (26)] 메타버스, 스포츠의 패러다임을 바꾼다, 산업경제,
　　2022.12.1.

CTA, Sports Tech Gets Personal, 2022.10.24.

KOTRA 도쿄 무역관, 일본은 지금 '스포츠테크' 전성시대!, 2022.05.11.

WITH, 축구선수들이 입는 검은 조끼의 비밀, EPTS란 무엇인가?, 2019.10.29.

CES 2023
빅테크
9

1판 1쇄 인쇄 | 2023년 1월 10일
1판 1쇄 발행 | 2023년 1월 16일

지은이 김재필
펴낸이 김기옥

경제경영팀장 모민원
기획 편집 변호이, 박지선
커뮤니케이션 플래너 박진모
지원 고광현, 임민진
제작 김형식

디자인 표지 블루노머스 본문 푸른나무디자인(주)
인쇄 · 제본 민언프린텍

펴낸곳 한스미디어(한즈미디어(주))
주소 121-839 서울시 마포구 양화로 11길 13(서교동, 강원빌딩 5층)
전화 02-707-0337 | 팩스 02-707-0198 | 홈페이지 www.hansmedia.com
출판신고번호 제 313-2003-227호 | 신고일자 2003년 6월 25일

ISBN 979-11-6007-881-7   13320